華人文化講座
研究叢書

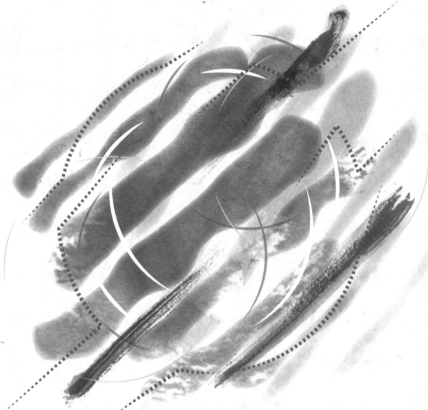

劉國英—著

現象學與
文化交互理解
的實踐

國家圖書館出版品預行編目(CIP)資料

現象學與文化交互理解的實踐 / 劉國英著. -- 初版. -- 臺北市：國立政治大學政大出版社, 國立政治大學華人文化主體性研究中心出版：國立政治大學發行, 2022.12
　　面；　公分. -- (華人文化講座研究叢書；M002)

ISBN　978-626-96532-7-0 (精裝)

1.CST: 現象學　2.CST: 倫理學　3.CST: 文集

143.67　　　　　　　　　　　　　111020951

華人文化講座研究叢書 M002
現象學與文化交互理解的實踐
Phenomenology and the Practice of Intercultural Understanding

著　　者｜劉國英 Lau, Kwok-ying

發 行 人　李蔡彥
發 行 所　國立政治大學
出 版 者　國立政治大學政大出版社
合作出版　國立政治大學華人文化主體性研究中心
執行編輯　朱星芸
地　　址　116011臺北市文山區指南路二段64號
電　　話　886-2-82375671
傳　　真　886-2-82375663
網　　址　http://nccupress.nccu.edu.tw

經　　銷　元照出版公司
地　　址　100007臺北市中正區館前路28號7樓
網　　址　http://www.angle.com.tw
電　　話　886-2-23756688
傳　　真　886-2-23318496
戶　　名　元照出版有限公司
郵撥帳號　19246890

法律顧問　黃旭田律師
電　　話　886-2-23913808

排　　版　弘道實業有限公司
印　　製　雨果廣告設計有限公司
初版一刷　2022年12月
定　　價　360元
I S B N　9786269653270
G P N　1011102305

政府出版品展售處
• 國家書店松江門市：104472臺北市松江路209號1樓
　電話：886-2-25180207
• 五南文化廣場臺中總店：400002臺中市中山路6號
　電話：886-4-22260330

目　次

叢者序 i

作者序 v

1 導言：現象學與文化交互理解的實踐 001

1.1 為什麼要從事哲學上的文化交互理解？ 002

1.2 何謂「文化交互理解」的哲學？ 005

1.3 為什麼採取現象學進路？ 009

2 現象學可以還中國道家哲學一個公道嗎？──試讀老子 019

前言 019

2.1 西方學術界對道家哲學的兩種截然相反之態度 020

2.2 對道家哲學的現象學式閱讀與胡塞爾的歐洲中心論哲學概念 029

2.3 對《老子》的現象學閱讀 032

2.4 結語 048

3 胡塞爾、佛教與歐洲科學的危機 051

引言 051

3.1 胡塞爾、黑格爾和歐洲中心論哲學觀 052

3.2 胡塞爾對佛經的讚頌 057

3.3 佛陀：東方的蘇格拉底？ 062

3.4 胡塞爾的哲學概念、歐洲科學的危機與佛教：
實踐轉向與睿智主義的拉扯 070

4 柏托什卡：批判意識與非歐洲中心論的現象學
哲學家 075

引言 075

4.1 柏托什卡是誰？ 076

4.2 柏托什卡：非歐洲中心論的現象學哲學家 081

4.3 柏托什卡對今日中國哲學社群的意義 083

4.4 柏托什卡：現象學運動中的批判意識 086

4.5 後歐洲人〔文〕與歷史的意義之難題（aporia） 097

4.6 自然世界的現象學及其允諾 102

4.7 結論 108

5 超越歐洲的歐洲理念：柏托什卡的靈魂關顧學
說與孟子的哲學人學 111

5.1 引言：從「人性論」進路理解儒家道德哲學的理論疑難 111

5.2 柏托什卡思考「何謂歐洲」的背境 114

5.3 柏托什卡對胡塞爾歐洲文明危機斷症之批判性閱讀 116

5.4 靈魂之關顧與古希臘人神話世界的哲學人學框架 131

5.5 孟子四端說的哲學人學框架：中國式的靈魂關顧說？ 140

5.6 柏托什卡：孟子「捨生取義」說的當代例證 145

6 解昧的世界觀與文化交互理解：胡塞爾、康德
與中國文化 147

前言 147

6.1 解昧的世界觀在文化交互理解中的重要性：胡塞爾哲學觀的歐洲中心論外表與其合理內核   149

6.2 現代科學與解昧的世界觀：從韋伯經尼采回到康德   156

6.3 中國文化對解昧的世界觀之確立的貢獻：17、18世紀歐洲的「中國紀年之爭」與「中國禮儀之爭」   163

6.4 結語   185

7 自我轉化與終極倫理目的：勞思光、傅柯與胡塞爾中的引導性哲學 187

7.1 引言：純「認知性哲學」之霸權與「引導性哲學」在當代西方的興起   188

7.2 勞思光的引導性哲學概念：以莊子與孟子為例   193

7.3 「自身轉化」與傅柯晚期的引導性哲學：《性經驗史》中的道德轉向與主體的自我轉化研究   203

7.4 現象學懸擱：胡塞爾的哲學實踐作為引導性哲學   221

7.5 結語   228

附錄1 人名對照表 229

附錄2 詞彙對照表 233

參考書目 243

「政大華人文化講座」系列叢書序

　　在國際上，每一所歷史悠久、學術底蘊豐厚的大學，莫不設立有其代表性的講座，以彰顯他們對於人類文明的關注，與對時代問題的深刻反思。如同設立在英國愛丁堡大學的吉福講座（The Gifford Lectures），在它設立超過百年以上的歷史中，不間斷地探討對西方文化至關重要的自然神學問題。而在哈佛大學、史丹佛大學、耶魯大學等校輪流舉辦的「檀納人文價值講座」（The Tanner Lectures on Human Values），則是當代思想菁英精銳盡出的講壇，當代許多重要的思潮，可說都是透過這個講座醞釀產生的。本校在2018年接受教育部高教深耕計畫補助成立「華人文化主體性研究中心」，亦自覺有使命應在台灣設立一個專門研究華人文化的講座，以提高華人文化研究的國際能見度與學術水平。為此之故，我們乃設立了「政大華人文化講座」，期待能在華人學術圈中催生創新的思潮。

　　在國際的學術傳統中，對於華人文化的研究，一向被歸入「漢學」的研究領域。但不容諱言的，全世界的漢學研究正在不斷衰退中。面對中國的崛起，漢學對於華人文化的研究，逐漸被更重視政經情勢的區域研究所取代。我們設立「政大華人文化講座」，因而還有一個理想的期許存在。亦即我們期待這個講座的設立，能同時帶動漢學研究典範的革新，以使華人文化的研究不僅不局限在傳統的漢文化，也不僅落入政經實務考查的區域研究，而是能使華人在其文化創造中所呈現出來的世界觀、宗教觀、價值觀與美學感受等，也能被掘發出來，而做為全人類都可以共享的精神財富。

本中心設立四個研究群，分別從「華人思維模式」、「華人宗教性」、「華人倫理實踐」與「華人數位人文」等四個向度，來研究華人文化主體性的內涵。在革新漢學研究典範方面，我們中心的四個研究群，即分別以建立「漢學人學」、「多元漢學」、「實踐漢學」與「數位漢學」的研究典範為目標。其中，類比於「哲學人學」係透過哲學的反思，回答「人是什麼？」的問題，我們所謂的「漢學人學」則是透過研究華語語系的文化表現，反溯處身於其中的那些具體個人，他們的思維、感受、時空概念與超越性等模式究竟如何得到表現，以能回答「華人是誰？」的問題。透過「漢學人學」的研究進路，我們希望一方面能建構一種既非基於血統、亦非基於國籍等政治身份的華人概念，另一方面則希望「人」的概念，不僅以西方人的模式來理解。

一旦「華人」的概念，可以透過反思文化的現實表現而建立起來，那麼「華人」的概念即可以容納多元的主體性。這也就是說，漢學可以不限於研究中國傳統，而是以華人當前的生活世界為對象。這樣的研究特別適合於海外華人文化的研究，因為華人在海外（例如在東南亞），由於建構自我認同或凝聚族群團結的需求，經常反而保持了更多的傳統文化要素，他們面對多種族、多宗教的挑戰，不斷為華人文化做出新的轉型。海外的華人社群因而為華人文化的研究，提供了極為合適的田野調查場域。而我們針對不同華人社群的研究，也因而可以開展出一種「多元漢學」的研究典範。

　　華人文化的發展雖然深受中國傳統思想的影響，但在當代公民社會中，僅透過對於傳統儒、釋、道經典進行現代詮釋，似乎仍不足以為華人的文化發展找出具有行動指引作用的主體性。我們因而一方面站在「公民儒學」、「公民佛教」與「公民道家」的觀點，反思中國傳統的儒、釋、道思想在當代的公民社會中，是否或如何仍能為華人社會的文化發展提供行動的意義基礎與批判的反思；另一方面，則從人文臨床的理念出發，致力為華人社會提供意義治療與關懷照顧的倫理療癒思考。我們提出的「實踐漢學」的研究構想，因而正是一種立足於台灣本土，以台灣的華人社會做為倫理實踐之文本分析的研究構想。而為使傳統的漢學研究在研究工具與研究方法論上也能得到革新，我們並致力在「數位漢學」的構想中，持續建構漢學研究的資料庫與運算平台。

　　基於上述的成立背景與研究目標，本中心在設立「政大華人文化講座」之後，即開始邀集國、內外學術聲譽卓著、對華人文化主體性相關研究議題具有創見的學者，在本校舉辦一系列五個講次的專題講座。經過這兩三年來的努力，我們已經舉辦過六場的講座，討論的議題包括語言學、宗教學、中國哲學、文學、文化哲學與比較哲學等議題。現在我們逐步將這些講座的內容整理成專書，期待透過這個系列叢書的出版，能大力促進國際漢學的研究交流，厚植新漢學研究典範的基礎。

華人文化主體性研究中心主任　林遠澤

序於 2020 年 12 月

作者序

　　本書正文六章，源自筆者於 2018 年 11 月及 2019 年 5 月，在台灣國立政治大學華人文化主體性研究中心舉辦的「政大華人文化講座」作出之系列演講。演講主題為「現象學與文化交互理解的實踐」，演講內容則主要依據筆者 2016 年以英文出版的現象與跨文化理解的專著 *Phenomenology and Intercultural Understanding: Toward a New Cultural Flesh* 一書的六個相關篇章，[1] 在漢語文化脈絡下改寫而成。每一章的講稿都經加工、補充與修訂。部分篇章補上了一些英文版未及的材料。〈導言〉篇則專為本書撰寫。

　　筆者首先衷心感謝國立政治大學華人文化主體性研究中心主任林遠澤教授的邀請，讓筆者有機會以中文講述這一系列原先以英文寫成的文章，並藉此與政大哲學系同寅和其他聽講者作愉快而深入的交流。把文章由英文改寫成中文的過程，處理的不僅僅是詞彙的翻譯問題；由於要面對漢語文化世界的讀者群，這工作本身就是哲學上跨文化理解的挑戰。

1　Kwok-ying Lau, *Phenomenology and Intercultural Understanding: Toward a New Cultural Flesh*, series "Contributions to Phenomenology" (Dordrecht: Springer, 2016), Ch. 3-8.

　　筆者也多謝政大華人文化主體性研究中心接納出版是書,同時十分感謝中心的行政團隊在演講期間的各種細緻安排,以及在出版事宜上的協助。是書原預計於 2020 年中出版,但由於 2019 年中開始香港局面突然急劇變化,加上 2020 年春開始的全球性新冠病毒來襲,令書稿之修訂及出版事宜受阻,筆者深表歉意。

　　本書是筆者二十多年來,透過現象學方法思考文化交互理解各種課題的部分成果。希望拙作能在這一領域,收拋磚引玉之效。

2022 年 4 月 5 日於香港

第 1 章
導言：現象學與文化交互理解的實踐

　　本書的一系列文章將從現象學角度從事跨文化哲學的探索。原籍德國的現象學之父胡塞爾（Edmund Husserl, 1859-1938）沒有對任何東方哲學作過依於文本的內部討論，甚至曾經說過印度哲學和中國哲學都並非真正意義下的哲學，顯示了他持守著一個歐洲中心論的哲學觀。然而，當胡塞爾在從事各種具體現象學研究之際，他展示了一種開放的探討態度和嚴謹的研究方法，在德國內外鼓舞了幾代的追隨者，把現象學發展成一個跨語言、跨文化，和跨學科的學術運動。本系列文章，就是一方面嘗試運用現象學運動中幾位重要哲學家——胡塞爾之外，還有法國的梅洛龐蒂（Maurice Merleau-Ponty, 1908-1961）和捷克的柏托什卡（Jan Patočka, 1907-1977）——提供的一些理論資源，重新理解中國道家哲學、儒家哲學，以及印度佛家哲學的一些基本概念、學說和方法論議題；另一方面，則透過當代中國哲學的一些重要概念創新，即勞思光的「引導性哲學」和「自我轉化」概念，釐清當代西方哲學中的一種新發展趨向——倫理學轉向。這一雙向的閱讀和思考，體現的是哲學上文化交互理解的實踐，透過培育一種新的文化肌膚，[1]具體地勾畫出

----

1 「文化肌膚」（cultural flesh）是筆者在晚期梅洛龐蒂「肌膚存在」（la chair,

一條朝向建立跨文化現象學的道路。

1.1　為什麼要從事哲學上的文化交互理解？

在當代世界這一文化多元的處境之下，從事哲學上的文化交互理解之首要目的，當然是促進不同文化之間在哲學層面的溝通。然而，同樣重要的是，要避免完全活在單一文化系統之內的哲學所造成的封閉性。成熟期的勞思光在這問題上有很好的說明。

在〈對於如何理解中國哲學之探討及建議〉一文中，勞思光的首要目的是向西方哲學界提出他理解的傳統中國哲學之特質，以方便源自中國和西方兩種不同哲學傳統之間的溝通。[2]這已是有意識地從事哲學領域上的跨文化理解。但這工作應如何進行？勞氏提出非常重要的一點：我們必先抱著哲學作為開放思維的態度，並在

---

flesh）概念的基礎上塑造的新概念，它指某種精神狀態和肉身的部署，讓我們的肌膚提升對其他文化的文化敏感度，能夠分享其他文化的文化觸覺，從而進入其他文化那個在客觀科學底層的文化世界，感受到其他文化裡人們的心靈跳動，打開一條具體的文化交互理解之路。請參劉國英：〈肌膚存在：從存在論層面到跨文化層面的運用〉，《現象學與人文科學》第 6 期，2016，頁75-108；〈文化肌膚與文化交互理解的現象學：理論與實踐〉，《中國文哲研究通訊》，第 29 卷，第 2 期，2019，頁 139-162；〈從肌膚存在到文化肌膚：走向文化交互理解的現象學〉，《現象學與人文科學》，第 9 期，2020，頁 91-128。

2　勞思光：〈對於如何理解中國哲學之探討及建議〉，《思辯錄》（台北：東大圖書，1996），頁 3-37，此處頁 18；本文有英文版：LAO Sze-Kwang, "On Understanding Chinese Philosophy: An Inquiry and a Proposal", in *Understanding the Chinese Mind: The Philosophical Roots*, ed. Robert E. Allinson (Hong Kong, New York: Oxford University Press, 1989), pp. 265-293.

這基礎上提出一個「對哲學的開放概念」。[3] 作為一個對中國哲學、西方哲學和源自印度的佛家哲學都有深入研究的當代中國哲學家，勞思光了解到中、西、印這三大哲學傳統發展出來的不同哲學理論，都各有其建樹和重要性。這些不同哲學理論之有建樹，在於它們都不是泛泛而談之說，而是各就一組重要的、確定的、因而是殊別的哲學議題，確立某些重要的思考原則和方法，甚至建立了理論典範。特別成功的哲學理論，會表現成不同程度的完滿的哲學系統。然而，建立這些成功的殊別哲學理論以至哲學系統需要付出代價，就是表現成一個個的封閉系統，這在在展現出它們持守的哲學概念，是一種「封閉性哲學概念」。[4] 它們的封閉性在於：作為哲學理論它們只適用於處理某些特定的、殊別的哲學理論問題。而放眼於中國、西方和印度三大哲學傳統的歷史發展，後出的、具體的哲學問題不斷被提出，然而並無任何單一哲學理論——儘管它的系統性極強，例如康德和黑格爾各自宏大的哲學體系——可以自稱或被公認為終極的哲學理論。[5] 故此，即使要在理解一個單一哲學傳統的內部歷史演變，已經不能停留在一個封閉的哲學概念，而需要一個開放的哲學概念。當面對哲學層面的跨文化溝通之時，我們更需要一個開放的哲學概念，以幫助哲學工作者由某一個殊別的文化傳

3　勞思光：〈對於如何理解中國哲學之探討及建議〉，《思辯錄》，頁 18。
4　勞思光：〈對於如何理解中國哲學之探討及建議〉，《思辯錄》，頁 16。
5　勞思光指出，康德哲學系統也難逃封閉性的命運：「當康德宣稱要『完整而有系統地展示理解使用之一切超驗原則』的時候，他的系統很清楚地封閉了。」〈對於如何理解中國哲學之探討及建議〉，《思辯錄》，頁 14，註8。而當晚期維根斯坦把哲學的功能定為一種治療性的訓練，排斥了哲學思考的所有其他功能，則這一哲學概念雖然有異於西方傳統的哲學概念，卻仍是一個封閉的哲學概念。同上文，頁 14。

統，進入另一個文化傳統，以達至有哲學深度的文化交互理解。

　　勞思光在西方的「認知性哲學」（cognitive philosophy）的基礎上提出中國的「引導性哲學」（orientative philosophy）概念，[6]此舉並不是要重新肯定以至頌揚中國哲學的某些封閉性特質，而是要指出，任何源自單一文化世界的哲學傳統，都有其封閉性。要認識到一己文化傳統下的哲學的封閉性在哪裡，其中一個必要的步驟，就是要認識另一文化傳統下的哲學，與一己文化傳統下的哲學的某些基本差異，特別是在哲學功能上的差異。而認識不同文化傳統下的哲學理論之間的差異，就是建立跨文化哲學觀的第一步。勞思光是在這一基礎上提出他的引導性哲學和認知性哲學二分的中西文化對舉的哲學觀，並在這引導性哲學與認知性哲學的區分之基礎上，具體地展示一種開放的哲學概念。這一開放的哲學概念讓我們理解到，引導性為主的中國哲學傳統與認知性為主的西方哲學傳統各自發揮不同的哲學功能（引導性功能和認知性功能），處理不同性質的哲學問題。這兩種功能之間沒有高低之分，因此不能根據它們之間的差異而對這兩個不同的哲學傳統作出一高一低的價值判斷。

　　借助勞思光提出的引導性哲學概念，我們將發現，以認知性哲學為主的西方傳統哲學，原來在古希羅時期已曾經產生引導性哲學。不單如此，我們還將發現，當代西方哲學界中有極大成就的胡塞爾和晚期的傅柯，都認為真正的哲學有引導性功能，他們實質上都擁抱引導性哲學的概念（參本書第 7 章）。

―――――

6　勞思光：〈對於如何理解中國哲學之探討及建議〉，《思辯錄》，頁 18。

1.2　何謂「文化交互理解」的哲學？

　　文化交互理解的哲學的誕生，可追溯至 19 世紀末、20 世紀初，一些西方學者認真對待東方的印度和中國的傳統哲學，開始把這兩個東方傳統的重要經典翻譯成西方語言，並在這基礎上展開跨越單一文化的哲學討論。但在頗長的一段時間裡，把不同文化傳統之下的哲學並排而論的學問，被稱為比較哲學（comparative philosophy）。「跨文化哲學」（intercultural philosophy）或「文化交互理解的哲學」（philosophy of intercultural understanding）之稱的出現，只有二、三十年歷史。要理解何謂文化交互理解的哲學，第一個問題就是：它與比較哲學有何異同？

　　文化交互理解的哲學，當然是一種哲學上的比較研究，它涉及不同文化系統之間的哲學學說之比較。但它不甘心於膚淺地指出兩套不同文化中的哲學表層的相似或差異，從而得出一種平平無奇的文化相對主義（cultural relativism）結論。顧名思義，文化交互理解的哲學之目的，就是要達到不同文化體系中的哲學論說之間某種深度的互相理解，其首要條件是去除文化中心論，這既要走出以自身文化為中心（self-decentering），也不能預認某一文化相對於其他文化有先天的文化優越性（cultural superiority *a priori*）。

　　從事哲學上的文化交互理解，當然會有它的困難。對於一些強硬文化決定論者（hardcore cultural determinist）來說，一組哲學問題是在一定的文化傳統中誕生；離開該傳統，那些哲學問題就不再成立、甚至不再有意義，因而不能被理解。在這一思路之下，哲學上的跨文化理解基本上是不可能的，更遑論哲學上的文化交互理解。這種極端的文化決定論立場否定哲學上跨文化溝通的可能性。

不過，在過去一個世紀以來，中國哲學、日本哲學、印度哲學與西方哲學這幾大傳統之間出現了不同程度上進行相互理解的著作，已是不能否認的事實。哲學上的跨文化溝通工作，東西方都有人在耕耘，儘管他們是少數。

　　然而，同樣不能被否認的是，在特定文化傳統之下產生的哲學，其問題意識、運用的概念，以至理論陳構的方式，可以是非常獨特，與其他文化中的哲學論說可以甚為不同，當傳到其他文化中，不容易被真正理解，甚至很容易被誤解。因為對於一個哲學問題的提出之合理性、一個理論立說的明晰性、推論的嚴謹性等等，不同文化之間的標準和要求都可以不同。在從事跨文化哲學探討之際，不同文化傳統下的哲學論說很可能出現立場上的互相碰撞，甚至對立，出現兩套哲學之間的不可共量性（incommensurability），[7] 即缺乏最起碼的共同評價準則以達成最低度的共同理解，因而在互相比較之後難以作出具客觀性的結論。

　　在不同哲學傳統下的個別理論之間出現不可共量性，是完全有可能的。事實上，同一哲學傳統之中出現不可共量的理論，中西哲學都有，例如道德哲學上的義務論與效用論，就是兩種幾乎不可共量的理論。當晚期維根斯坦把哲學的功能收窄至僅僅是一種治

7　「不可共量性」（incommensurability）一概念源自美國科學哲學和科學史家庫因（Thomas Kuhn, 1922-1996）所著 *The Structure of Scientific Revolutions* 一書，指 17 世紀自然科學革命之後，在物理學和化學出現典範轉移（paradigm shift），革命前和革命後的西方科學家之間——儘管都是理性論者——對各個相關課題的看法南轅北轍，像處於兩個不同的世界中。參：Thomas Kuhn, *The Structure of Scientific Revolutions* (Chicago: The University of Chicago Press, 1962; enlarged edition 1970), pp. 148-150. 不可共量性一詞很快在社會科學和人文科學領域被廣泛運用，我們這裡也是在這背景下用上此詞。

療性的訓練，就與所有其他西方哲學理論有著不可共量的關係。然而，我們是否可以斷定，兩個哲學傳統之間是完全不可共量？以中國和西方這兩個哲學傳統為例，它們不是分享著一些共同的問題意識嗎？這包括最基本的善惡之分、對錯之分、真假之分、義與不義之分、美醜之分等等。此外，它們不也是分享著某些共同的概念空間（shared conceptual space）[8]嗎？例如普遍與特殊的區分、個人與集體的區分、感性與智性的區分、形而上與形而下的區分、人際與天際的區分等等。我們怎可以視整個中國哲學傳統與整個西方哲學傳統是不可共量的？反過來，我們有理由相信，中國和西方的哲學傳統之間——以德國詮釋學泰斗高達美（Hans-Georg Gadamer, 1900-2002）著名的述語來說——有某程度上的視域交融（Horizontverschmelzung, fusion of horizons），[9]儘管這並不表示這兩個哲學傳統能結合成一個具有最高統一性的視域。

　　因此，文化交互理解的哲學，必然包括哲學上新的文化經驗，即以從其他文化而來的既有或新的概念思考哲學問題，甚至運用源自其他文化的既有或新的觀念在一己原先文化中發現新的哲學問題，這可稱為哲學上文化交互性（interculturality）的經驗。這自然首先需要對其他文化的哲學有一定程度的正確且深入的理解，而這本身就是需要克服的困難之一：離開一己原先的文化傳統，去學習其他文化傳統下的哲學。

8　參 William Sweet, "Introduction: The Project of Intercultural Philosophy", in *What is Intercultural Philosophy?*, ed. William Sweet (Washington, DC: The Council for Research in Values and Philosophy, 2014), p. 9.

9　Hans-Georg Gadamer, *Truth and Method*, Eng. trans. Joel Weinsheimer and Donald G. Marshall (New York: Continuum, 1994, 2nd revised ed.), pp. 306-307.

　　文化交互性的經驗是文化經驗上的交匯（cross-over）、交織（intertwinement）或重疊（overlapping）。但這不是找尋完全的同一性（identity）或劃一性（uniformity），也不是強調文化差異的絕對性，以致不同文化之間完全無法溝通，成為不可共量的關係。建立文化交互性的經驗必須走出自我文化中心主義。哲學上，這包括某一程度哲學上的「去本土化」（deterritorialization），然後「再本土化」（reterritorialization）（借自德勒茲〔Gilles Deleuze, 1925-1995〕的概念），[10] 即把哲學概念的運用，首先脫離它誕生所在的文化土壤，向其他文化空間伸展，然後再在新的文化空間下的文化土壤上扎根，展開在新文化空間下的哲學思考。[11] 然而，這樣就會帶來文化上和概念上的混雜性（hybridity），而不以追求文化來源的純粹性為最高價值標準。更重要的是，透過文化交互性的經驗，可望在其他文化和一己原先文化之間發現深層的相關性，帶來對其他文化和一己文化某些更深入的理解——不單在哲學層面，還在文化層面的交互理解，即雙向的理解。

10　Gilles Deleuze and Félix Guattari, *Qu'est-ce que la philosophie?* (Paris: Les Éditions de Minuit, 1991), pp. 82-108; *What is Philosophy?*, Eng. trans. H. Tomlinson and G. Burchell (New York: Columbia University Press, 1994), pp. 75-113.

11　儘管德勒茲提出的一對概念——哲學上的「去本土化」和「再本土化」——有助說明哲學上的文化交互理解，但他卻仍然擁抱歐洲中心論的哲學觀，視真正的哲學只在古希臘和現代西方出現，古典中國和印度的思想性著作只是「前哲學的」（pré-philosophique, pre-philosophical）。見 G. Deleuze and F. Guattari, *Qu'est-ce que la philosophie?*, p. 97; *What is Philosophy?*, p. 101.

1.3　為什麼採取現象學進路？

對一個文化上源自東方而從事文化交互理解的哲學工作者來說，胡塞爾的現象學哲學是一個弔詭。一方面，胡塞爾一直持守著一個歐洲中心論的哲學觀，因為他認為哲學的本質性任務是「純粹理論」（pure *theōria*），而只有希臘哲學有意識地擔負這個哲學任務，從近代開始，則只有歐洲人繼承這任務。故真正的哲學只存在自希臘下來的歐洲傳統。晚期的胡塞爾曾說：

> 對那些浸淫於科學思維方式——它始創於〔古〕希臘而大成於現代——的人而言，說有所謂印度和中國的哲學及科學……，亦即以歐洲的方式去解釋印度、巴比倫、中國，是一種錯誤，是一種意義的顛倒。[12]

胡塞爾否認印度和中國有真正意義下的哲學，當然是一種歐洲中心論態度，顯現一種封閉性的哲學觀。然而，當胡塞爾在從事各種具體現象學研究之際，卻展示了一種開放的探討態度和嚴謹的研究方法，故可說體現了相當多的開放性元素。它們首先顯現於現象學的操作性概念（operative concepts）和方法。成熟期的胡塞爾

---

[12] Edmund Husserl, *Die Krisis der europäischen Wissenschaften und die transzendentale Phänomenologie, Husserliana VI*, ed. Walter Biemel (The Hague: M. Nijhoff, 1954)（以下簡稱 "*Krisis*"）, p. 331; *The Crisis of European Sciences and Transcendental Phenomenology*, Eng. trans. David Carr (Evanston, IL: Northwestern University Press, 1970)（以下簡稱 "*Crisis*"）, pp. 284-285; 胡塞爾：《歐洲科學的危機與超越論的現象學》，王炳文譯（北京：商務印書館，1981）（以下簡稱《危機》），頁 386。引文中譯出自本書作者，中譯本頁碼僅供參考，下同。

發明了懸擱（epochè）和現象學還原（phenomenological reduction）的方法，用以盡量去除一切未經檢查的偏見──心理的、文化的、理論的──並強調必須回到人類各種不同類型的經驗，去找尋其基本的結構性不變項（structural invariants），亦即一般所謂的「本質」。胡塞爾現象學的格言是：「回到事物本身去」（"zu den Sachen selbst", "back to the things themselves"）。它表達的是執行現象學方法的規範性指引：描述先於詮釋，讓事物自身說話，而不是我們那些沒有客觀根據的主觀意見。進行現象學描述之際，是依據具體的經驗所予項，在理念本質變更的考察方法（method of eidetic variation）指引下，找出相關的經驗類型的結構性不變元素或構成組件。它從不同經驗個案的考察出發，去找出相關的經驗類型的共同結構性特徵，作為描述的成果。這樣的現象學描述方法，其操作方式是由下而上，是一種接近康德所說的反思性判斷（reflective judgment）的方式，而不是從上而下的規定性判斷（determining judgment）的方式。這樣的現象學描述方法下得出的成果，其普遍有效性（universal validity）較其它方法為高。

　　現象學運動的知識遺產，基本上是上述嚴格描述方法累積而來的。這包括：胡塞爾對不同樣態的意識（modes of consciousness）──知覺意識、想像意識、情感意識、道德意識等等──的意向性結構（intentional structure）的描述，對世界作為界域（horizon）及其三層結構──物理層、生物層和人際層──的存在論架構的描述，對內在時間意識的三層結構──本源知覺（originary impression）、滯留（retention）與前攝（protention）──的描述（內在時間意識是意向性生活形式結構的最底層，也是回憶和反思可能的條件），對書寫作為意義之為理念性存在（ideational being）

可能之條件、以及作為歷史意識和理念性對象一般（ideational object in general）的歷史沉澱可能條件的發現。以上都是胡塞爾現象學哲學最著名的思想遺產，在德國內外鼓舞了幾代的追隨者，把現象學發展成一個跨語言、跨文化，和跨學科的學術運動。在胡塞爾之後，海德格對人之存在（他稱為「此在」〔Dasein〕）作為世界中的存在（in-der-Welt-sein, being-in-the-world）之存在論結構的描述，沙特在胡塞爾現象學和海德格存在論的基礎上從事的人之實存論現象學（existential phenomenology），以及梅洛龐蒂的肉身主體現象學（phenomenology of body-subject），可以說是現象學花園中最著名的花果。[13] 上述現象學研究成果都展現高度的普遍有效性，因為它們都是透過嚴格地遵守讓經驗所予項先行的描述過程而獲得，體現了現象學描述方法的開放性。由於這些描述性成果聚焦於人類經驗類型最基本的底層結構，它們可能附帶的文化偏見應該是最少的，因此最適合為哲學上文化交互理解的工作充當起點。

　　進一步從學說內容上看，現象學哲學家們對跨文化溝通及文化交互理解的哲學之可能，提供了更多正面說明。限於篇幅，我們只能在這裡簡述。[14]

13　胡塞爾早年任教於哥廷根（Göttingen）時期的一位法裔學生讓‧艾林（Jean Héring, 1890-1966）以花園這意象描述現象學運動的成果：「倘若現象學沒有變成一家工廠，它就形成了一個巨大的花園，包含了大量不同種類的花卉，但表露出明顯的親屬精神。」法文原文："Si la phénoménologie n'est pas devenue une usine, elle forme un immense jardin aux fleurs variées qui cependant dénotent un net esprit de parenté." Jean Héring, "Edmund Husserl Souvenirs et réflexions", in H. L. van Breda and J. Taminiaux eds., *Edmund Husserl, 1859-1959: Recueil commémoratif publié à l'occasion du centenaire de la naissance du philosophe* (La Haye: M. Nijhoff, 1959), p. 27.

14　以下段落採用了筆者在〈文化肌膚與文化交互理解的現象學：理論與實踐〉、

　　首先，胡塞爾在《歐洲科學的危機與超越論的現象學》一書中提出生活世界（Lebenswelt, life-world）的概念，指出這是一切理論活動──包括科學活動和哲學活動──植根其中的前反思土壤，以實踐旨趣為主，因此主觀和相對（subjective-relative）是它的特性。[15] 這樣一來，一切奠基於自然科學思維模式、或以自然科學思維模式為典範的哲學理論模型，便失去其過去不證自明及自足的絕對優越地位。與此同時，胡塞爾指出，自笛卡兒以降的現代歐洲哲學，在科學革命成功的影響之下，接受了客觀科學主義（scientific objectivism）和素樸自然主義實在論（naïve naturalistic realism）的理論偏見，其理論目光阻礙了它重新發現和回到前科學的生活世界。[16] 胡塞爾在發現前科學的生活世界的同時，對現代科學思維模式的解構，可說是對現代西方科學文化的絕對優越性去神話化（demystification），這為對重新理解、重新評價與重新欣賞其他未受現代科學支配的文化中的哲學或思維模式鋪路。

　　梅洛龐蒂可能是第一位了解到胡塞爾對生活世界的顯題式處理，可以通往文化交互理解之路的現象學哲學家。雖然胡塞爾說過，印度人和中國人只是「經驗的人類學類型」（"empirischer anthropologischer Typus", "empirical anthropological type"）[17]，因此沒法進行歐洲式的理性思維，但梅洛龐蒂指出，「胡塞爾承認，

　　及〈從肌膚存在到文化肌膚：走向文化交互理解的現象學〉二文中的一些論點。

[15]　E. Husserl, *Krisis*, §38, pp. 146-151; *Crisis*, pp. 143-147; 胡塞爾：《危機》，頁173-179。

[16]　E. Husserl, *Krisis*, Zweiter Teil, §§8-27, pp. 18-104; *Crisis*, Part II, pp. 21-100; 胡塞爾：《危機》，第二部分，頁31-124。

[17]　E. Husserl, *Krisis*, p. 14; *Crisis*, p. 16; 胡塞爾：《危機》，頁27。

一切思想都屬於一個歷史性的集合、一個『生活世界』，那麼原則上，一切思想都是『人類學類型』，沒有任何思想有特殊的權利。」[18] 也就是說，根據胡塞爾的生活世界學說，歐洲人的思想也只是眾多人類學類型中的一種，它沒有不證自明的優越地位。這樣一來，不單印度和中國這些歷史悠久和高度發展的文化，就是那些所謂原始文化，在對生活世界的探索中，也擔當重要的角色，因為它們能為我們提供關於世界的變異樣態（variation）的理解。梅洛龐蒂提醒我們，倘若沒有對世界的其他可能樣態的認識，「我們便會被我們的偏見纏繞，甚至看不出我們生命的意義。」[19]

因此，我們需要他人去幫助我們了解自身和我們身處其中的世界；單靠自身，我們對自身的理解和對世界的理解永遠不能完成。

沙特（Jean-Paul Sartre, 1905-1980）一個著名的觀察就是：我們永遠無法消除或取代他人從她的視角下看到的世界景象，因此，他人的視角把我們原先的視角去中心化（décentration, decentralization）。[20] 換句話說，沒有任何單一知覺主體可以壟斷世界及其事物向我們呈現的視角：對於所有承認一個知覺主體作為肉身存在、因而是有限性存在的觀察者而言，這是必須接受的結論。

不過，主體的視角與他人的視角之不能互相取代，並不意味

18　Maurice Merleau-Ponty, "Partout et nulle part", in *Signes* (Paris: Gallimard, 1960), p. 173; "Everywhere and Nowhere", in *Signs*, Eng. trans. R. C. McCleary (Evanston, IL: Northwestern University Press, 1964), p. 137.

19　M. Merleau-Ponty, "Partout et nulle part", in *Signes*, p. 173; "Everywhere and Nowhere", in *Signs*, p. 138.

20　Jean-Paul Sartre, *L'Être et le néant* (Paris: Gallimard, 1943; Collection TEL, 1980), p. 301; *Being and Nothingness*, Eng. trans. Hazel E. Barnes (London & New York: Routledge Classics, 2003), p. 279.

著它們必然互相矛盾或互相排斥。梅洛龐蒂就清楚指出，世界固然從來不是完全在我的視角之下呈現，但世界也不是完全在一個單一他人的視角之下呈現，而是在我的諸視角（my perspectives）和眾多他人的視角（perspectives of the others）的交匯之處呈現。因此，世界是由一個眾多視角的系統（le système de perspectives, the system of perspectives）所呈現的。[21] 這是世界作為一個整體景象呈現的結構性特徵。所以，梅洛龐蒂提出「交互世界」（inter-monde, inter-world）的概念，[22] 來理解文化世界、社會世界和歷史世界，意味著我們不單必須承認眾多他人和他文化的共在（co-existence），還必須承認眾多他人和他文化、以及文化他者（the cultural other）的先在性。梅洛龐蒂藉交互世界一概念要傳達的訊息是：就世界及其事物的呈現而言，我的視角和他人的視角在結構性層面上是互補的，而不是互相排斥。

在文化知覺（cultural perception）和文化交互理解的層面上，不同文化之間的視覺也是互補的。任何殊別文化中產生的觀點，雖然必有與這一文化特性相關的片面性，這既是其缺點，但也是其優點。因為對其他文化而言，這一特殊觀點都可能反映了其自身文化的一些「無知覺」（imperceptions）、欠缺（lack）或出缺（absence），即其他文化所無法看到的事情或世界的面相，它反映

---

[21] Maurice Merleau-Ponty, *Le visible et l'invisible* (Paris: Gallimard, 1964), p. 116; *The Visible and the Invisible*, Eng. trans. Alphonso Lingis (Evanston, IL: Northwestern University Press, 1968), p. 84.

[22] M. Merleau-Ponty, *Le visible et l'invisible*, pp. 73, 90, 116; *The Visible and the Invisible*, pp. 48, 62, 84. 英譯者把梅洛龐蒂塑造的 "intermonde" 一詞翻譯成 "intermundane space"，無法準確傳遞梅洛龐蒂賦予「交互世界」一概念的意思。

了其他文化的文化盲點。

因此，每一個文化都有其文化盲點，都需要他文化來填補和補充其文化知覺中的無知覺或不可見項（the invisible），在互補之下共同構成一個整體的世界圖像。與此同時，由於任何單一的、殊別的文化中產生的觀點都有其片面性，它需要在其他文化中也能證實其為真或有效，才能證成它的普遍性。

西方文化也沒有例外，倘若她要克服其片面性和相對性，也要從其他文化中尋求觀點的互補。雖然西方文化自希臘時期發展出一個建立普世性真理的理念，並以實現普世性真理這理念為使命，但這理念仍有待落實。落實這理念的具體方法就是透過跨文化理解；只有透過跨文化理解的途徑，一個哲學概念、一套哲學論說才能克服其文化土壤賦予它的特殊性和本土性，才能獲得更大的說明效力，即擴大其普遍有效性，從而上升至具普世性意義。

有別於傳統觀念論和超越論以規定性判斷（determining judgment）由上而下建立的普遍性，透過跨文化理解建立的普遍性是一種側面或橫向的普遍項（lateral universal），[23] 是經由康德《判斷力之批判》中所說的反思性判斷從下而上建立的。[24] 因此，文化交互理解是真理、特別是哲學真理的試金石，它也是建立普遍性的新途徑。

23　M. Merleau-Ponty, "De Mauss à Claude Lévi-Strauss", in *Signes*, p. 150; "From Mauss to Claude Lévi-Strauss", in *Signs*, p. 120.

24　Immanuel Kant, *Critique of the Power of Judgment*, Eng. trans. Paul Guyer and Eric Matthews (Cambridge: Cambridge University Press, 2000), "Introduction", IV (5:179-5:181), pp. 66-68; "First Introduction to the *Critique of the Power of Judgment*", V (20:211-20:216), *op. cit.*, pp. 15-20.

　　因此，梅洛龐蒂認為，西方文化雖然有其獨特性，但她並不是本質上高於其他文化。與胡塞爾不同，梅洛龐蒂認為中國文化和印度文化這些非歐洲文化及其思想學說，即使是人類學類型，卻「可以為我們提供人與存在的關係的變異方式，能夠闡明我們對自身的理解，就如一種斜角的普遍性（universalité oblique）。」[25] 也就是說，中國與印度這些歐洲以外的文化活出了或體現了另一種與存在的關係，是歐洲人所不認識的，中國文化和印度文化便能夠從另一個側面提供它們對「與存在的關係」這一個最具普遍性意義的課題的理解。相對於黑格爾和胡塞爾，梅洛龐蒂面對印度哲學和中國哲學之際，表現出極為謙遜的態度，他不單承認它們為真正的哲學，也能夠指出這兩種形態的東方哲學的獨特性：「印度和中國的各種哲學努力找尋的，與其〔像西方哲學般〕支配存在，無寧是作為我們與存在的關係的迴響或共鳴箱。」[26] 也就是說，梅洛龐蒂認為東方哲學和西方哲學之間，在人與存在的關係上，是一種互補的關係。他更說：

> 西方哲學可以從它們〔東方哲學〕身上重新學習，找回她誕生之時與存在的關係之原初選擇，學習估量當我們變成「西方人」之後，我們關掉了的可能性，並且也許可以學習重新開啟這些可能性。[27]

25　M. Merleau-Ponty, "Partout et nulle part", in *Signes*, p. 176; "Everywhere and Nowhere", in *Signs*, p. 139.

26　M. Merleau-Ponty, "Partout et nulle part", in *Signes*, p. 176; "Everywhere and Nowhere", in *Signs*, p. 139.

27　M. Merleau-Ponty, "Partout et nulle part", in *Signes*, p. 176; "Everywhere and Nowhere", in *Signs*, p. 139.

在梅洛龐蒂眼中，印度哲學和中國哲學不再被視為低等形態的哲學，她們帶著歐洲人所看不見的可能性。這表示，哲學並非只有單一模式，也不是歐洲文化的專利。一句話：其他文化傳統也有可能發展出真正的哲學。

×　×　×

本書以下收錄的六篇文章，都是在現象學方法、特別是梅洛龐蒂的開放性精神指引下作出的嘗試，希望在文化交互理解這一新的哲學領域帶出一些實踐性成果，從而發展出新的文化肌膚，促進哲學上的跨文化溝通。在這個過程中，筆者遇上和發現不少與文化交互理解相關的理論問題，特別提出了「文化肌膚」這一概念去分析和嘗試解答，但這都不是收在本書的文章所能涵蓋，有興趣的讀者可參考相關的拙著。28

---

28 筆者有關文化交互理解的哲學理論問題的已發表著作，除了註 1 及註 14 中提到的 3 篇中文文章，還包括以下的英文論著：Kwok-ying Lau, *Phenomenology and Intercultural Understanding: Toward a New Cultural Flesh* (Dordrecht: Springer, 2016), Ch. 1, Introduction: Cultural Flesh and Intercultural Understanding: A Phenomenological Approach; Ch. 2, Para-deconstruction: Preliminary Considerations for a Phenomenology of Interculturality; Ch. 10, The Flesh: From Ontological Employment to Intercultural Employment; Ch. 11, Conclusion: Toward a New Cultural Flesh. Kwok-ying Lau, "Whither Intercultural Philosophy? Responses to Comments and Questions on *Phenomenology and Intercultural Understanding: Toward a New Cultural Flesh*", *Dao: A Journal of Comparative Philosophy*, Vol. 18, No. 1, 2019, pp. 127-136.

第 2 章
現象學可以還中國道家哲學一個公道嗎？
──試讀老子

前言

　　近數十年來，西方學術界對中國道家哲學的評價，出現了一種頗為兩極化的傾向。一些西方學者視道家哲學為反理性論（anti-rationalism），另一些西方哲學家則視道家哲學為「海德格思想的隱秘來源」之一。在批判地檢討了這兩種對道家哲學極端化的理解傾向後，本章嘗試運用現象學運動提供的一些概念和學說，重讀老子的《道德經》，並從當代哲學的視野出發，提出一些可能的新理解，特別是就「道」的三個面向作出說明：（一）存在論層面而言，「道」作為始動的自然；（二）「道」的開展：晚期梅洛龐蒂（Maurice Merleau-Ponty, 1908-1961）意義下的「超辯證」（hyperdialectic）運動與復歸；（三）「道」的性格：虛靜與柔弱。在這基礎上，本文希望指出《道德經》的非人本論性格和道家哲學的批判性潛能，以及它作為文化更新的可能理論資源。

2.1   西方學術界對道家哲學的兩種截然相反之態度

2.1.1   道家哲學是一種反理性論（anti-rationalism）

在文化多元論興起的年代，我們不難想像，持所謂「政治正確」態度的論者，必會承認以下命題：有多少種文化就多少類哲學。今日的西方學術界，似乎離黑格爾的時代——即視中國哲學為停留於哲學思想發展的「初級的階段」[1]——已經很遠。然而，對於「中國哲學能否稱得上為真正的哲學」這一問題，似乎仍處於一場未有結論的辯論之中。由於亞里士多德曾把哲學的起源視為從神話（mythos）到理性（logos）的發展，判斷中國哲學是否「真正的哲學」的標準，往往落在判定中國哲學有無成功地建立一套給予理性以奠基性地位的論說，亦即考察中國哲學是否發展出某種形式的哲學理性論（philosophical rationalism）。眾所周知，現代現象學之父胡塞爾（Edmund Husserl, 1859-1938）曾宣稱：「用中國哲學這一說法本身……純然是一種錯誤和意義的篡改。」[2]（下文將繼續討論這

---

1   G. W. F. Hegel, *Werke in zwanzig Bänden*, Bd. 18, *Vorlesungen über die Geschichte der Philosophie I* (Frankfurt am Main: Suhrkamp Verlag, 1971), p. 147; *Hegel's Lectures on the History of Philosophy*, Vol. I, Eng. trans. E. S. Haldane (London: Routledge & Kegan Paul, 1955), p. 121; 黑格爾：《哲學史講演錄》，第一卷，賀麟、王太慶譯（北京：商務印書館，1981），頁 129。

2   Edmund Husserl, *Die Krisis der europäischen Wissenschaften und die transzendentale Phänomenologie, Husserliana VI*, ed. Walter Biemel (The Hague: M. Nijhoff, 1954)（以下簡稱 "*Krisis*"）, p. 331; *The Crisis of European Sciences and Transcendental Phenomenology*, Eng. trans. David Carr (Evanston, IL: Northwestern University Press, 1970)（以下簡稱 "*Crisis*"）, p. 284; 胡塞爾：《歐洲科學的危機與超越論的現象學》，王炳文譯（北京：商務印書館，1981）（以

點）若果持這一論點者是一位來自西方的專業哲學家，或者是一些
出於文化偏見或自限於狹窄的學術分工之內，而從來沒有對中國哲
學產生過興趣的中國人，我們大概不會完全感到詫異。令人稍感意
外的則是，像 A. C. Graham（1919-1991, 其漢譯名字為「葛瑞漢」）
這樣一位透過翻譯中國哲學經典以及大量著述，[3] 不遺餘力地把中國
哲學介紹到西方學術界去的出色學者，卻依舊不能脫出以「理性論
與反理性論」（"rationalism and anti-rationalism"）這樣的簡單二分
法去表象古代中國哲學。[4] 儘管 Graham 已經細緻地把「反理性論」
與「非理性論」（"irrationalism"）區分開來，指「反理性論」為以
莊子為首那種以自發性（spontaneity）對抗理性的態度，而認為 18
世紀法國的薩特侯爵（Marquis de Sade, 1740-1814）、19 世紀德國
的尼采（Friedrich Nietzsche, 1844-1900）及 20 世紀德國的希特勒

下簡稱《危機》），頁 386；中譯文有改動。

3　A. C. Graham 出版了的中國哲學經典英語翻譯包括《莊子》和《列子》：
　　Chuang-tzŭ: The Seven Inner Chapters and Other Writings (London: George Allen
　　& Unwin, 1981); *The Book of Lieh-Tzu* (London: Murray, 1962)。他有關中國哲
　　學的專著包括：*Kung-sun Lung's Essay on Meanings and Things* (Hong Kong:
　　University Press, 1955); *Later Mohist Logic, Ethics and Science* (Hong Kong:
　　Chinese University Press, 1978); *Disputers of the Tao: Philosophical Arguments
　　in Ancient China* (La Salle, IL: Open Court, 1989), 中譯本：葛瑞漢：《論道者：
　　中國古代哲學論辯》，張海晏譯（北京：中國社會科學出版社，2003）；*Two
　　Chinese Philosophers: The Metaphysics of the Brothers Cheng* (La Salle, IL: Open
　　Court, 1992), 中譯本：葛瑞漢：《中國的兩位哲學家：二程兄弟的新儒學》，
　　程德祥等譯（鄭州：大象出版社，2000）。

4　A. C. Graham, "Rationalism and Anti-Rationalism in Pre-Buddhist China",
　　Unreason Within Reason: Essays on the Outskirts of Rationality (La Salle, IL: Open
　　Court, 1992), pp. 97-119.

（Adolf Hitler, 1889-1945）的行徑則是「非理性論」的佼佼者；[5]他持這一理論判準來對中國哲學作整體評估之際，其最終斷定仍是認為中國哲學整體成就有限，因為對 Graham 而言，「在中國傳統裡，理性論只屬曇花一現，而反理性論則只限於道家哲學及其後出的禪宗」。[6]一句話：中國哲學傳統當然有其獨特之處，不過認真說來，卻又並非有甚麼大不了！這似乎就是 Graham 對中國哲學的終極判詞。

2.1.2 道家哲學作為「海德格思想的隱秘來源」之一

然而，在當代西方哲學舞台上的另一邊，最近二十多年來卻冒起了一股東方熱，一些學者試圖著力說明某些最具影響力的現代或當代西方哲學家──如尼采與海德格（Martin Heidegger, 1889-1976）──與亞洲傳統哲學有密切關係。[7]有些學者──特別是 Reinhard May（其漢譯名字為「萊因哈德・梅依」）及其英譯者 Graham Parkes ──更大膽宣稱道家哲學為「海德格思想的隱秘來源」之一。[8]但任何對海德格的思想道路有一種非過度簡化的認

5　A. C. Graham, *Reason and Spontaneity* (London & Dublin: Curzon Press, 1985), pp. 156-227.

6　A. C. Graham, "Rationalism and Anti-Rationalism in Pre-Buddhist China", *Unreason Within Reason: Essays on the Outskirts of Rationality*, p. 109.

7　Graham Parkes ed., *Heidegger and Asian Thought* (Honolulu: University of Hawaii Press, 1987); Graham Parkes ed., *Nietzsche and Asian Thought* (Chicago & London: University of Chicago Press, 1991).

8　Reinhard May, *Ex oriente lux: Heideggers Werk unter ostasiatischem Einfluß* (Stuttgart: Steiner Verlag Wiesbaden, 1989); *Heidegger's Hidden Sources: East Asian Influences on his Work*, Eng. trans. Graham Parkes (London & New York:

識、而又能夠直接研讀中國傳統哲學典籍的讀者，都會對 May 與 Parkes 在薄弱的文獻依據下所作的大膽論斷感到驚訝。

　　May 書的德文原本正文只有 67 頁，而英譯本正文則更只有 57 頁。其基本論據來自海德格所參閱過的《老子》和《莊子》德譯本（主要出自 Victor von Strauss〔1809-1899〕及 Richard Wilhelm〔1873-1930, 其漢名為「衛禮賢」〕之手）[9]中的一些文句，以及海德格關於「在」或「有」（Sein, Being）與「無」（Nichts, Nothing）等同的一些著名陳述。May 如是說：

　　讓我們現在把相關的文獻選段並列。首先是：

　　……一物只能透過他物……（[...] das eine durch das andere erst ist [...]）（...that one is only through the other...）（《老子》第 2 章，von Strauss 的註釋）。

　　別於它〔在 / 有〕者就只是無（Das Andere zu ihm [dem Sein] ist nur das Nichts.）（Heidegger, EM 84）（The Other

---

Routledge, 1996); 依據這一英譯本再譯出的中譯本為萊因哈德・梅依：《海德格爾與東亞思想》，張志強譯（北京：中國社會科學出版社，2003）。

9　這些德譯本包括：Lao-Tse, Tao Tê King: Aus dem Chinesischen übersetzt und kommentiert von Victor von Strauss (Leipzig, 1870); Laotse, Tao te king: Das buch des Alten vom Sinn und Leben, übersetzt und kommentiert von Richard Wilhelm (Jena, 1911); Dschuang Dsï. Das wahre Buch von südlichen Blütenland, übersetzt und kommentiert von Richard Wilhelm (Jena, 1912). 此外，還有馬丁・布伯（Martin Buber）的《莊子》選譯本：Reden und Gleichnisse des Tschuang-Tse, hrsg. und übersetzt von Martin Buber (Leipzig, 1910). 參 R. May, Heidegger's Hidden Sources: East Asian Influences on his Work, p. 75; 萊因哈德・梅依：《海德格爾與東亞思想》，頁 244。

to it [Being] is simply Nothing.）（Heidegger, *IM* 79/60）。

在／有與無二者不是並列著被給予，而是各自因於對方而運用自身……（Sein und Nichts gibt es nicht nebeneinander. Eines verwendet sich für das Andere.）（*Wm* 247）（Being and Nothing are not given beside one another. Each uses itself on behalf of the other ... ）（*QB* 97）。

其次：

在／有不外就是無；無不外就是在／有（*Sein ist nichts anderes als Nichts, Nichts ist nichts anderes als Sein.*）（*Being is none other than nothing, / Nothing is none other than being.*）

無作為「在／有」（Nichts als "Sein"）（Nothing as "Being"）（Heidegger, "WM?" [*GA* 9] 106, 註 b）。

無與在／有同一（Nichts und Sein das Selbe）（Nothing and Being the Same）（"WM?" [*GA* 9] 115, 註 c）。

在／有：無：同一（Sein: Nichts: Selbes）（Being: Nothing: Same）（"SLT" 101）[10]

10　R. May, *Ex oriente lux*, p. 44; *Heidegger's Hidden Sources: East Asian Influences on his Work*, pp. 27-28; 萊因哈德・梅依：《海德格爾與東亞思想》，頁 52-53。本文所有出自 May 原書或海德格之引文的中譯本均為本書作者所譯，中譯本頁碼僅供參考。有關海德格的著作及版本：*EM = Einführung in die Metaphysik* (Tübingen: Max Niemeyer Verlag, 1953); *IM = An Introduction to Metaphysics,*

在把上列陳述簡單並排出來之後，May 對被翻譯成德語中的「無」（"Nichts"）與「在」或「有」（"Sein"）這些原本來自中文和日文的詞彙，既沒有從文獻學角度考察，也沒有從哲學角度進一步討論，便立即作出如下結論：

> 把這些段落如此並列……令人毫無疑問，在海德格對「無」（「在」或「有」）的非西方式理解中，他受惠於道家和禪宗的思想方式。[11]

May 這段說話，不難令人感到，在黑格爾逝世一個半世紀之後，一股「東風」吹到西方去。對黑格爾而言，中國人用以指稱「至極存在和萬物的起源」的「道」或「無」，實質上只是一個「空虛、完全不確定和抽象普遍項」的記號，它所反映的是一種哲學發展的原始階段。[12] 但對 May（及 Parkes）來說，海德格之視「無」為等同於「在」或「有」，卻顯現了一種至高無上的智慧，而這種

Eng. trans. R. Mannheim (New York: Harper & Row, 1971); *QB = The Question of Being*, Eng. trans. Jean T. Wilde & W. Kluback (New Haven: College & University Press, 1958); *Wm = Wegmarken* (Frankfurt am Main: V. Klostermann, 1967); *GA 9 = Heideggers Gesamtausgabe*, Vol. 9 (Frankfurt am Main: V. Klostermann, 1976); SLT = "Seminar in Le Thor", in *Seminare*, *GA*, Vol. 15 (Frankfurt am Main: V. Klostermann, 1986), pp. 326-371.

11　R. May, *Ex oriente lux*, pp. 44-45; *Heidegger's Hidden Sources: East Asian Influences on his Work*, p. 28; 萊因哈德・梅依：《海德格爾與東亞思想》，頁 53。

12　G. W. F. Hegel, *Werke in zwanzig Bänden*, Bd. 18, *Vorlesungen über die Geschichte der Philosophie I* (Frankfurt am Main: Suhrkamp Verlag, 1971), p. 147; *Hegel's Lectures on the History of Philosophy*, Vol. I, Eng. trans. E. S. Haldane (London: Routledge & Kegan Paul, 1955), p. 121; 黑格爾：《哲學史講演錄》，第一卷，賀麟、王太慶譯（北京：商務印書館，1981），頁 129。

智慧的來源別無他處，只能是古代東方。然而，任何稍具嚴格文獻學和哲學訓練的讀者恐怕都會同意，單單從文獻上的對舉或並排，還未能達到文獻學說明的效用；更遑論它可以充當哲學詮釋的功能。May 固然指出了，海德格某些陳述與翻譯成德語之後的道家哲學和禪宗的一些用詞巧妙地相近；但倘若我們希望以確定的方式理解海德格整個思想歷程與道家哲學和禪宗的關係何在，就必須進行哲學層面的說明和討論（即海德格稱的 "Erörterung"）。我們不能把海德格的思想歷程簡單地化約成「『在』或『有』與『無』等同」這樣的一個公式，特別是在他經歷了所謂思想上的「轉折」或「轉向」（die Kehre, the turn）之後，這種化約更不可能。[13] 然而，May 書卻正是在哲學說明和討論的門檻之前便止步。

　　May 在其書中的較後一章，提出了一些表面的文獻依據，來支持他宣稱後期海德格在討論語言之際，把老子「道」的概念據為己用。May 這樣寫道：

> 讓我們逐字地考察一個長的段落，這段落極可能是〔海德格〕以密碼的方式改寫（paraphrase）《老子》25 章最後四句、特別是最後一句。von Strauss 的譯本如是說：「人的尺度在於地，地的尺度在於天，天的尺度在於道，道的尺度在於它自己」〔中文原文為「人法地、地法天、天法道、道法自然」〕。（"Des Menschen Richtmaß ist

---

13　早於〈甚麼是形上學？〉一文中，海德格已表示，「無」與「有」不是互相對立的，而是互相屬於對方的，但兩者並非同一。參 Martin Heidegger, "Was ist Metaphysik?", *Wegmarken* (Frankfurt am Main: V. Klostermann, 2nd ed., 1978), pp. 118-119; "What is Metaphysics?", *Pathmarks*, ed. William McNeill (Cambridge: Cambridge University Press, 1998), pp. 94-95.

die Erde,/der Erde Richtmaß ist der Himmel,/des Himmels Richtmaß ist Tao,/Taos Richtmaß ist sein Selbst."）（"The measure of the human is the earth,/the measure of the earth is the heaven,/the measure of heaven is *dao*,/the measure of *dao* is itself".）在下面海德格的改寫中，我們需要特別注意 Ereignis〔據為己用／佔為己有〕[14] 一詞，這將是極之重要的一個關鍵詞；在海德格的改寫中，Ereignis 一詞是採特殊用法以之對應道，特別是 *tao fa tzu jan*（*dao fa zi ran*）：道就是「那據為己用的運動」（*die er-eignend-brauchende Be-wegung*）。海德格在改寫前述《老子》中的幾行之際，著重「據為己用」（Ereignis）一詞。[15]

May 隨即從海德格〈走向語言之途〉（"Der Weg zur Sprache"）一文第三節中，引錄了一大段文字，這段文字由「那一有所成就的佔有，引發了作為揭示的言說在從事揭示活動，這一佔有可稱為『佔為己有』」（"Das erbringende Eignen, das die Sage als die Zeige in ihrem Zeigen regt, heiße das Ereignen"）一句開始，直至「這一在言說〔道〕中秉持著的佔為己有，若要命名之，我們只能說：它──佔為己有──成就一己」（"Das in der Sage [tao] Waltende, das Ereignis, können wir nur so nennen, daß wir sagen: Es – das Ereignis –

---

14 海德格 "Ereignis" 一詞的譯法有多種，如「大道」、「本有」、「本然」、「本成」等。筆者此處取直譯的方式，主要是按 May 理解海德格此詞時所著重的意思，卻並不表示筆者認為這是最佳譯法。

15 R. May, *Ex oriente lux*, pp. 60-61; *Heidegger's Hidden Sources: East Asian Influences on his Work*, p. 40; 萊因哈德‧梅依：《海德格爾與東亞思想》，頁 77-78。

eignet"）一句，一字不漏。[16]

在沒有進一步討論和分析之下，May 馬上就作出如下結論：

> 海德格借用了道的學說，特別是《老子》中突出的有關章節，但其佔為己有（Ereignis）〔一概念〕當然並非「一條規律，就像一套規範那樣在我們的上空俯視」。上面引錄的段落足以清楚說明，它詳盡地改寫了《道德經》的語言，特別 25 章最後一句……這樣一來，這一工作就大功告成。佔為己有就是它自己，對自己的佔有亦然（*tzu jan, ziran*），「此外無他」，一如道就是道。[17]

顯然，May 的「證據」完全在於他接納《道德經》25 章最後一句 *tao fa tzu jan*（或作 "*dao fa zi ran*"，「道法自然」）應譯作「道的尺度在於它自己」（"Taos Richtmaß ist sein Selbst", "the measure of dao is itself"）。但究竟「道法自然」中的「自然」是「一己」的意思，抑或相當於英文 "spontaneity" 的意思，或者是「大自然」的意思，甚至是「自然序列」、或本源自然的意思？May 似乎未想過需要進一步了解「道法自然」中的「自然」意思。若果 May 認為海德格借用了老子「道」的思想，其根據來自海德格所參考的《道德經》德譯本，但倘若這一譯本在翻譯上的準確性成疑，則他宣稱老

16　Martin Heidegger, *Unterwegs zur Sprache* (Pfullingen: Verlag G. Neske, 1959), pp. 258-259; *On the Way to Language*, Eng. trans. P. D. Hertz (New York: Harper & Row, 1971), pp. 127-128. 中譯本參海德格爾：《在通向語言的途中》，孫周興譯（北京：商務印書館，1997），頁 220-221。另參：R. May, *Ex oriente lux*, pp. 61-62; *Heidegger's Hidden Sources: East Asian Influences on his Work*, pp. 40-41.

17　R. May, *Ex oriente lux*, p. 62; *Heidegger's Hidden Sources: East Asian Influences on his Work*, pp. 41-42; 萊因哈德·梅依：《海德格爾與東亞思想》，頁 80。

子是海德格思想中隱秘的東亞來源之一的說法就非常脆弱。當然，更大可能是海德格把自己後期 "Sein als *Ereignis*" 的想法投射在老子思想身上；但在多大程度上這是一合法投射？[18] 在未有更可靠的文獻依據和更詳盡的哲學說明之前，我們無理由接受「最古老的中國哲學文獻之一，是最具影響力的當代西方哲學家之一的思想的秘密源頭」這一田園牧歌般美麗的說法。[19]

2.2　對道家哲學的現象學式閱讀與胡塞爾的歐洲中心論哲學概念

我們是否只能在上面兩種極端的立場中二擇其一？筆者相信不是：第三種立場是可能的。我們固然不同意道家哲學只不過是一種反理性論，但卻也不一定要誇大中國道家哲學在海德格存在論思想中所擔當的角色。我們嘗試對中國哲學經典作現象學式閱讀，

18　德國著名海德格研究學者 Otto Pöggeler 就認為，海德格所謂閱讀老子時，由一種表音文字跳到一種以圖形為主的、他完全不懂的表意文字，這一具體的思考歷程為何，外人難以理解。Pöggeler 就質疑，海德格是否出於建構自己論說的需要，而把古代西方的赫拉克利特（Heraclitus）和古代中國的老子拉在一起？這樣做會否把人類不同文化傳統的多樣性過度簡化？參 O. Pöggeler, "West-East Dialogue: Heidegger and Lao-tzu", in *Heidegger and Asian Thought*, ed. G. Parkes, pp. 47-78, 特別見 p. 72; 中譯本：奧特‧波格勒：〈東西方對話：海德格爾與老子〉，收萊因哈德‧梅依著，《海德格爾與東亞思想》，頁 186-238，特別見頁 221。

19　中國女學者馬琳就海德格與東方思想的關係以及東西方思想之間的對話這一巨大課題，作出了從文獻上和理論上的仔細和周詳的考察。見 Lin Ma, *Heidegger on East-West Dialogue: Anticipating the Event* (New York: Routledge, 2008); 馬琳：《海德格爾論東西方對話》（北京：中國人民大學出版社，2010）。

特別是老子的《道德經》。我們將運用現象學中一些較為人熟識的概念，提出這種閱讀方式的一些基本元素。在本文中，我們沒有意圖、亦沒有可能深入地窮盡《道德經》在詮釋上的各種可能性，亦不準備把《道德經》與現象學這一跨語言和跨文化的龐大思想家族中各種各樣的著作從事系統的對照，只是希望透過這種閱讀，點出先秦道家思想的哲學意涵。

　　但在從事對《道德經》作現象學式閱讀的嘗試之前，我們要先處理現象學之父胡塞爾那一令人不安的說法，即他拒絕讓「哲學」一詞的合法使用伸延到歐洲以外的思想去，包括「從精神意義上理解」「哲學」一詞。[20] 因為胡塞爾認為：

> 只有〔古〕希臘人對那本質上新出現的純粹「理論」態度有一普遍的生命旨趣，而這一旨趣以一共同體的形式運行……造就了與之相應的哲學家和科學家（數學家、天文學家）的〔共同體〕。這些人所共同努力尋求實現的只是 *theōria*〔理論〕。……理論態度的歷史源頭在於希臘人。[21]

　　由於胡塞爾視歐洲人為希臘科學的唯一合法繼承者，完全忘卻古埃及人在建立科學上的先鋒作用，也忘卻波斯人和阿拉伯人在整整一千年間（直至現代歐洲誕生的前夕）把希臘科學傳遞給歐洲人的過程中所充當的中介作用，這位現象學之父於其 1935 年著名的維也納演講（Vienna Lecture）中就宣稱，只有「希臘‧歐洲的科學」稱得上是哲學，而印度和中國的所謂「東方哲學」僅僅是一種

20　E. Husserl, *Krisis*, p. 318; *Crisis*, p. 273; 胡塞爾：《危機》，頁 371-372。

21　E. Husserl, *Krisis*, p. 326; *Crisis*, p. 280; 胡塞爾：《危機》，頁 380。

「神話・宗教的態度」。[22] 胡塞爾這一公然的歐洲中心論，曾令包括筆者在內的不同來源的現象學研究者感到不安。[23]

　　然而，我們可以清楚指出，胡塞爾的歐洲中心論是衍生自一種對整部西方哲學史的特殊理解方式——笛卡兒式的理解，這一理解就是把哲學視為「希臘・歐洲的科學」。我們甚至可說，胡塞爾對整部西方哲學史的閱讀，就是從一種科學的哲學概念（a scientific conception of philosophy）出發，儘管胡塞爾自己同時批評笛卡兒那種極度明顯的客觀主義（objectivist）旨趣，是造成笛卡兒的「自身誤解」，導致他忘記了生活世界（life-world）的原因。[24] 但現象學運動的往後發展卻清楚顯示出，還有其他可能方式去閱讀西方哲學史。胡塞爾之後，舍勒（Max Scheler, 1742-1786）、海德格、梅洛龐蒂（Maurice Merleau-Ponty, 1908-1961）、列維納斯（Emmanuel Lévinas, 1906-1995）、呂格爾（Paul Ricoeur, 1913-2005, 另一譯名為「利科」）、傅柯（Michel Foucault, 1926-1984）、德里達（Jacques Derrida, 1930-2004, 另一譯名為「德希達」）等等現象學運動中幾乎每一位重要哲學家，都不曾同意胡塞爾在維也納

22　E. Husserl, *Krisis*, p. 330; *Crisis*, p. 283; 胡塞爾：《危機》，頁 384。

23　筆者曾在這種不安感下為文討論胡塞爾的歐洲中心論，參 Kwok-ying Lau, "Para-deconstruction: Preliminary Considerations for a Phenomenology of Interculturality", in *Phenomenology of Interculturality and Life-world*, special issue of *Phänomenologische Forschungen*, eds. E.W. Orth & C.-F. Cheung (Freiburg: Verlag K. Alber, 1998), pp. 229-249; 修訂本收入 Kwok-ying Lau, *Phenomenology and Intercultural Understanding: Toward a New Cultural Flesh* (Dordrecht: Springer, 2016), Ch. 2, pp. 21-34. 對胡塞爾歐洲中心論的討論，見後書 pp. 24-26.

24　E. Husserl, *Krisis*, § 19, pp. 83-84; *Crisis*, § 19, pp. 81-82; 胡塞爾：《危機》，頁 101-103。

演講中那種以科學的哲學概念去閱讀西方哲學史的方法。事實上，我們應把胡塞爾開創的現象學的考察方法，與他以科學的哲學這一理念指引下發展出的哲學史觀，區分開來。現象學方法的運用之合法性，也是建立於現象學運動後來顯現的可能性和具體成果之中，而非在於其奠基者帶有文化偏見的獨斷陳述之上。因此我們可說，儘管胡塞爾曾在其漫長的哲學生涯的一個特定階段中表達過一種歐洲中心論的哲學觀，但證之於胡塞爾自己和胡塞爾之後眾多原創現象學家就現象學方法的多元運用，以及其產生的豐厚研究成果來看，現象學的實踐並不必然都背負著歐洲中心論的偏見。

2.3　對《老子》的現象學閱讀

自馬王堆漢墓中的《老子》版本出土之後，《老子》的版本問題顯得頗為複雜。[25] 不過，本文不打算處理這一純然文獻學層面的問題，一方面因為筆者未有這方面的訓練；另方一面，一些有代表性的論者都不認為帛書本《老子》的出土，在思想理解層面帶來重大改變。[26] 雖然《道德經》全篇只有五千言，但很可能是各種哲學傳統下篇幅相若的文獻中內容最豐富的一篇。以下的討論將從對「道」這一觀念之理解說起。

25　此問題可參劉笑敢：《老子古今》，兩卷（北京：中國社會科學出版社，2006）。

26　參劉笑敢：《老子》（台北：東大圖書，1997），及勞思光：〈帛書資料與黃老研究〉，原刊《華梵人文思想專輯》，第一期（台北：華梵人文科技學院東方人文研究所，1996），頁 1-15；現收於勞思光：《虛境與希望：論當代哲學與文化》，劉國英編（香港：中文大學出版社，2003），頁 131-146。

2.3.1 「道」作為始動的自然（inchoative nature）

我們應如何理解「道」一詞的意思？有人把它理解為巴門尼德斯（Parmenides, c. 515-445 BC）意義下的「有」（Being），另有人把之等同為古希臘中的 logos，因為「道」同時可解作「道路」及「言說」的意思。但我們建議運用梅洛龐蒂「始動的自然」這概念，對「道」作存在論層面的詮釋，把「道」理解為前對象性的及本源意義下的「有」或「在」（Being in the pre-objective and the primordial sense）。請先看《道德經》以下常被引述的章句：

道可道，非常道。（第 1 章）

道之為物，惟恍惟惚。惚兮恍兮，其中有象；恍兮惚兮，其中有物。窈兮冥兮，其中有精；其精甚真，其中有信。（第 21 章）

有物混成，先天地生；寂兮寥兮，獨立而不改，周行而不殆，可以為天地母。吾不知其名，故強字之曰道。（第 25 章）

道隱無名。（第 41 章）

道常無名，樸。（第 32 章）

從上面有關「道」的章句看，以今日的語言來說，「道」是物理事物的序列以上或以外的東西，即它不屬於物理序列；然而，一切物理序列的事物之能成形及顯現，表現成實在（實體性的存在），並會產生變化，成為我們可感知、可經驗的對象，則正是在

於它們處於「道」之中、受「道」的制約。「道」自身沒有形狀、
不會變化，也不會毀壞或破滅。以現象學術語來表達，「道」就是
屬於非對象性序列的存在，故此它沒有對象性存在的性質。此外，
「道」是先於天地，即是世界之起源，亦即它是支配萬物的創生和
寂滅的原理。這樣理解之下，「道」亦可解作「自然」。然而，這
不是作為科學研究對象意義下的自然，因為後者只是相應於從事科
學研究之際所持守的理論態度下、各種現代自然科學的共同理念性
相關聯項（ideational correlate）。這亦不是我們日常生活中在直觀
經驗中接觸到的所謂「自然事物」（natural things），即呈現為帶著
各種感性的性質（如令人產生愉悅或美感）和實用意涵（如效用
性、工具性、或作為財貨）的東西，亦即「直觀的自然」（intuitive
Nature）。[27] 正因非對象性序列中的自然不是我們可以直接經驗到的
「自然事物」，我們應把它理解為本源意義下的自然，亦即始動的自
然。所謂始動的自然，就是指它不單是物理對象層面的來源，更是
宇宙中一切發生和變化的起始，以及變化的規律。始動的自然不單
為一切物理性之物提供形態或形式，以及質料或內容，它本身就是
本源意義下的生產／創製（productivity）的原理。故此，始動的自
然就是一種有如斯賓諾莎（Benedict de Spinoza, 1632-1677）所說的
natura naturans——能動的自然、即創製性的自然，而不是 *natura*

27　參 E. Husserl, *Ideen zur einer reinen Phänomenologie und phänomenologische
Philosophie, Zweites Buch, Phänomenologische Untersuchungen zur Konstitution*,
ed. Marly Biemel, *Husserliana IV* (The Hague: M. Nijhoff, 1954), p. 2; *Ideas
Pertaining to a Pure Phenomenology and to a Phenomenological Philosophy,
Second Book, Studies in the Phenomenology of Constitution*, Eng. trans. R.
Rojcewicz and A. Schuwer (Dordrecht/Boston/London: Kluwer Academic
Publishers, 1989), p. 4.

naturata——被動的自然、即被生產的殊別自然事物。[28] 這一理解方式可從《老子》中談到「道」與存在論意義下的「有」和「無」的關連時得到進一步印證。

> 無，名天地之始；有，名萬物之母。（第 1 章）

> 天下萬物生於有，有生於無。（第 40 章）

> 道沖而用之，或不盈。淵兮似萬物之宗。（第 4 章）

> 道生一，一生二，二生三，三生萬物。（第 42 章）

「道」是萬物的起源，它是深不可測的，因為它不能以物的標準來量度。然而，倘若老子認為「道」是萬物的起源，卻又稱「有」和「無」為萬物的起源，則表示老子認為「有」和「無」都是「道」的別稱（「此兩者同出而異名」〔第 1 章〕）。

《道德經》中還對「道」的作用作出進一步說明：

> 道生之，德畜之，物形之，勢成之。是以萬物莫不尊道而貴德。……故道生之，德畜之；長之，育之；亭之，毒之；養之，覆之。（第 51 章）

這一章清楚顯出，老子說的「道」，不單指一切生命現象這類我們稱之為自然存在的無窮無盡的來源，也是各類我們稱作文化、

---

28 關於 *natura naturans* 與 *natura naturata* 兩者的關係與差異的說明，參 Benedict de Spinoza, *The Ethics*, Part I, Proposition XXIX, Proof, 見 *On the Improvement of the Understanding, The Ethics, Correspondance*, Eng. trans. from the Latin by R. H. M. Elwes (New York: Dover, 1955), pp. 68-69; 斯賓諾莎：《倫理學》，賀麟譯（北京：商務印書館，1958），頁 27。

即對生命的栽培和保育、以至提升的活動之來源。這樣理解下的「道」，是希臘人所說的本源意義下的 *phusis*──生成。故此，「道」應被理解成始動的自然：「道」是作為自然存在與文化活動之獨一的共同來源那種本源意義下的自然，它自身卻是先於所謂「自然存在」與「文化產物」之劃分的。因此《道德經》中關於「道」的思考，並非一種與文化、與現在我們所謂「人文主義」（humanism）或「人本論思想」（anthropo-centrism）相對立的樸素自然論思想；「道」的思考是落在「自然─人文」的對立出現之前的序列。「道」的本源性地位可以第 25 章裡著名的四句為證：

> 人法地，地法天，天法道，道法自然。

作為始動的自然，「道」為自然存在和文化產物之序列提供形式與實體，因此「道」是內在（immanent）於此兩序列的。但「道」同時也是不能化約成自然存在和文化產物，這就意味「道」有某種超越（transcendence）性格。然而，與自然事物和文化產物相比，則「道」顯得不分明、不清晰，因為作為本源的以及前對象性序列（pre-objective order）的存在，「道」既不是我們直接經驗的對象，也不會在現象世界中直下顯現其自身。因此，我們對「道」既不可能有直接的知識，也不可能有清晰的概念。我們甚至難以給予「道」一個恰當的命名，因為在語言的日常使用中，名字只用在對象上。是以，作為始動的自然，「道」對我們人類的有限理解力來說，總是或多或少地帶著神秘性：「玄之又玄，眾妙之門」（第 1 章）。

若果我們上面對《道德經》的閱讀是有文獻依據的話，我們會發現，老子的「道」與梅洛龐蒂的「本源的自然」（la Nature

primordiale）的概念驚人地接近。事實上，對梅洛龐蒂而言，我們一般所說的大自然，就是屬於本源序列的：

> 自然不單是對象……自然是我們從它裡面湧現出來的那一個對象，從那裡我們的各開端項逐步被設定，直至它們連結成為一實存（se nouer en une existence）那一刻，而這一對象繼續支援這一實存，並向之提供質料。[29]

因此，自然就是「某種方式之下的本源存在，它並未成為主體存在或客體存在。」[30] 然而，正是這一本源序列的存在對我們慣常的理性反思方式構成最大的挑戰，因為它的性質是「既非 ××，亦非 yy」。慣常的理性思維要放棄「非此即彼」的二元對立，面對要從一種「既非此、亦非彼」的方式去思考時，往往會感到難以觸摸、模糊、甚至充滿神秘性。梅洛龐蒂坦然承認，並無任何現成辦法去疏解有關這一本源存在所涉及的含糊性：

> 它既沒有一個機械那種緊密的組織，也沒有一個整體先於其部分那樣的透明度；我們既不能把它構想成它自身創生——這樣會把它變成無限，我們也不能把它構想成它由另一物所創生——這樣會把它化歸到一件產物和死寂的結果

---

29 Maurice Merleau-Ponty, *Résumé des cours, Collège de France 1952-60* (Paris: Gallimard, 1968), p. 94; *Themes from the Lectures at the Collège de France 1952-60*, Eng. trans. J. O'Neill (Evanston, IL: Northwestern University Press, 1970), p. 64.

30 M. Merleau-Ponty, *Résumé des cours, Collège de France 1952-60*, p. 95; *Themes from the Lectures at the Collège de France,* pp. 65-66.

的境地。³¹

作為本源存在，自然既非一純然超越的（transcendent）簡單物理對象，亦非一純然內在的（immanent）自身生產存在。反之，

> 它經常顯現為早已在我們跟前，然而卻像簇新的在我們眼
> 前。這一在當前中包含了亙古，這一在它裡頭呼喚著最近
> 的當下，令反思式思維不知所措。³²

梅洛龐蒂在這一段落中顯露出的驚訝與困惑，就活像是對《道德經》第 1 章（「道可道，非常道。……玄之又玄，眾妙之門」）和第 25 章（「有物混成，先天地生；寂兮寥兮，獨立而不改，周行而不殆，可以為天地母。吾不知其名，故強字之曰道。」）的註解一般。老子也像梅洛龐蒂那樣，認為我們不能上溯「道」的源頭。然而，儘管本源的自然之問題令我們十分困惑，它卻又是我們不能不提出的問題，因為若果我們對本源的自然沒有足夠的了解的話，我們對人文序列的了解——特別是自然與文化世界和歷史世界的關連——不單會不足，還會顯得十分奇怪，因為文化世界和歷史世界並非一個與自然世界斷裂的世界，而是建基於對自然世界的加工和改造的世界，它們都離不開本源的自然。

31　M. Merleau-Ponty, *Résumé des cours, Collège de France 1952-60*, p. 95; *Themes from the Lectures at the Collège de France*, p. 66. 梅洛龐蒂「始動的自然」與斯賓諾莎「能動的自然」的差異就在於，後者把「能動的自然」直接等同於上帝，因而是自身創生和無限的，也就沒有梅洛龐蒂所保留給「始動的自然」在人面前的終極神秘性和含糊性。

32　M. Merleau-Ponty, *Résumé des cours, Collège de France 1952-60*, p. 94; *Themes from the Lectures at the Collège de France*, p. 65.

梅洛龐蒂這一關懷，在他說下面這一段話時顯露出來：

撇開一切自然主義不談，一套對自然隻字不提的存在論，
將自閉於非肉身〔的存在〕之中，並且會因此帶來對人、
對心靈和對歷史的一幅荒誕的圖像。[33]

上述一段說話可能是針對《存在與時間》中的海德格，因為海德格這本成名大著最為人詬病之處，就是沒有給予肉身存在一個恰當的存在論地位，而自然存在也只有工具意義，本源意義下的自然在整個基本存在論中全無位置。但這段話也可以是針對沙特（Jean-Paul Sartre, 1905-1980, 另有一譯名為「薩特」）的，因為在《存在與虛無》中，沙特雖然有指出人之主體必然有身體、因而必然是肉身存在，但是書也沒有正面處理自然存在這一重大課題，只把自然等同於自在存在（en soi, in-itself）。不論海德格抑或沙特，都沒有對本源自然表現出足夠的重視，他們的世界都是一個缺乏了自然底層的世界，因而都只是純然對象性的世界，這樣的世界將會是十分奇特的世界。

2.3.2 「道」的開展：超辯證運動（hyperdialectic）與復歸

「道」作為本源的自然不能被理解成巴門尼德斯意義下的「有」或「在」，因為後一意義下的存在是完全靜止的，而「道」則是能動的；且正是由於「道」的開展，事物才能呈現。關於「道」的開展，老子有如下描述：

---

33 M. Merleau-Ponty, *Résumé des cours, Collège de France 1952-60*, p. 91; *Themes from the Lectures at the Collège de France*, p. 62.

反者道之動。（第 40 章）

此處的「反」字可解作：（1）反轉或相反；（2）反回或恢復。這其實是「道」開展的兩種主要方式，亦即：把一物推至其相反的境地；將一物帶回其原本的狀態。關於「道」這二重運動，《道德經》如是說：

有無相生，難易相成，長短相形，高下相盈，音聲相和，
前後相隨。（第 2 章）[34]

一切事物的性質之呈現，都是透過各物相互之間的對比、以至透過與一己相反的性質來顯現，故此知識之獲取也要透過對立項之間的對舉才能被確定。這亦是 20 世紀在西方人文和社會科學界興起的結構主義（structuralism）的研究方法或思維特徵之一。同樣，老子指出，價值判斷亦透過對反項之間的對比來進行：

天下皆知美之為美，斯惡已；皆知善之為善，斯不善已。
（第 2 章）

出於同樣原因，一物或一事的狀態往往向其反面發展：

禍兮！福之所倚；福兮！禍之所伏。（第 58 章）

因此，若我們認識到事物及其狀態的對反性質，就可以預期它們的演變方向：

34　通行本作「高下相傾」，但其意義難解，故從陳鼓應的建議，改採帛書本的「高下相盈」。參陳鼓應：《老子譯註及評介》（香港：中華書局，1984），頁65，註 4。

將欲歙之，必固張之；將欲弱之，必固強之；將欲廢之，
必固興之；將欲取之，必固與之；是謂微明。（第 36 章）

從上述各章看，「道」的開展就是透過對立或對反的方式。以現代的語言來說，這就是辯證運動。然而，「道」亦可以圓形運動開展：這是一種離開自身之後，反回本源、向本源復歸的運動，然後又再展開。這樣一來，這運動周而復始，永恆不息：

有物混成，……周行而不殆，……強字之曰道，強為之名
曰大。大曰逝，逝曰遠，遠曰反。（第 25 章）

若上述閱讀無誤，我們可說辯證運動和向本源復歸的運動是「道」開展的兩種主要方式。宇宙萬物既循環往復，同時亦生生不息，就是由於「道」的開展是依於雙重原則，而非僅依單一方向運行。

然而，上述的辯證運動，既不能以黑格爾（G. W. F. Hegel, 1770-1831）觀念論的方式去理解（一切運動都是「理念」的自身開展及以其自身實現為目的）；也不能從馬克思（Karl Marx, 1818-1883）所謂「唯物辯證法」的意義下去理解（一切社會和歷史演變都可化約為物質的運動去、卻以實現共產主義社會為最終目的）。因為《道德經》中的辯證運動只有純然的描述意義，卻沒有黑格爾式或馬克思式的目的論意涵，以及其蘊含的歷史終結論。反之，《道德經》中的辯證運動是和向本源復歸的圓形運動結合的。這樣一來，這種辯證運動沒有終結，亦即它是一種開放的辯證運動（open dialectic）。這種開放的辯證運動可以用梅洛龐蒂的「超辯證法」（"hyperdialectique", "hyperdialectic"）或「好的辯證法」

（"la bonne dialectique", "good dialectic"）的概念去進一步說明，以別於他所稱的「劣的辯證法」（"la mauvaise dialectique", "bad dialectic"）。[35]

　　梅洛龐蒂在其晚期未完成巨著《可見者與不可見者》（*Le Visible et l'invisible*）中區分「好的辯證法」和「劣的辯證法」。所謂「劣的辯證法」是指那種純然以「正、反、合」的形式主義思維方式進行的思考，它的「定義與具體的事物群狀脫節」，只以「一強有力的解釋原則」的樣態，「向事物的內容強加一套外在規律和一個外在框架」。[36] 相反地，「好的辯證法」，亦即梅洛龐蒂所稱的「超辯證法」，「是那種能夠達到真理的思維，因為它毫無限制地考察關係的多元性，以及人們所謂的含糊性。」[37]

　　一句話，這種辯證法：

> 是對被見的存在的一種思考，是對不僅僅是實證性的存在、自在的一種思考……而是自身的呈現、揭示、事物的在其進行中……。[38]

　　《道德經》中的辯證運動可被稱為「超辯證法」，因為它並

35　Maurice Merleau-Ponty, *Le visible et l'invisible* (Paris: Gallimard, 1964), p. 129; *The Visible and the Invisible*, Eng. trans. Alphonso Lingis (Evanston, IL: Northwestern University Press, 1968), p. 94; 梅洛龐蒂：《可見的與不可見的》，羅國祥譯（北京：商務印書館，2008），頁 117。

36　M. Merleau-Ponty, *Le visible et l'invisible*, pp. 128-129; *The Visible and the Invisible*, pp. 93-94; 梅洛龐蒂：《可見的與不可見的》，頁 118-9。

37　M. Merleau-Ponty, *Le visible et l'invisible*, p. 129; *The Visible and the Invisible*, p. 94; 梅洛龐蒂：《可見的與不可見的》，頁 119。

38　M. Merleau-Ponty, *Le visible et l'invisible*, p. 125; *The Visible and the Invisible*, p. 90; 梅洛龐蒂：《可見的與不可見的》，頁 115。

非以一條形式的、由上而下的、無所不包的歸類法則（law of subsumption）去對事物進行規定（determination），而是尊重被看見的事物之具體呈現方式進行。這種辯證思維的進行方式，與黑格爾和馬克思的辯證法都距離較遠，反而與康德（Immanuel Kant, 1724-1804）在《判斷力批判》中所講的、自下而上進行的反思性判斷（reflecting judgement）比較接近。[39] 它只依一條純然描述的道路進行，並不施以任何解釋性的暴力，而是讓現象層面的多樣性顯現其各自的差異，卻不以一個單一的解釋原則去作形上學式的統攝。這種辯證思維能夠避免客觀主義（objectivism）的毛病，因為作為辯證思維它不會停留在任何單一的實證的設定（positive positioning）之上。它亦免於陷入主觀主義或主體主義（subjectivism）之中，因為這種辯證運動本身就是一個沒有主體的運動過程（a process without subject）。後者的特式之一就是非人本論中心的（non-anthropocentric）思維方式。而事實上，老子的思想基本上就是非人本論中心的。第 25 章下列章句是老子非人本論中心思想的最佳證明：

> 故道大，天大，地大，人亦大。域中有四大，而人居其一
> 焉。人法地，地法天，天法道，道法自然。

作為非人本論中心主義和非主觀主義，老子道家思想的理論基

39　Immanuel Kant, *Critique of the Power of Judgment*, Eng. trans. Paul Guyer and Eric Matthews (Cambridge: Cambridge University Press, 2000), "Introduction", IV (5:179-5:181), pp. 66-68; "First Introduction to the *Critique of the Power of Judgment*", V (20:211-20:216), *op. cit.*, pp. 15-20; 康德：《判斷力批判》，鄧曉芒譯（北京：人民出版社，2002），頁 30-32。

調就顯現在其「域中有四大」——道大、天大、地大、人亦大——的學說中。不少論者都著重指出，老子的「域中之四大」——道、天、地、人——與後期海德格的「四方說」（das Geviert）——天、地、神、人——可堪比擬。[40] 老子的「域中有四大」學說不單不會陷入人本論中心主義，亦不會陷入相對主義，因為老子的理論基調，與「相對主義之父」古希臘辯士普羅塔哥拉（Protagoras, 481-411 BC）的著名箴言「人是萬物之尺度」（"Man is the measure of everything."）所表達的思想南轅北轍。從這方面看，把老子批評為相對主義顯然是誤解。

2.3.3 「道」的性格：虛靜與柔弱

《道德經》中有不少篇幅描述「道」運作時的方式，這就是「虛靜」與「柔弱」。上面說過，「道」開展所依據的規律是「反」（「反者道之動」〔第 40 章〕）；與此相應的，是「道」在從事一正面的、實質性的、甚至是一強大或強力的功能之時，卻要顯現出表面上負面的或空虛或柔弱的性格：

> 天地之間，其猶橐籥乎！虛而不屈，動而愈出。（第 5 章）

為甚麼宇宙能成為萬物創生及生產性和創造性活動的偌大場域？就是由於它本質上是中空的、沒有被佔據的。正因宇宙永遠不

---

40 參 Martin Heidegger, "Das Ding", in *Vorträge und Aufsätze* (Pfullingen: Neske, 1954); "The Thing", in *Poetry, Language and Thought*, Eng. Trans. A. Hofstadter (New York: Harper & Row, 1971), pp. 163-186; 海德格爾：〈物〉，《海德格爾選集》，下，孫周興選編（上海：上海三聯書店，1996），頁 1165-1187。

會完全被佔據，它就可以永恆地從事其創生及生產的活動而不會枯竭。這說法與前文討論「道」開展時之辯證運動原則完全相符：

　　道沖而用之，或不盈。淵兮似萬物之宗。（第 4 章）

　　若果先蘇格拉底時期的希臘哲學家赫拉克利特（Heraclitus, c. 535-c. 475 BC）視戰爭或爭鬥（polemos）為萬物的起源，老子就剛好相反，認為大自然的創造性和萬物的創生源自「道」的虛靜與柔弱性格：

　　萬物並作，吾以觀復。夫物芸芸，各復歸其根。歸根曰
　　靜，是謂復命。（第 16 章）

　　同樣，老子主張守靜為實踐智慧的原則，其原因亦可追溯到「道」的辯證運動開展原則：行使一個正面的及強有力的功能之際，要從「道」表面上那一負面及柔弱的性格進行。

　　重為輕根，靜為躁君。是以君子終日行不離輜重；雖有榮
　　觀，燕處超然。奈何萬乘之主，而以身輕天下？輕則失
　　本，躁則失君。（第 26 章）

　　若君子要維持其自身克制及泰然的態度，其實踐上的指導原則就是守靜。同樣，若君子希望在面對其沉重的治國要務時維持心情輕鬆，則虛靜就是其格言。

　　但為何如此？因為強力和暴力都不是成功及成就的鑰匙；反之，柔弱才會帶來正面成果。同樣，這亦與「道」開展原則的辯證運動有關：

柔弱勝剛強。（第 36 章）

又：

天下之至柔，馳騁天下之至堅。（第 43 章）

老子認為「柔弱勝剛強」，這不單與我們日常的看法相反，也恐怕是《道德經》中最為出人意表的說法之一。但這是「道」的性格：柔弱是其運作時的方式。

弱者道之用。（第 43 章）

但老子認為「弱者道之用」或者視「柔弱勝剛強」的看法，有其描述性基礎。這首先可證之於人和生物的生命現象。《道德經》第 76 章如是說：

人之生也柔弱，其死也堅強。草木之生也柔脆，其死也枯槁。故堅強者，死之徒；柔弱者，生之徒。是以兵強則滅，木強則折。

「柔弱勝剛強」還可見於非生命性的自然現象中。第 76 章以水為例說明：

天下莫柔弱於水，而攻堅強者莫之能勝，以其無以易之。弱之勝強，柔之勝剛，天下莫不知，莫能行。

水作為世界上最柔弱的東西，卻能克服世界上最堅硬強力的東西：為甚麼我們不能洞悉這一描述性的真理？因為我們很多時受急躁、虛榮以及去宰制別人的意志所支配。在揭櫫「柔弱勝剛強」之際，老子實質上是從事對宰制的批判（critique of domination）、對暴力的批判、以及對一切形式的英雄主義之批判。老子「無為」的概念亦應在此脈絡之下理解：「無為」是非強力、非宰制、不爭的意思多於寂然不動的意思。「無為」是順應「道」的方式而行事，而非完全無所作為。當然，對「無為」的進一步討論要留待另文進行。

　　順應「道」而行事、非強力、非宰制、揭櫫柔弱勝剛強：老子這一思路經常被提出與晚期海德格所鼓吹的 "Gelassenheit"（泰然任之）比較。不單如此，老子這一種對強力和宰制的批判還從當代義大利的著名後現代哲學家瓦蒂莫（Gianni Vattimo, 1936-）處獲得迴響。瓦蒂莫是《現代世界的終結》（*The End of Modernity*）[41] 一書的作者，他跟隨尼采和海德格的思路，呼籲把現代思維往「柔弱」思維（"weak" thinking）的方向蛻變。這一呼籲是「應一種在現代經驗中所感受到的、愈來愈強烈及明確的要求，去發展一套以『柔弱』範疇組織的存在論。」[42] 瓦蒂莫認為，尼采和海德格的思想遺產恰恰在於展示出西方哲學傳統中的暴力性格：

　　〔西方〕形上學傳統是一個「暴力」思維的傳統。在它偏好進行統一的、顯示主權的和從事一般化的範疇，和崇拜 *arché*〔起源〕的情況下，〔西方〕形上學傳統顯現出一種基本的不安全的感覺，並且誇大了自身的重要性，由

41　Gianni Vattimo, *The End of Modernity: Nihilism and Hermeneutics in Post-modern Culture*, Eng. trans. J. R. Snyder (Cambridge: Polity Press, 1988).

42　Gianni Vattimo, *The Adventure of Difference: Philosophy after Nietzsche and Heidegger*, Eng. trans. C. Blamires (Cambridge: Polity Press, 1993), p. 5.

此它的反應便變成過分自衛。形上學的一切範疇都是暴力範疇：存在和它的屬性、「第一」因、需要「負責任」的人，甚至強力意志——若果它被形上學地閱讀成確認或僭取支配世界的權力。這些範疇必須被「弱化」或者去除它們過分的權力。[43]

這一套柔弱範疇的存在論（ontology of weak categories），我們不是已在《道德經》裡找到了一些元素嗎？

2.4　結語

倘若瓦蒂莫提出「柔弱範疇的存在論」之想法，其首要目的是批判現代世界和批判西方形上學傳統，那我們不會奇怪，埋藏在老子的柔弱與無為思想之中的是偌大的批判潛能：對宰制的批判、對暴力的批判、對虛榮的批判、對競爭的批判。這都將是一套道家式批判哲學的主題。但為甚麼老子的思想能包含這麼大的批判潛能？我們的假設是：老子目睹了周室——其禮樂影響了中國二千五百年的政治及文化生活——的衰落，呼籲透過復歸本源的自然來更新文化和生活。他的方法就是「道法自然」：不是要自然模仿我們，而是我們要以自然為師，就如「道」師法自然那樣，因為本源的自然還未被人為的文化制度和產品所馴化。我們應否把道家這一本源的自然稱為「曠野自然」（la Nature sauvage, wild Nature），就如晚期梅洛龐蒂的思路所標示那樣？

43　G. Vattimo, *The Adventure of Difference: Philosophy after Nietzsche and Heidegger*, pp. 5-6.

　　我們知道，梅洛龐蒂發表了《知覺現象學》之後，曾有一段頗長時間將思考的主線投放到文化批判與政治批判上去，然後才再回到重建存在論的工作。梅洛龐蒂著手這一工作時，先是回到總是能夠為他提供靈感的胡塞爾去。在深入重讀胡塞爾的《觀念 II》之後，梅洛龐蒂得到如下結論：為了把西方學術和文化從當前的死胡同解救出來，「我們需要把古典哲學遺留給我們那個規矩的世界推到底」。[44]對梅洛龐蒂而言，毫無疑問，我們需要文化更新。很多人以為胡塞爾強調科學嚴格性，是一個十足的現代主義者；但梅洛龐蒂卻看出，晚期的胡塞爾揭示了一個在科學世界的底層、卻未被科學理性完全支配和馴化了的世界，梅洛龐蒂稱這個未馴化了的世界為曠野世界，它正是文化更新的可能資源：

> 胡塞爾喚醒了一個曠野的世界和一個曠野的心靈……這一巴羅克式的世界並非精神向自然的退讓……這一世界之更新是一種精神的更新，是對並未被任何文化馴養的原始精神的重新發現，我們要求這原始精神重新創造文化。[45]

　　在多大程度上我們可以把老子的本源的自然與梅洛龐蒂所講的曠野存在的世界相提並論？這恐怕要先進行更多的研究。可以肯定的是，倘若我們的閱讀無誤，老子與梅洛龐蒂都是於各自的古典世

44　Maurice Merleau-Ponty, "Le philosophe et son ombre", in *Signes* (Paris: Gallimard, 1960), p. 227; "The Philosopher and His Shadow", in *Signs*, Eng. trans. R. C. McCleary (Evanston, IL: Northwestern University Press, 1964), p. 180; 梅洛龐蒂：〈哲學家及其身影〉，劉國英譯，刊《面對實事本身：現象學經典文選》，倪梁康主編（北京：東方出版社，2000），頁 755。

45　M. Merleau-Ponty, *Signes*, pp. 227-228; *Signs*, pp. 180-181; 梅洛龐蒂：〈哲學家及其身影〉，刊《面對實事本身：現象學經典文選》，頁 756-757。

界面對危機之際，從本源存在的序列中不被人注意的資源那裡，去找尋文化更新的靈感。

　　倘若梅洛龐蒂是透過重讀胡塞爾中獲得靈感，那麼我們對老子的閱讀就是透過重讀梅洛龐蒂而獲得啟發。我們無意透過梅洛龐蒂進一步把胡塞爾與老子拉在一起。我們甚至懷疑胡塞爾是否會接受與一個所謂「非理性的」「中國哲學家」對話。但我們仍要對作為現象學運動創始人的胡塞爾表示謝意，因為我們與上述各個思想家的相遇之可能，正是由於胡塞爾與老子都教導我們，回到本源是更新之道。

第 3 章
胡塞爾、佛教與歐洲科學的危機

引言

　　本文旨在重構胡塞爾（Edmund Husserl, 1859-1938）與佛教的相遇，一方面藉此從現象學視角理解佛學的哲學意涵，同時探討胡塞爾這一跨文化經驗對他往後思想發展的影響。胡塞爾於 1925 年就一些南傳佛教經典的德文譯本發表了一篇簡短的書評，展現了他初遇佛經時的驚喜與熱忱，是他其他著作中罕見的。胡塞爾讚揚佛教持守的出世態度為一種超越與克服俗世生活旨趣的態度，足以媲美他自己揭櫫的超越論現象學（transcendental phenomenology）態度，因此對佛經投寄了一種希望，視之為文化更新的至高的倫理、宗教，和哲學資源。在其後的一篇手稿〈蘇格拉底與佛陀〉（"Sokrates und Buddha"）中，胡塞爾再表達了他對佛教的看法，認為佛教揭櫫透過嚴格的認知活動，去達成解脫和極樂這種完滿的道德生活，是一種至高的倫理的實踐理想。從這一角度看，佛教的態度，與蘇格拉底主張依照古希臘德爾菲神廟（Delphi Temple）「認識您自己」（know thyself）的格言去追求一種貫徹始終的德性生活的理論反思態度，至為相似。但胡塞爾進一步的分析顯示，他最終仍認為佛學無法滿足一門真正的具普遍性意義的哲學之要求，因為佛學沒有發展出一門普遍的科學（universal science），不符合胡塞爾自己的哲學理念。這反映出胡塞爾始終持守著某種睿智主義（intellectualist）的哲學理念，儘管他對由歐洲科學主導的歐洲文明之危機，有非常深刻的洞察，也有真誠的實踐關懷。

3.1　胡塞爾、黑格爾和歐洲中心論哲學觀

現代現象學之父胡塞爾畢生以為建立一套真正具普世性意義的現象學哲學為職志，是使現象學運動能夠成為當代最具影響力的跨學科和跨文化學術運動的原因之一。然而，儘管現象學運動百年來成績斐然，胡塞爾晚年有關中國哲學和印度哲學的一些公開言論，顯然有歐洲中心論之嫌。這些言論有如現象學運動中的一條刺，它一直令不少現象學的內圍研究者、特別是亞裔學者感到尷尬。

眾所周知，胡塞爾 1935 年 5 月在維也納發表的《歐洲人的危機與哲學》（*Die Krisis des europäischen Menschentums und die Philosophie*）這一著名演講中曾作如下宣稱：

> 對那些浸淫於科學思維方式──它始創於〔古〕希臘而大成於現代──的人而言，說有所謂印度和中國的哲學及科學（天文學、數學），亦即以歐洲的方式去解釋印度、巴比倫、中國，是一種錯誤，是一種意義的顛倒。[1]

---

[1]　Edmund Husserl, *Die Krisis der europäischen Wissenschaften und die transzendentale Phänomenologie, Husserliana VI*, ed. Walter Biemel (The Hague: M. Nijhoff, 1954)（以下簡稱 "*Krisis*"）, p. 331; *The Crisis of European Sciences and Transcendental Phenomenology*, Eng. trans. David Carr (Evanston, IL: Northwestern University Press, 1970)（以下簡稱 "*Crisis*"）, pp. 284-285; 胡塞爾：

　　為甚麼胡塞爾這一說法有歐洲中心論之嫌？本來，面對一個文化上從來是多元的世界，承認在不同的文化傳統之間有不同形態的哲學，不是理所當然的事嗎？但這卻不是胡塞爾的看法。他認為只有一種名符其實的哲學，因為他視以「純理論」（pure theōria）態度為指引性理念進行的智性反思活動，並朝著實現絕對普遍的科學（absolute universal science）之方向發展的學問，才稱得上是真正意義下的哲學。[2] 故此，胡塞爾在同一演講中表示，印度哲學和中國哲學與希臘哲學之間，有本質性的差異：

> 儘管今日我們有一大堆關於印度哲學和中國哲學等等的著作，它們把印度哲學和中國哲學與希臘哲學放在同一個平面上，並視之為同一個文化理念之下的不同歷史型態而已。自然，它們之間不乏共通點，但我們不能讓僅僅是形態上的一般面貌遮蓋著意向性的深度，以致我們忽略了原則上最本質性的差異。[3]

　　那麼，在胡塞爾心目中，印度哲學和中國哲學與希臘哲學之間所謂「原則上最本質性的差異」在哪裡？在六個月後的布拉格演講中，胡塞爾提供了進一步說明。布拉格演講後來經大量加工而發展成《歐洲科學的危機與超越論的現象學》書稿，成為對往後現象學

《歐洲科學的危機與超越論的現象學》，王炳文譯（北京：商務印書館，1981）（以下簡稱《危機》），頁 386。引文中譯出自本書作者，中譯本頁碼僅供參考，下同。

2　E. Husserl, *Krisis*, pp. 325, 331; *Crisis*, pp. 280, 285; 胡塞爾：《危機》，頁 380、386。

3　E. Husserl, *Krisis*, p. 325; *Crisis*, pp. 279-280; 胡塞爾：《危機》，頁 386。

運動影響至鉅的著作。在是書中，胡塞爾以疑問句的方式說：

> 歐洲人自身是否擔負著一個絕對理念，而不是像「中國」
> 或「印度」那樣僅僅是一個經驗的人類學類型？[4]

　　言下之意，胡塞爾認為現代歐洲文化中發展出來的哲學，才是真正的哲學；因為只有歐洲哲學才真正承繼了溯源於古希臘那種以純粹理論態度為指引的哲學形態，其他形態的哲學只能是衍生性或非本真的。胡塞爾甚至把歐洲文明和所有其他人類文明對舉，借此提出他對人類文明發展的兩種可能性之看法。胡塞爾認為，或則出現「所有其他人類之歐洲化（die Europäisierung aller fremden Menschheiten）的奇景，這就宣告了有一種絕對意義的管治，這絕對意義屬於世界的意義本身」；或則「這世界就是一歷史性的無意義。」[5]換句話說，人類文明的發展若脫離了「歐洲化」模式的軌跡，整個世界就會墮入無意義的深淵之中。這一說法無疑等於視歐洲文化為判斷一切其他文化是否有意義的來源和標準。同樣，中國或印度能否發展出「真正的哲學」，其判準仍只能來自溯源於歐洲的哲學理念。

　　我們自然可以把胡塞爾就中國哲學和印度哲學的評語，與黑格爾（G. W. F. Hegel, 1770-1831）在早一個世紀之前的說法相比擬。誠然，胡塞爾上述說法，並無像作為 19 世紀普魯士官方哲學家的黑格爾那樣，把東方哲學放在哲學意識發展階梯的最底部。[6]胡塞

4　E. Husserl, *Krisis*, p. 14; *Crisis*, p. 16; 胡塞爾：《危機》，頁 26-27。

5　E. Husserl, *Krisis*, p. 14; *Crisis*, p. 16; 胡塞爾：《危機》，頁 27。

6　G. W. F. Hegel, *Vorlesungen über die Geschichte der Philosophie I* (Frankfurt am Main: Suhrkamp Verlag, 1971), pp. 138-170; *Lectures on The History of*

爾更沒有像黑格爾那樣，以極為貶義的方式對中國哲學和印度哲學「判教」。黑格爾對中國哲學的評斷可謂低得難以再低，他說：

> 中國是停留在抽象裡面的；當他們過渡到具體者時，他們所謂具體者在理論方面乃是感性對象的外在聯結；那是沒有〔邏輯的、必然的〕秩序的，也沒有根本的直觀在內的。……中國人想像力的表現是異樣的：國家宗教就是他們的想像的表現。但那與宗教相關聯而發揮出來的哲學便是抽象的，因為他們的宗教的內容本身就是枯燥的。那內容沒有能力給思想創造一個範疇〔規定〕的王國。7

在論及印度哲學時，黑格爾的評價也好不了多少：

> 我們已經看到印度人的〔最後目的和〕主要注重點是靈魂的自返，靈魂上升到解脫境界，是思考為自身而自身建構。靈魂在極抽象的形式中的這種「自身回復」我們可以名之為「心智實體化」……而印度人的「心智實體化」是與歐洲人的反思、理智、主觀個性相反的東西。……像這種停留在抽象中的心智實體化，只是以主觀的靈魂為其存在；……正如在那僅僅剩下主觀的否定能力的虛妄之中，一切都歸消滅；同樣情形，這種心智實體化只不過是一個

Philosophy, Vol. 1, Eng. trans. E. S. Haldane (London: Routledge & Kegan Paul, 1955), pp. 119-147; 黑格爾：《哲學史講演錄》，第一卷，賀麟、王太慶譯（北京：商務印書館，1981），頁 115-154。

7　黑格爾：《哲學史講演錄》，第一卷，頁 132。此段是中譯本根據 Hoffmeister 版增補，Suhrkamp 的德文版及 Haldane 的英譯本都沒有。

遁入空虛無定的遁逃藪而已。8

因此，在黑格爾眼中，以中國哲學和印度哲學為代表的東方哲學，其最大缺點就在於停留在抽象中，因而無法達到作為思考真正基礎的客觀性，結果是這兩種型態的哲學在內容上都是貧乏和枯燥的：

> 在東方哲學中，我們也曾發現被考察過的確定內容〔如地、水、風等，感覺、推論、啟示、理智、意識、感官等皆被一一考察〕；但是這考察是缺乏思想的，沒有系統的，因為這種考察是站立在對象之上的，是存在於統一之外的。天上站立著心智實體化，於是地上就變得乾燥而荒涼。9

黑格爾視中國哲學和印度哲學為最原始、最低級的哲學形態，同時視希臘哲學為哲學史真正的起點，固然是明顯的歐洲中心論哲學觀；而當胡塞爾也把哲學的所謂「真正」形態的本源定於希臘，並把擔負著整個人類文明往後發展的「絕對意義」之重任投射到歐洲身上，不也是有歐洲中心論之嫌嗎？10 儘管這番說話是胡塞爾對

8　G. W. F. Hegel, *Vorlesungen über die Geschichte der Philosophie I*, pp. 167-168; *Lectures on The History of Philosophy*, Vol. 1, pp. 144-145; 黑格爾：《哲學史講演錄》，第一卷，頁 151-153，中譯文有改動。

9　G. W. F. Hegel, *Vorlesungen über die Geschichte der Philosophie I*, p. 169; *Lectures on The History of Philosophy*, Vol. 1, p. 146; 黑格爾：《哲學史講演錄》，第一卷，頁 153-154。

10　關於胡塞爾《危機》中顯露的歐洲中心論問題，請參拙作 Kwok-ying Lau, "Para-deconstruction: Preliminary Considerations for a Phenomenology of Interculturality", in *Phenomenology of Interculturality and Life-world*, special issue

歐洲文明之危機作診斷時所說的，但它透露出的歐洲中心論心態，
仍然沒有被它行文之際的脈絡所掩蓋。

3.2　胡塞爾對佛經的讚頌

令人意外的卻是，胡塞爾在發表維也納演講與撰寫《歐洲科
學的危機與超越論的現象學》一書及相關的文稿之前十年，曾對佛
經這一為亞洲人廣泛地共享的哲學、宗教和精神資源，有一番極度
讚揚的言論。這番言論不是藏匿於胡塞爾遺著裡罕為人知的手稿
中，而是見諸胡塞爾盛年公開發表的一篇簡短書評裡。該篇書評名
"Über die Reden Gotamo Buddhos"（〈關於佛陀的話語〉），是就 19
世紀奧地利東方研究大師奈曼（Karl Eugen Neumann, 1865-1915）
從巴利文譯成德文的南傳佛教經典的再版而寫的。[11] 胡塞爾這篇堪

---

of *Phänomenologische Forschungen*, eds. E.W. Orth and C.-F. Cheung (Freiburg: Verlag K. Alber, 1998), pp. 233-237; 修訂本見 Kwok-ying Lau, *Phenomenology and Intercultural Understanding: Toward a New Cultural Flesh* (Dordrecht: Springer, 2016), pp. 21-34. 筆者在這課題上的另一些新想法見 "Disenchanted World-view and Intercultural Understanding: from Husserl through Kant to Chinese Culture", *Phenomenology and Intercultural Understanding: Toward a New Cultural Flesh*, Ch. 7, pp. 103-124; 中文版：〈解昧的世界觀與文化交互理解：胡塞爾、康德與中國文化〉，本書第六章。

[11] Edmund Hussserl, "Über die Reden Gotamo Buddhos", 初刊於 *Der Piperbote für Kunst und Literatur*, Vol. 2, No. 1, 1925, pp. 18-19; 現重刊於 Edmund Husserl, *Aufsätze und Vorträge (1922-1937)*, *Husserliana XXVII*, eds. Thomas Nenon and Hans Rainer Sepp (Dordrecht/Boston/London: Kluwer Academic Publishers, 1989), pp. 125-126. 筆者的漢譯參考了 Karl Schuhmann 提供的英文譯文，見其 "Husserl and Indian Thought", in *Phenomenology and Indian Philosophy*, eds. D. P. Chattopadhyaya, Lester Embree and Jitendranath Mohanty (Albany, NY: State

稱「佛陀之讚頌」的短評熱情洋溢，與維也納演講中談及印度哲學
和中國哲學時的平淡而略帶沙文主義的語調，可謂相映成趣，值得
與讀者一起分享。以下是該篇書評全文的漢譯。

> 我現在已閱讀了卡爾・埃根・奈曼翻譯的佛教神聖經典
> 德文譯本的主要部分。[12] 當我開始了這一閱讀之後，便手
> 不釋卷，儘管我手頭還有更為迫切的工作。事實上，這亦
> 為德語翻譯文獻增加了一份美妙的寶藏。出版社籌組的這
> 一套奈曼畢生不朽作品的新版本，從各方面來看都堪稱典
> 範性和品味極高，可說提供了一項非凡的服務。這印度宗
> 教中的最高花卉──其視野與修持努力都是純然投向內在
> ──我會稱之為「超越論的」（"transzendentalen"）而非
> 「超越的」（"transzendenten"）──會透過這些翻譯進入我
> 們的宗教－倫理與哲學意識的視域之中，並且毫無疑問從
> 此將以共同參與塑造這一意識為職志。這些佛教正典之完
> 美的語言再創造，給我們提供了完美的機會，以一種與我
> 們歐洲人完全相反的方法去重新凝視、認識這世界和對這
> 世界取態，以宗教－倫理的方式超克（überwinden）之，
> 在對世界之歷練中真正理解它，並且在這理解中體會到其
> 活在的實效性。在這個由於我們的文化虛浮和墮落而導致

University of New York Press, 1992), pp. 25-27.

12 在刊出的書評中，胡塞爾並無清楚說明讀了奈曼翻譯的那幾卷佛經。據 Karl
　Schuhmann 估計，胡塞爾當時讀過的可能包括譯自巴利文的《經藏五部》之
　一的《中部》（相當於漢傳的《阿含經》）、《涕羅伽陀》（即《長老尼偈》）、
　《涕利伽陀》（即《長老偈》）和《法句經》。參 Karl Schuhmann, "Husserl and
　Indian Thought", p. 40, n. 29.

文化崩潰的時代裡，對我們以及對所有滿抱熱忱地環視四周以圖找尋心靈的純粹性和純真性、以及對世界之祥和的超克的人來說，這種來自印度的對世界超克的方式之顯現，是一種偉大的體驗。因為對於任何忠誠的讀者來說，佛教顯然是關於心靈淨化與祥和的一種最崇高的宗教—倫理方法，它以一種內在一致性去思量和踐行，達到一種幾乎無可比擬的能量與高貴心境。只有我們歐洲文化中最高的哲學與宗教精神才能和佛教相比。從此，我們的命運就必須要以印度的新精神道路與我們的舊方式對照，並在這對照中使我們的生命重新活躍和強化起來。

透過那豐富而忠實地保留的傳統，當前這些著作能令佛陀與他最傑出的門徒們所代表那種新穎的人類「神聖品格」，以幾乎可以被觸摸的方式呈現出來。令人惋惜的是，在我們歷史上曾經活在的宗教——它並不遜色於佛教——的原典，已找不到一種足與奈曼翻譯的《經藏》媲美的德文本，可以在理解上使人耳目一新。因為德語的厄運在於遠離了路德翻譯《聖經》那種語言；它的「教會語言」缺乏了從心靈活動直接流溢而出的語言那種活靈活現的意義。從這角度看，這種印度宗教在我們當前視域中之突破，可能有它的好處。無論如何，它將喚醒宗教直觀的諸新力量，從而使基督教直觀重新活躍和深化，並能有利於對基督宗教的真正的和內在的理解。毫無疑問，對所有在倫理、宗教、哲學層面參與我們的文化之更新的人來說，奈曼的美妙譯本之再版有著無可估量的價值。

我熱切地期待著奈曼〔佛經〕譯本的其後部分的出版。

　　對胡塞爾著述有一手認識的讀者都知道，胡塞爾一直追求科學嚴格性，他的現象學描述一向以思考慎密、文字冷峻見稱。上面的一段文字卻是對奈曼的佛經德文譯本的熱情推介，且經常以評價至高的語彙概括佛教的理論態度和實踐成就，是胡塞爾極為罕見之作。然而，我們也必須同時指出，在這篇簡短的書評中，胡塞爾並無從事對佛經作依於文本的內部討論。它顯示出的主要是胡塞爾首次發現奈曼翻譯的南傳佛教經典時所獲得的清新感，以及在精神層面受到新刺激下所冒出的心靈喜悅，進而投射出佛教能重新喚起歐洲人的生命力、以及能使基督教重新發揮活力和深化的主觀期望。儘管如此，胡塞爾對這些佛經譯本的高度讚美，還是值得我們對之作出進一步的分析。

　　（i）從背景上說，這篇短評寫於第一次世界大戰之後，歐洲人經歷了人類有史以來前所未見的民族之間的集體暴力衝突和互相殘殺。懷著喪子之痛的胡塞爾，[13] 為歐洲舊文明的衰敗，深感憂慮。他以發揚在倫理、宗教、哲學層面追求文化更新的使命，並以此自勉的心情下寫出這些推介文字。事實上，胡塞爾同期間就寫了一系列探討文化更新的方法和任務的文章，發表於日本東京一份新創辦的刊物上，而這刊物就叫《改造》（*Kaizo*）雜誌。[14]

13　第一次世界大戰開戰後，胡塞爾兩子均被征召上戰場，幼子陣亡，長子重傷。

14　胡塞爾為 *Kaizo*（《改造》雜誌）寫的這一系列文章共五篇，發表了其中三篇，是為 "Erneuerung. Ihr Problem und ihre Methode" ［更新：問題與方法］, Vol. 5, No. 3, 1923; "Die Methode der Wesensforschung" ［本質研究的方法］, Vol. 6, No. 4, 1924; "Erneuerung als individualethisches Problem" ［更新作為個體倫理問題］, Vol. 6, No. 2, 1924; 這三篇文章現收於 E. Husserl, *Aufsätze und* （ii）胡塞爾認為佛教並非僅是眾多宗教之一，而是「關於心靈淨化與祥和的一種最崇高的宗教－倫理方法」，以致透過其實踐方法所達到的高貴心境，只有歐洲文化中最高的哲學與宗教精神才能與之媲美。胡塞爾亦指出，佛經的豐富內容能把佛陀的「神聖品格」以至為具體的方式呈現出來。這一種對佛教的讚頌，相較黑格爾以十分貶義的字眼來談論中國哲學和印度哲學，可說有天壤之別。我們在前文已指出，黑格爾認為中、印哲學都是停留在抽象中、「變得乾燥而荒涼」，因而是無法達致客觀性的低級形態的哲學。

（iii）然而，在胡塞爾眼中，佛教的貢獻不止於宗教和倫理方面，還有其哲學意涵。一方面，胡塞爾認為佛學顯現出「一種內在一致性去思量和踐行，達到一種幾乎無可比擬的能量與高貴心境」；另一方面，胡塞爾稱佛教為「超越論的」（"transzendentalen"）而非「超越的」（"transzendenten"），亦即以一個胡塞爾通常只用來形容他自己的現象學哲學態度的述語，來對佛教的理論型態作出概括。「超越論的」一詞，是胡塞爾現象學語彙中擁有最高理論地位的詞彙之一；在胡塞爾之前，只有康德的批判哲學有超越論的地位。胡塞爾用這一帶著理論價值高位的詞彙來為佛教的理論態度定位，顯示出他不僅僅視佛教為一種宗教，還認為它能達到可與超越論現象學相比的哲學理論高度。

（iv）與此同時，胡塞爾指出佛教的進路與歐洲人完全不同，

Vorträge (1922-1937), *Husserliana XXVII*, pp. 3-13, 13-20, 20-43. 未發表的兩篇名 "Erneuerung und Wissenschaft" [更新與科學] 及 "Formale Typen der Kultur in der Menschheitsentwicklung" [人類發展中文化的形式類型]，現收於 E. Husserl, *Aufsätze und Vorträge (1922-1937)*, *Husserliana XXVII*, pp. 43-59, 59-94.

但卻沒有進一步說明這兩種進路的不同何在，因此未能據此了解胡塞爾對佛經具體內容的看法。

3.3　佛陀：東方的蘇格拉底？

　　從現象學研究的角度來說，胡塞爾上述書評最令人感興趣的地方，自然在於他稱佛教「為『超越論的』而非『超越的』」一語，因為如上文所說，這顯示出胡塞爾承認佛教有極高的理論水平，足以與胡塞爾自己的超越論現象學相提並論。但胡塞爾作出這樣的判斷之際，其具體理據何在？單是該篇書評未能讓人看出端倪。根據胡塞爾生平研究的首席權威學者卡爾・舒曼（Karl Schuhmann, 1941-2003）[15] 的研究結果，沒有證據顯示胡塞爾其後曾研讀其他佛經典籍或印度哲學經典。舒曼更表示，胡塞爾像叔本華（Arthur Schopenhauer, 1788-1860）以還的很多歐洲人那樣，往往把佛學等同為印度思想一般。[16] 故此，當胡塞爾在手稿中提到印度思想時，所指的基本上是他看過的由奈曼翻譯的佛經德譯本。[17] 就在一份寫

15　卡爾・舒曼除著有《胡塞爾年譜》（*Husserl-Chronik: Denk- und Lebensweg Edmund Husserls*, The Hague: M. Nijhoff, 1977）一書外，亦是十卷《胡塞爾書信集》（Edmund Husserl, *Briefwechsel*, eds. Karl Schuhmann and Elisabeth Schuhmann, Dordrecht/Boston/London: Kluwer Academic Publishers, 1994）的編者。

16　關於叔本華與印度思想關係的探討，請參 Jean W. Sedlar, "Schopenhauer and India", in *Asia and the West. Encounters and Exchanges from the Age of Explorations: Essays in Honor of Donald F. Lach*, eds. Cyriac K. Pullapilly and Edwin J. Van Kley (Notre Dame, IN: Cross Cultural Publications, Cross Roads Books, 1986), pp. 149-172.

17　參 Karl Schuhmann, "Husserl and Indian Thought", pp. 28-29.

於 1926 年、名為〈蘇格拉底—佛陀〉（"Sokrates—Buddha"）的手稿中，胡塞爾提出了他對佛學的進一步看法。[18] 胡塞爾以下面一段文字總結他對蘇格拉底與印度思想（即佛學）的異同之理解。

> 認知在<u>印度思想</u>中的位置為何？在與蘇格拉底的思想對照之下，這一思想顯得怎樣？透過毫無保留的求知（rücksichtlos Erkenntnis），印度思想以<u>解脫</u>（Erlösung）和<u>極樂</u>（Seligkeit）為目的；因此它也設定自身有效的真理之存在。同樣，印度文化生活因此亦引向自主——引向自主的求知，而透過自主的求知就可以取得通往極樂之路，因而亦取得通往正當行為的真理，這種真理是對諸倫理和宗教規範的認識之自主真理。同樣，在蘇格拉底那裡，理論——亦即真正意義下的知識——的任務是作為真

18　Husserl, MS B I 21/88-94 (21/22 Jan 1926); 轉引自 Karl Schuhmann, "Husserl and Indian Thought", p. 41, n. 52. 據舒曼的報告，胡塞爾曾於 1925-1926 年的冬季學期一個研討班上討論過佛學，但留下來只有很簡略的學生筆記，是出自當年從胡塞爾遊學的美國人 Dorion Cairns（後來他成為胡塞爾《笛卡兒式沉思錄》〔Cartesianische Meditationen〕及《形式邏輯與超越論邏輯》〔Formale und transzendentale Logik〕的英譯者）之手，而 Cairns 當時的德語程度有限，故難以把上述筆記視為可以從事進一步分析的完全可靠的資料。參 Karl Schuhmann, "Husserl and Indian Thought", pp. 28-29, 41, n. 41. 在本文英文版第一次發表（2004）之後，該份手稿已出版，是為 "Sokrates—Buddha: An Unpublished Manuscript from the Archives by Edmund Husserl", ed. Sebastian Luft, Husserl Studies, Vol. 26, 2010, pp. 1-17. 倪梁康教授曾慷慨地把他從德文翻譯成中文的〈蘇格拉底—佛陀〉譯稿傳給本文作者。本文以下的譯文參考了倪氏的中譯本，僅此致謝。倪梁康的中譯本現見：〈蘇格拉底—佛陀：胡塞爾文庫中一份未發表的手稿〉，《唯識研究》，第一輯（上海：上海古籍出版社，2012）。

正實踐和它的諸規範的直觀知識。[19]

為何毫無保留的求知可以導向解脫和極樂？胡塞爾認為，面對生活的重擔之際，理論興趣的持久追尋，能夠發揮解脫的功能：

> 徹底的理論興趣，……可以使人從他的實踐和他慣常與瞬間的要求之糾葛中解脫出來。……這樣的一種解脫，也可以在遊戲中、在想像中達致。實踐層面的煩憂所帶來的緊張，可以得到放鬆；人對在想像遊戲中的寧靜感到喜悅。另一種放鬆的方式，是以好奇、以旁觀者的方式觀看。……這種從生活裡的煩憂中放鬆，是從穿透著我們生活裡的各種義務中釋放出來。[20]

對胡塞爾而言，印度思想（即佛教）和歐洲哲學（以蘇格拉底為代表）都意識到，人的整個自然生活自身是人們感到不快樂甚至是困苦的來源，即佛家所說的「有漏皆苦」。因此，要追求徹底的、有普遍性意義的快樂，並不能單靠滿足殊別的生活旨趣來達致。胡塞爾把佛學和希臘哲學，都理解成從事有普遍性意義的實踐，即透過「捨離之定然律令」（*kategorische Imperativ der Entsagung*），[21] 以便走向自主。換句話說，不論是「在超越論態度下的歐洲態度」，抑或是「只有單一意願的印度態度」，所表達的

---

19 E. Husserl, "Sokrates—Buddha: An Unpublished Manuscript from the Archives by Edmund Husserl", p. 5.

20 E. Husserl, "Sokrates—Buddha: An Unpublished Manuscript from the Archives by Edmund Husserl", pp. 7-8.

21 E. Husserl, "Sokrates—Buddha: An Unpublished Manuscript from the Archives by Edmund Husserl", p. 17.

都是「具有普遍性意義的出世態度」（*Weltentsagung*）。[22] 因此，對胡塞爾而言，佛陀的處境與蘇格拉底的處境之間，有一種對等關係：

> 那印度人〔佛陀〕實質上是處於自主的態度；就像那希臘人〔蘇格拉底〕那樣，同樣是追求終極有效的真理，並透過它為自主的總體實踐奠基。[23]

然而，對自視為最能體現歐洲哲學理念的哲學家、即歐洲哲學最真正的代表的胡塞爾而言，佛陀與蘇格拉底有一終極差異，就在於印度思想缺乏一門普遍的存在的科學：

> 印度思想有沒有發展出一門存在的科學（Seinswissenschaft），又或者至少想過它的可能性，一如她曾成就出一門引向極樂的科學那樣？但對印度人來說，解脫理論的思維與自然的思維之區別，並不在於其形式（以及其所謂邏輯），而在於它的一致性、它沒有偏見、它決斷地把自然的生活旨趣中斷（Ausschaltung），它對這些旨趣的中立的評價，以及對這些評價活動以認知判斷的方式陳構出來。相反，在希臘哲學中，實證科學思維和知識徹底地離開了〔日常〕生活的知識，而它們以一種原則上邏輯性的形式和方法來進行。[24]

22　E. Husserl, "Sokrates—Buddha: An Unpublished Manuscript from the Archives by Edmund Husserl", p. 17.

23　E. Husserl, "Sokrates—Buddha: An Unpublished Manuscript from the Archives by Edmund Husserl", p. 13.

24　E. Husserl, "Sokrates—Buddha: An Unpublished Manuscript from the Archives by

　　上面這段文字的重要性在於：透過將佛陀與蘇格拉底比較，胡塞爾能夠清晰道出（articulate）他理解中的佛學與他自己的哲學理念——超越論現象學——的異同。若結合前述的書評，我們可以把胡塞爾對佛學的理解總結為以下數點：

　　（i）首先，佛學的態度不是一般的宗教神話態度。它是一無神論宗教，因它完全沒有投射一個超自然的超越存在（transcendent being）來解釋世界的生成。反之，佛教揭櫫的是「純然投向內在」的反省（見前引之書評）；它透過打坐冥想的方法，把我們從俗世的思慮中帶回因此而達致淨化的心靈去。在這種反省態度的指引下，我們得以離開俗見（doxa），一如早期希臘的哲人那樣。這樣的一種反省行為，已經是哲學態度的開端。

　　（ii）為何佛陀的反省態度可以媲美蘇格拉底的哲學反思態度？因為胡塞爾認為佛陀主張透過「毫無保留的求知」去為至高無上的道德實踐理想——解脫和極樂——服務。然而，佛陀追求的真理不是關於世間事物的對象性知識，而是有關倫理和宗教規範的真理，亦即作為引向實現一己的完滿道德生活的途徑這一序列的真理。這樣理解下的佛教態度，與蘇格拉底以「認識您自己」（"know thyself"）為格言去尋求一種一致的德性生活（a coherent virtuous life）之展開無異。佛陀與蘇格拉底這一共通的認知態度，是一種特殊的理論態度：它既非為日常生活的實用旨趣服務的理論態度，也非科學的純理論態度，而是結合了最高的、有普遍性意義的實踐旨趣引領下的理論態度。它與胡塞爾其後在維也納演講中稱為「第三種普遍性態度」（"eine dritte Form der universalen Einstellung"）

Edmund Husserl", p. 5.

的理論態度相似，因為它既非為自然生活旨趣服務的實踐態度，亦非純然以理論自身為旨趣之理論態度，而是這兩種態度的獨特綜合：

> 即在從理論態度向實踐態度的過渡中完成的兩方面旨趣的綜合，這樣的綜合，使得在封閉的統一體中，並且在將一切實踐都懸擱起來的情況下，所產生的理論（*theōria*）（普遍科學）能夠……以一種新的方式服務於人類……這是以一種新型實踐的形式實現的，以對一切生活和生活目標，一切由人類生活已經產生的文化產物和文化系統進行普遍批評的形式實現的，因此也是在對人類本身以及對明顯地或不明顯地指導著人類的諸價值的批判的形式中實現的；此外，它是這樣一種實踐，它的目的在於：透過普遍的科學理性，按照各種形式的真理規範去提升人類，將人類從根本上轉變成全新的人類──能夠依據絕對理論洞察而絕對自身負責的人類。[25]

這第三種的理論態度是為一種至高的倫理目的服務：為人類帶來自身轉化（self-transformation），以便對自身履行道德責任。

（iii）佛教的冥思與修持，透過嚴格的踐行帶引我們放棄對俗世名利的追求和對各種慾望的偏執。這一去執的態度，好比去除偏見、不作預設（presuppositionless）的態度，亦即是現象學的基本態度。而佛教的冥想與修持，令我們中斷了對「自然的生活旨趣」；以現象學的術語來說，這就相當於從事了懸擱（ēpochē），離

25　E. Husserl, *Krisis*, p. 329; *Crisis*, p. 283; 胡塞爾：《危機》，頁 383-384。

開了自然態度（natural attitude）；這是現象學還原的第一步。

（iv）佛學的反省態度疑問俗世事物的真實性，而其解脫理論基本上是對俗世生活的否定。然而，對俗世生活的否定，其隱含的卻是對世界整體的意義疑問（參前引胡塞爾在書評中的說話：「佛教以一種與我們歐洲人完全相反的方法去重新凝視、認識這世界和對這世界取態，以宗教－倫理的方式超克之」）。這種對世界的意義發問以便賦予它新意義的態度，與現象學的超越論態度十分相似：後者對世界整體的存在論論旨（the ontological thesis of the world on the whole）發問，從而揭示世界的意義及其存在的有效性之建構性來源；而這一發問，就源自超越論意識。因此，當佛學對世界整體的意義發問之際，就是把原本在自然態度下所持守的對世界之存在論地位（ontological status）的論旨擱置（bracketing）。佛學這一態度就跡近從事現象學的超越論還原。

（v）可堪玩味的是，胡塞爾後來在《危機》中試圖說明他所揭櫫的現象學態度和懸擱的意義之際，卻與上面的做法相反：他把現象學態度和懸擱與從倫理動機出發的宗教皈依相比擬。胡塞爾說：

> 也許我們可以表明，整個現象學態度，以及屬於它的懸擱，本質上是以一種完全的人格轉變為職志，這一轉變首先可以與宗教的皈依相比；然而除此之外，它本身還包含了那種最偉大的存在上的轉變。[26]

也就是說，當晚年的胡塞爾要借助宗教皈依所帶來的轉變，來說明現象學反思態度要求之下所進行的現象學懸擱所帶來自身轉

26　E. Husserl, *Krisis*, p. 140; *Crisis*, p. 137; 胡塞爾：《危機》，頁 166。

化，是由一倫理動機推動，顯示了他似乎認為現象學的理論反思態度從屬於一種至高的倫理態度之下。在〈佛陀與蘇格拉底〉文稿中，胡塞爾仍然視超越論現象學態度為自身轉化的原型或標準，由它來為佛教的捨離或出世態度賦予意義。

（vi）然而，倘若佛教也有一種超越論態度，它只能算是一種「準超越論態度」（quasi-transcendental attitude），即只是近似的、卻並非完全稱得上真正的超越論態度。因為儘管佛教以解脫為目的，其基本態度雖是出世的，但仍有其自身的限制。在胡塞爾眼中，佛教既是以宗教－倫理的態度超克世界，卻沒有發展出一門存在的科學，也沒有像希臘哲學那樣發展出一套「以一種原則上邏輯性的形式和方法來進行」的認知，則佛學便無法提供一種邏輯性的形式去把一切知識連結成一個系統的統一性（systemic unity）。這樣，佛學便無可能發展成一門普遍科學，因此亦無法實現胡塞爾心目中的超越論現象學理念。

（vii）對胡塞爾而言，希臘哲學要到柏拉圖和亞里士多德提出了以 ēpistēme〔真知〕跟 doxa〔俗見〕對立，才完成了從一般的哲學態度到真正科學的理論態度之轉變。[27] 在這準則下，蘇格拉底仍

27　E. Husserl, *Krisis*, p. 332; *Crisis*, p. 285; 胡塞爾：《危機》，頁 387。關於胡塞爾對希臘哲學的看法之討論，請參 Klaus Held, "Husserl et les grecs", in *Husserl*, eds. Eliane Escoubas and Marc Richir (Grenoble: Editions Jérome Millon, 1989), pp. 119-153. 在今天看來，胡塞爾以普遍科學理念之追求來了解希臘哲學的看法，可能只是承襲了新康德主義者如納托爾普（Paul Natorp, 1854-1924）等的理解方式。這種看法不但海德格不同意，也受到一些新近的古希臘哲學研究者之反對。例如對晚期傅柯（Michel Foucault, 1926-1984）的倫理轉向有顯著影響的法國學者哈都（Pierre Hadot, 1922-2010）就認為，在希羅時代，哲學是一種生活方式（"La philosophie comme manière de vivre"）及一種心靈鍛煉（"Exercices spirituels"），見 Pierre Hadot, *Exercices spirituels et philosophie*

算不上希臘科學的奠基者。故儘管胡塞爾把佛陀跟蘇格拉底等量齊觀；但歸根究柢，他還是不會承認佛教哲學能達到他自己的超越論現象學之要求。

3.4　胡塞爾的哲學概念、歐洲科學的危機與佛教：實踐轉向與睿智主義的拉扯

以上的分析雖然簡短，但若果這分析無誤，就可以讓我們明白，為甚麼胡塞爾對東方哲學的態度，前後出現了極大差異：在1920年代中，胡塞爾曾有對佛教經典極為推崇的文字，可是在發表這些文字十年之後，卻說出質疑印度哲學和中國哲學為真正意義的哲學這些帶有文化沙文主義和歐洲中心論之嫌的話來。由於胡塞爾對佛教及印度思想的討論，基本上是一種哲學態度上的對比，而不是依據文本的仔細分析，我們有理由疑問，這是否一種由一個原創性思想家對一些其實他不一定有足夠客觀了解的「六經註我式」閱讀？這一閱讀可以概括為下列說法：儘管胡塞爾起初對佛教推崇備至，認為其理論態度是超越論的，但在進一步思考之下，胡塞爾認為佛學仍未達到一門真正普遍性哲學的要求，因為它沒有擁抱以實現由純理論態度導航的普遍性科學之理念為職志。

antique (Paris: Albin Michel, 2002, Nouv éd rev. et augm édition); _Philosophy as a Way of Life: Spiritual Exercises from Socrates to Foucault_, Eng. trans. Michael Chase, ed. Arnold Davidson (Oxford & New York: Blackwell, 1995); _Qu'est-ce que la philosophie antique?_ (Paris: Gallimard, 1995); _What is Ancient Philosophy_, Eng. trans. Michael Chase (Cambridge, MA & London: Belknap Press of Harvard University Press, 2002).

對胡塞爾思想發展感興趣的讀者會問：胡塞爾與佛教經典的短暫相遇，有沒有對他的哲學概念和哲學實踐之往後發展帶來影響？若然，這影響有多大？要對這些問題給予確定答案，並不容易。就本文作者的有限認識而言，胡塞爾在同期間的手稿中，確曾流露出某種所謂「實踐之首要」（primacy of the practical）的態度。28 例如在題為〈實證科學的不足與第一哲學〉的手稿中，胡塞爾這樣寫道：

> 普遍的理論旨趣「本源地」只是普遍的實踐旨趣的一個分支和一種器具。科學是力量，科學也能解放，而透過科學理性〔而獲取〕的自由是「極樂」之道，亦即通往一個真正祥和的人生、通往新人類的道路。新人類以真正科學的力量主宰她 / 他的世界，並運用這一力量在她 / 他的周圍製造一個理性世界……這一在誕生中的偉大科學從實踐理性出發，為理智製造出一個呈現的世界，這一世界提升到運動中的思維的高度。29

28　Gerhard Funke, "The Primacy of Practical Reason in Kant and Husserl", in *Kant and Phenomenology*, eds. Thomas M. Seebohm and Joseph J. Kockelmans (Washington, DC: Center for Advanced Research in Phenomenology & University Press of America, 1984), pp. 1-29.

29　Edmund Husserl, "Das Unzureichende der positiven Wissenschaften und <die> Erste Philosophie", in *Erste Philosophie (1923/24), 2. Teil, Theorie de Phänomenologische Reduktion, Husserliana VIII*, ed. Rudolf Boehm (The Hague: M. Nijhoff, 1959), p. 230. Sebastin Luft 與 Thane M. Naberhaus 的英譯本 (Edmund Husserl, *First Philosophy: Lectures 1923/24 and Related Texts from the Manuscripts [1920-1925]*, Dordrecht: Springer, 2019) 並無把這一附錄翻譯出來。胡塞爾：《第一哲學》，下卷，王炳文譯（北京：商務印書館，2006），頁 308；中譯文出自本書作者，中譯本頁碼僅供參考。

　　胡塞爾這裡使用的詞彙和語調,與前述論〈蘇格拉底與佛陀〉的手稿驚人地相似:科學是通往自由與極樂的道路、普遍的理論旨趣衍生自普遍的實踐旨趣。在同期的另一份手稿〈普遍認知的目標不是毫無意義的嗎?〉中,胡塞爾亦清楚表明:

> 認知是一種實踐活動,而理性認知、亦即理論性認知,則
> 是出自實踐理性的活動……它指向諸價值。[30]

　　讀到這些手稿,會讓我們以為胡塞爾經歷了一次實踐的轉向:把理論旨趣置於最高的、具普遍性的實踐旨趣之下,是為胡塞爾式的「實踐理性之首要」。

　　然而,當我們進一步考察,則發現胡塞爾式的「實踐理性之首要」不是終極的:胡塞爾表面上的價值論轉向最終還是從屬於理論性的認知活動,因為後者才是最高價值所在。在前述的手稿中,當胡塞爾宣稱認知是來自實踐理性的活動之後,卻如此地總結他的說明:

> 但相對於所有為它奠基的單一真理,一個<u>理論</u>是一更高的
> 價值。一個理論伸延得愈遠,其〔理論〕形態愈高,它的
> 價值就愈高。[31]

30　Edmund Husserl, "Ist das Ziel einer universalen Erkenntnis nicht überhaupt Sinnlos?", in *Erste Philosophie (1923/24), 2. Teil, Theorie de Phänomenologische Reduktion, Husserliana VIII*, p. 352. Sebastin Luft 與 Thane M. Naberhaus 的英譯本(E. Husserl, *First Philosophy: Lectures 1923/24 and Related Texts from the Manuscripts [1920-1925]*)也沒有把這一附錄翻譯出來。胡塞爾:《第一哲學》,下卷,頁469;中譯文出自本書作者,中譯本頁碼僅供參考。

31　Edmund Husserl, "Ist das Ziel einer universalen Erkenntnis nicht überhaupt

　　倘若胡塞爾曾經歷一個實踐轉向，它仍會是被某種睿智主義（intellectualism）傾向所支配。胡塞爾晚期（包括寫作《危機》的時期）的哲學概念和哲學實踐，就是擺脫不了這一睿智主義傾向。例如在維也納演講中，胡塞爾鼓吹克服歐洲人的危機之方法，就是「長遠地改變人類存在的整體實踐，即整個文化生活」，以便後者「受著客觀真理所規範」，使得「理念性真理變成絕對價值……它帶來一普遍地改變了的實踐。」[32] 但這一新實踐不外是胡塞爾心目中一個哲學家的實踐：

> 她／他有一顆恆常和預先下定的決心……把她／他的未來生命經常貢獻給理論（*theōria*）的任務，在理論知識的基礎上建立理論知識，直至無窮。[33]

　　這裡，胡塞爾的睿智主義哲學概念和哲學實踐，仍然主導著他的哲學理念。

　　然而，事情吊詭之處，恰恰在於胡塞爾以實現這種睿智主義的哲學理念、即視實現這種以純理論旨趣為依歸的普遍性科學為哲學的真正職志，才會有胡塞爾對歐洲科學之危機的斷症；因為對胡塞爾而言，恰恰是浸淫於其理論成就中的歐洲科學，忘記了自身植根其中的土壤是生活世界、忘記了其目的在於為生活世界中人類的最高道德實踐和價值實踐服務，使歐洲科學以致現代歐洲文明整體

Sinnlos?", in *Erste Philosophie (1923/24), 2. Teil, Theorie de Phänomenologische Reduktion, Husserliana VIII*, pp. 352-353. 胡塞爾：《第一哲學》，下卷，頁 469；中譯文出自本書作者，中譯本頁碼僅供參考。

32　E. Husserl, *Krisis*, pp. 333-334; *Crisis*, p. 287; 胡塞爾：《危機》，頁 388。

33　E. Husserl, *Krisis*, p. 332; *Crisis*, p. 286; 胡塞爾：《危機》，頁 387。

陷入了危機。這一危機顯現為歐洲科學對其真正的道德責任視若無睹，遂令自身淪為狹義的技術性的工具。

反過來看，佛教清楚明白它的求知活動是為精神的最高價值——精神的解脫——服務，在佛教義理疏導下的求知因而不會陷入工具理性的無根狀態。與胡塞爾的哲學概念相若，佛教也是透過克服人自身的無明，要求徹底的自知和自身了解，但這自知和自身了解是為了通往自身解脫之路，亦即它可以為認知活動重新提供植根的土壤。歐洲文化若能移植在這土壤上，歐洲科學之危機遂有可能走上脫困之道的一天。相信這亦是胡塞爾一度把歐洲的文化更新重任寄望於佛教之上的原因。

不過，經歷了第一次大戰後的歐洲人，當時沒有聆聽佛陀充滿智慧的正言，也沒有回應胡塞爾悲愴的呼籲，即向佛教學習，以便走上文化更新之路。在胡塞爾遇上佛經差不多一個世紀之後的今天，歐洲文化當時的危機似乎已經過去，但該危機卻已演變成人類文明整體的危機。故此，作為現象學哲學家，亦即胡塞爾在歐洲以內或歐洲之外的晚輩學人，我們還是有需要重新聆聽佛陀的正言，以及回應胡塞爾要我們向歐洲之外的文化傳統找尋資源以從事文化更新的呼籲，這就是我們重探胡塞爾與佛教的相遇並反思其意義的理由了。

第 4 章
柏托什卡：批判意識與非歐洲中心論的現象學哲學家

引言

　　捷克現象學家雅恩・柏托什卡（Jan Patočka, 1907-1977）是第一位非歐洲中心論的現象學哲學家，代表著現象學運動中的批判意識。有別於胡塞爾和海德格，柏托什卡經過對歷史意義之疑難深邃的哲學反思之後，提出「後歐洲人」之說，明確指出必須放棄一直以來的歐洲中心論立場，以找尋歐洲文明危機的出路。在亞里士多德《物理篇》的基礎上，柏托什卡發展出一套極具原創性的自然世界現象學，以大地、動力、運動，以及人之實存運動，作為一切世間中存在者呈現的現象場之基本元素。這一套自然世界現象學既非人本論中心，也視實踐比理論優先，能為文化現象學奠基。它之強調動力、運動、實踐，並揭示出本源意義的「無」在人之實存及現象世界的建構性地位，有利於與未受科學實證論支配的非歐洲文化傳統溝通，特別是進入同樣重視本源意義的「無」的中國道家哲學之大門。

4.1　柏托什卡是誰？[1]

在現象學運動的歷史中，柏托什卡具有特殊地位和重要性。首先，他來自中歐小國捷克斯洛伐克，而非主導現當代歐洲哲學發展的英國、法國、德國和義大利。其次，成熟期的柏托什卡，長期身

1　本文首先由英語寫成，是為 "Jan Patočka: Critical Consciousness and Non-Eurocentric Philosopher of the Phenomenological Movement", 最初發表於 *Issues Confronting the Post-European World*, A Conference dedicated to Jan Patočka (1907-1977) on the occasion of the founding of the Organization of Phenomenological Organizations (OPO), organized by the Center for Phenomenological Research Prague at Charles University and the Academy of Sciences of the Czech Republic, Prague, November 6-10, 2002, 並刊於 *Studia Phaenomenologica: Romanian Journal for Phenomenology*, Vol. VII, 2007, special issue on "Jan Patočka and the European Heritage", pp. 475-492, 修訂本刊於 Kwok-ying Lau, *Phenomenology and Intercultural Understanding: Toward a New Cultural Flesh* (Dordrecht: Springer, 2016), Ch. 5, pp. 67-83. 自從本文第一次發表後，關於柏托什卡的成書研究陸續出現，較重要的包括以下數種：Edward E. Findlay, *Caring for the Soul in a Postmodern Age: Politics and Phenomenology in the Thought of Jan Patočka* (Albany: State University of New York Press, 2002); Renaud Barbaras, *Le mouvement de l'existence. Études sur la phénoménologie de Jan Patočka* (Paris: Les Éditions de la Transparence, 2007); Renaud Barbaras, *L'ouverture du monde: lecture de Jan Patočka* (Paris: Les Éditions de la Transparence, 2011); Émilie Tardivel, *La liberté au principe. Essai sur la philosophie de Patočka* (Paris: Vrin, 2011); *Jan Patočka and the Heritage of Phenomenology. Centenary Papers*, eds. Ivan Chvatík and Erika Abrams (Dordrecht: Springer, 2011); *Jan Patočka. Liberté, existence et monde commun*, ed. Nathalie Frogneux (Argenteuil: Le Cercle Herméneutique Editeur, 2012); Dragoş Duicu, *Phénoménologie du movement. Patočka et l'héritage de la physique aristotélicienne* (Paris: Hermann Éditeurs, 2014); James Mensch, *Patočka's Asubjective Phenomenology: Toward a New Concept of Human Rights* (Würzburg: Verlag Königshausen & Neumann, 2016); Francesco Tava, *The Risk of Freedom: Ethics, Phenomenology and Politics in Jan Patočka*, Eng. trans. Jane Ledlie (London & New York: Rowman & Littlefield International, 2016).

處蘇聯控制的東歐共產主義集團鐵幕之內。他幾乎憑一人之力，在捷共建制之外，帶動著非官方有機知識分子（organic intellectuals）從事獨立的哲學反思活動。法國現象學大師呂格爾（Paul Ricoeur, 1913-2005）就稱柏托什卡為「哲學家・抵抗者」（le philosophe-résistant）。[2]

德國納粹政權 1933 年上台後推行反猶太人政策，現象學之父胡塞爾（Edmund Husserl, 1859-1938）因其猶太人身分，被禁止在德國國內講學和出版。胡塞爾晚期最重要的著作《歐洲科學的危機與超越論的現象學》（*Die Krisis der europäischen Wissenschaften und die transzendentale Phänomenologie*）（以下簡稱《危機》），就是發展自他 1935 年在德國以外的兩系列演講。第一系列是該年 5 月在奧地利維也納的演講〈哲學與歐洲人文的危機〉（"Die Philosophie und die Krisis des europäischen Menschentums"），第二系列是同年 11 月在當時捷克斯洛伐克共和國首都布拉格的演講〈歐洲科學的危機與心理學〉（"Die Krisis der europäischen Wissenschaften und die Psychologie"）。邀請胡塞爾到布拉格演講的，就是當時擔任布拉格哲學學圈（Le Cercle Philosophique de Prague）秘書長的柏托什卡。在胡塞爾訪問布拉格期間，柏托什卡還與胡塞爾晚期兩位親密學生和研究助理蘭德格雷貝（Ludwig Landgrebe, 1902-1991）與芬克（Eugen Fink, 1905-1975）計劃在布拉格成立胡塞爾檔案館，

2　Paul Ricoeur, "Jan Patočka, le philosophe-résistant", in *Lectures 1. Autour du politique* (Paris: Éditions du Seuil, 1991), pp. 69-73; "Jan Patočka: A Philosopher of Resistance", Eng. trans. Richard Kearny, *The Crane Bag*, Vol. 7, No. 1, 1983, pp. 116-118.

以便收藏及整理胡塞爾大量具有重大哲學思想價值的手稿。[3] 胡塞爾回到德國後把布拉格演講的內容大量加工和發展成《危機》一書，其第一和第二部分，1936 年就首先於布拉格哲學學圈的會刊 *Philosophia* 創刊號上發表。[4]

　　在此之前，柏托什卡於 1928-1929 年在法國巴黎大學索爾邦學院（Université Paris-Sorbonne）學習，聆聽了胡塞爾 1929 年在巴黎的著名系列演講。這一系列後來發展成《笛卡兒式沉思錄》（*Cartesianische Meditationen*）一書的演講，令年輕的柏托什卡留下極為深刻的印象。柏托什卡 1931 年在布拉格查理大學（Charles University of Prague）取得博士學位後，[5] 於 1933 年夏天負笈德國

3　參 Jan Patočka, "Erinnerungen an Husserl", in *Die Welt des Menschen—Die Welt der Philosophie. Festschrift für Jan Patočka*, hrsg. Walter Biemel (The Hague: M. Nijhoff, 1976), pp. VII-XIX, 特別見 pp. XVI-XVII; Jan Patočka, "Souvenirs de Husserl", traduit de l'allemand par Heinz Leonardy, *Études phénoménologiques*, No. 29-30, 1999, pp. 93-106, 特別見 pp. 103-104. 亦參 Samuel Ijsseling, "Jan Patočka", in *Profils de Jan Patočka*, ed. Henri Declève (Bruxelles: Publications des Facultés universitaires Saint-Louis, 1992), pp. 97-102, 特別見 p. 97. 在布拉格成立胡塞爾檔案館的計劃因納粹德軍 1938 年佔領捷克斯洛伐克而告吹。後來比利時哲學家梵布雷達神父（Father Herman Leo Van Breda, 1911-1974）設法把胡塞爾的手稿運到比利時魯汶，在魯汶大學成立了胡塞爾檔案館，並策劃整理和出版胡塞爾的遺著。

4　Edmund Husserl, "Die Krisis der europäischen Wissenschaften und die transzendentale Phänomenologie. Eine Einleitung in die phänomenologische Philosophie", *Philosophia* 1 (1936), pp. 77-176. 柏托什卡亦於此刊同期以德文發表一篇論意向性概念的現象學論文：Jan Patočka, "Der Geist und die zwei Grundschichten der Intentionalität", in *Die Welt des Menschen—Die Welt der Philosophie. Festschrift für Jan Patočka*, pp. 67-76.

5　參 Milan Walter, "Jan Patočka. Ein biographische Skizze", *Studien zur Philosophie von Jan Patočka, Phänomenologische Forschungen*, Bd. 17, 1985, p. 89. 亦參 "The Role of Phenomenology in Czech Philosophical Life", in *Czech Philosophy in the*

弗萊堡大學（Universität Freiburg），同時跟隨胡塞爾與海德格
（Martin Heidegger, 1889-1976）學習。[6] 在德國人以外，曾同時受業
於胡塞爾與海德格而後來有大哲學成就的現象學家，只有出生於立
陶苑、後來留學法國之後歸化法籍的列維納斯（Emmanuel Lévinas,
1906-1995）和柏托什卡二人。柏托什卡 1936 年以胡塞爾晚期的生
活世界（Lebenswelt）概念為主題，以捷克文寫成《自然世界作為
哲學問題》（*Přirozený svět jako filosofický problém*）一書，[7] 取得大
學哲學教師資格（habilitation）後，其教學生涯於 1938 年納粹德
國軍隊佔領捷克後中斷。二次大戰結束後，柏托什卡重新在大學任
教。但捷共 1948 年上台後，柏托什卡因不願意加入共產黨而再度
失去教席。二十年後，1968 年布拉格之春的政治改革運動，讓柏托
什卡得以回到大學重拾教鞭；但到 1972 年被迫退休。由於一直不
肯和官方妥協，柏托什卡的絕大部分哲學著作均出版無門，只能以
samizdat 的方式、即手鈔本或油印本在地下流通。

XXth Century, ed. Lubomír Nový, Jiří Gabriel and Jaroslav Hroch (Washington, DC: The Council for Research in Values and Philosophy, 1994), p. 122.

6　參 Jan Patočka, "Erinnerungen an Husserl", in *Die Welt des Menschen—Die Welt der Philosophie. Festschrift für Jan Patočka*, pp. VII-XIX，特別見 pp. VIII-XI; Jan Patočka, "Souvenirs de Husserl", in *Die Welt des Menschen—Die Welt der Philosophie. Festschrift für Jan Patočka*, pp. 93-106，特別見 pp. 94-98. 亦參 "Entretien avec Jan Patočka sur la philosophie et les philosophes", traduit du tchèque par Erika Abrams, in *Jan Patočka. Philosophie, phénoménologie, politique*, eds. Marc Richir et Etienne Tassin (Grenoble: Editions Jérôme Million, 1992), pp. 7-31.

7　法譯本 Jan Patočka, *Le monde naturel comme problème philosophique*, traduit du tchèque par Jaromir Danek et Henri Declève (The Hague: M. Nijhoff, 1976); 英譯本 Jan Patočka, *The Natural World as a Philosophical Problem*, trans. Erika Abrams (Evanston, IL: Northwestern University Press, 2016).

　　柏托什卡雖然只有短暫時間獲准在大學任教，但他透過民間私人組織的地下講座和論壇，把他的哲學思考成果與找尋思想出路的捷克知識分子和年輕人分享。他的非正式學生就包括著名戲劇作家、後來恢復民主政制後捷克共和國的首任民選總統哈維爾（Václav Havel, 1936-2011）。[8] 由於柏托什卡在捷克異見知識分子中的聲望甚高，他被推舉為「七七憲章」（Charter 77）[9] 人權及公民權利宣言的發言人之一。哈維爾就表示，柏托什卡為「七七憲章」運動帶來了一個清晰的道德面向。[10] 但亦因此，柏托什卡被捷克秘密警察逮捕，並拷問致死。柏托什卡逝世後，其大量以捷克文寫成的哲學著作由民間學者以 samizdat 方式地下出版，並流傳到捷克斯洛伐克國外，1980 年代開始陸續被翻譯成法語、德語和英語出版。西方學術界開始發現，柏托什卡是一位極具原創性的現象學哲學家。呂格爾就認為他的遺著《異端的歷史哲學論文集》（*Heretical Essays in the Philosophy of History*）在現象學運動中的重要性可以媲美梅洛龐蒂（Maurice Merleau-Ponty, 1908-1961）的《可見者與不可見者》（*Le visible et l'invisible*）；而書中對歐洲政治、歷史和哲學的嚴肅和深刻的反思，可與鄂蘭（Hannah Arendt, 1906-1975，另有一譯名為「阿倫特」）的《人的處境》（*The Human Condition*）

8　Václav Havel, "Remembering Jan Patočka. Opening Speech at the Conference in Prague, April 23, 2007", in *Jan Patočka and the Heritage of Phenomenology. Centenary Papers*, eds. Ivan Chvatík and Erika Abrams (Dordrecht: Springer, 2011), p. xv.

9　劉曉波等在中國發起的 08 憲章運動，就是受捷克「七七憲章」啟發的產物。

10　Václav Havel, "Remembering Jan Patočka. Opening Speech at the Conference in Prague, April 23, 2007", p. xvi.

和《極權主義之起源》（*Origins of Totalitarianism*）分庭抗禮。[11]

4.2　柏托什卡：非歐洲中心論的現象學哲學家

由於柏托什卡長期在官方學術機構之外進行他的哲學教學和研討活動，他的著述跟一般學院裡的哲學學者在寫作題材與寫作風格方面大異其趣。雖然柏托什卡經常討論西方古代和現代經典哲學家如柏拉圖（Plato, 429-347 BC）、亞里士多德（Aristotle, 384-322 BC）、康德（Immanuel Kant, 1724-1804）、黑格爾（G. W. F. Hegel, 1770-1831）、胡塞爾和海德格等的著作和思想，但他的著述很多時並非純學究式探討，而總是圍繞歐洲文明以至人類文明整體的重大歷史、政治和哲學課題從事層層深入的思考。然而，在他眾多表面上極其分散的著作之中，是否具有統一的方向或統一的意義？這不是一個容易處理的課題。本文嘗試提出一個初步回答：柏托什卡的反思，有可能是廣義的現象學運動中，在面對現代文明危機之際，取得了最具成果的哲學思考努力。柏托什卡稱現代文明的危機為「過度文明及其內在衝突」（"Over-civilization and its internal conflict"）。[12] 在胡塞爾對歐洲文明危機診斷的基礎上，柏托什卡重新探討這一危機，並且是第一位歐洲哲學家──一位來自另一個歐

11　Paul Ricoeur, "Préface", Jan Patočka, *Essais hérétiques sur la philosophie de l'histoire*, traduit du tchèque par Erika Abrams (Lagrasse: Éditions Verdier, 1981), pp. 7-8; "Préface aux *Essais hérétiques"*, in *Lectures 1. Autour du politique*, pp. 74-75.

12　Jan Patočka, "La surcivilization et son conflit", in *Liberté et sacrifice. Ecrits politiques*, French trans. Erika Abrams (Grenoble: Jérôme Millon, 1990), pp. 99-177.

洲的哲學家——以毫不含糊的態度指出，歐洲人必須放棄一直以來持守的歐洲中心論立場——例如孔德（Auguste Comte, 1798-1857）的實證論及其各變種、馬克思主義，以及資產階級自由主義——去提出解答危機的方案。柏托什卡明確地提出「後歐洲人〔文〕問題」（"problems of Post-European humanity"）[13]的說法，以便走出歐洲中心論的框架，去面對歐洲文明的危機。柏托什卡提出一種有別於胡塞爾和海德格對歐洲人歷史理解的方式，透過對歷史進行深入的哲學反思，進而回到自然世界的底層，去陳構一門自然世界的現象學（phenomenology of the natural world）。這樣的一門自然世界的現象學，是胡塞爾沒有充分建立，而《存在與時間》時期的海德格更是完全忽略的。

在亞里士多德《物理篇》的基礎上，柏托什卡發展出一套極具原創性的自然世界現象學，以大地（the Earth）、動力（dynamis）、運動（movement），以及人之實存作為運動（human existence as movement），作為一切世間中存在者呈現的現象場之基本結構性元素。這一套自然世界現象學既非人本論中心，也視實踐比理論優先，能為文化世界的現象學（phenomenology of the cultural world）奠基。這樣建立出來的文化世界現象學，將較胡塞爾和海德格式的現象學進路更具可信的普遍性意義。

胡塞爾將希臘人的理論活動（*thêoria*）等同於歐洲科學，並視之為具有普世性意義的本真的文化世界，[14]這一進路明顯地有歐洲

13　J. Patočka, "Réflexion sur l'Europe", in *Liberté et sacrifice. Ecrits politiques*, p. 181.
14　Edmund Husserl, *Krisis*, pp. 327-330; *Crisis*, pp. 281-283; 胡塞爾：《危機》，頁381-384。

中心論偏見。至於海德格，他除了積極支持納粹政權，並在提出保衛歐洲之際，流露了非常敵視美國和蘇俄的態度，令他未能完全免除歐洲中心論的嫌疑。與胡塞爾和海德格二人相反，柏托什卡的自然世界現象學強調動力、運動、實踐在現象場上的結構性特色，並揭示出本源意義的「虛」或「無」在人之實存及現象世界的建構性地位，有利於與未受科學實證論支配的非歐洲文化傳統、或與能夠給予「無」或「虛」正面意義的非基督教傳統溝通，特別是進入同樣重視本源意義的「無」的中國道家哲學之大門。

4.3　柏托什卡對今日中國哲學社群的意義

4.3.1　在政治迫害下仍從事獨立哲學教學和研究

　　柏托什卡在他的國家內受到社會主義政權的政治迫害，但他面對這些迫害，作出英雄式的抵抗，沒有間斷地從事獨立的哲學研究，並在國家警察的監視下，[15] 仍然持續進行私人的哲學教學，具體地顯示出可以在惡劣的社會、政治和制度條件下進行哲學活動。事實上，在柏托什卡後半生的知識生命中，捷共統治下，他獲准教授哲學的日子不足八年，在 1950 年代更是幾乎與知識界完全隔絕。柏托什卡行使思想自由和發揮道德良知的方式，雖然令他自身的安全受到威脅，卻是以具體行動行使社會主義法制字面上賦予他的公民權利；但在專制政體下，這些公民權利實質上不受保障。柏

15　Cf. Henri Declève, "Philosophie et liberté selon Patočka", in *Profils de Jan Patočka*, ed. Henri Declève (Bruxelles: Publications des Facultés universitaires Saint-Louis, 1992), p. 114.

托什卡這樣的行為不單對他國家內年輕一代具有教育作用，也含有政治訊息：向在制度層面剝奪上述公民權利的專制政權抗議。從這一視角看，柏托什卡在他身處的政權和社會境況下維持獨立和思想自主的努力，是當代中國知識分子追求獨立學術人格無可比擬的模範。

4.3.2　在對經典註解中注入新思想生命

　　柏托什卡很多著作表面上只是一些謙卑的、對經典西方哲學家（古代、現代，和當代）的文獻註解工作。驟眼看來，這與中國學術傳統很相似。在中國哲學傳統中，對經典的註解是一種常見的進行思考的模式。但在大部分情況下——王弼註老與郭象註莊是少有的例外——從事對中國傳統經典註解的工作者，往往對古代的原作者採取過分虔敬的態度，以致哲學式的發問往往隱沒了。在傳統中國，對經典中的思想研究往往等同於對文本的註解工作。清中葉的乾嘉學風，就是只著重訓詁和考據，而不重視思想的批判性討論。被視為學識淵博者，就是把大量前人學者對同一文本的註疏累積和並列。以對老子《道德經》的註解為例，每一章句通常都羅列二、三十款註疏。

　　與傳統中國學人對經典註疏的工作相比，柏托什卡對西方經典哲學家的註解工作就很不一樣：它往往是一種質詢與發問的對話，而對話的對手就是整個歐洲文化傳統和思想傳統。例如柏托什卡解釋蘇格拉底的終極旨趣時，強調他對靈魂的關顧（care of the soul）；[16] 對柏拉圖著名的 *chorismos* 概念重新詮釋時，並非把它理解成知識論上普遍項與殊別項的分離，而是存在論差異（ontological difference），亦即哲學家與實有（reality）的距離之經驗，因而這是一種行使自由的經驗。[17] 又例如柏托什卡把亞里士多德的核心著作，由西方中古經院哲學一直認定的《形上學篇》（*Metaphysics*）轉移到《物理篇》（*Physics*）；而核心課題，就由存在物之間的層級系統和價值層級系統，轉移到圍繞運動、動力，和實踐概念所建構起來的自然世界的現象學。[18] 柏托什卡這些詮釋工作帶來的成果就是：西方古典哲學家——蘇格拉底（Socrates, 470-399 BC）、柏拉圖、亞里士多德——以一種新穎性和過往少見的反思深度重新對我們當代人說話，以致這一思想傳統獲得一種新的生

16　J. Patočka, *Platon et l'Europe*, French trans. Erika Abrams (Paris: Editions Verdier, 1983), p. 23 sq; *Plato and Europe*, Eng. trans. Petr Lom (Stanford: Stanford University Press, 2002), p. 15 sq.

17　J. Patočka, "Le platonisme négatif", in *Liberté et sacrifice. Ecrits politiques*, p. 86 sq. 柏托什卡對柏拉圖理型（Platonic Ideas）的新詮釋，與當代中國哲學家勞思光對柏拉圖理型論的理解可堪比擬。勞氏認為，柏拉圖的理型作為共相（普遍項）與殊相對舉，從文化哲學的角度看，可被理解作理想與價值。參：勞思光，《文化哲學講演錄》，劉國英編註（香港：中文大學出版社，2002），頁6。

18　Jan Patočka, "Notes sur la préhistoire de la science du mouvement: le monde, la terre, le ciel et le mouvement de la vie humaine", "Le monde naturel et la phénoménologie", "Méditation sur *Le Monde naturel comme problème philosophique*", "La conception aristotélicienne du mouvement: signification philosophique et recherches historiques", in *Le monde naturel et le mouvement de l'existence humaine*, French trans. Erika Abrams (Dordrecht: Kluwer Academic Publishers, 1988), pp. 3-12, 13-49, 50-124, 127-138. 亦見於 Jan Patočka, *Aristote, ses devanciers, ses successeurs* [*études d'histoire de la philosophie d'Aristote à Hegel*], French trans. Erika Abrams (Paris: Vrin, 2011).

命，儘管當今世界的文化學術氣候不利於這種新生命的誕生。

對一直希望能為中國傳統經典注入新生命的中國哲學社群而言，柏托什卡的經典註解藝術，既是一個強大的挑戰，也是學習與挪用的模式。今天，我們的任務就是尋找重新閱讀傳統中國經典著作的途徑，把中國經典哲學家不僅僅視為虔敬對象，而是能提供文化更新的思想資源。這一任務就是找到讓傳統中國作品對當代世界說話的方式。面對這一任務，柏托什卡的著述顯然是最具啟發性的作品之一。

4.4　柏托什卡：現象學運動中的批判意識

為什麼柏托什卡的著作於他在世之時鮮有人認識，但在他身後反而能載負著如此獨特的教學和批判性潛能？我們嘗試提出的答案是：鼓動著他從事深刻哲學反思的動力，是人的實存作為人的自由（human existence as human freedom）。[19] 對柏托什卡而言，人類從史前時期過渡至歷史時代的特徵，就是發現自己在一種震盪或驚慄的處境中：人類受到困惑（problematicity）所衝擊，也被追尋意義的要求所縈繞。[20] 柏托什卡對人的自由、人自覺地追尋意義，以及歷史的源起之間的關係有以下的說明：

> 當生命成為自由及整全，當生命有意識地為自由的生命建

19　J. Patočka, "L'idéologie et la vie dans l'idée", in *Liberté et sacrifice. Ecrits politiques*, p. 46.

20　Jan Patočka, *Essais hérétiques sur la philosophie de l'histoire*, pp. 85-86; *Heretical Essays in the Philosophy of History*, Eng. trans. Erazim Kohák, ed. James Dodd (Chicago and La Salle, IL: Open Court, 1996), pp. 74-75.

立空間，當生命不再枯竭於逆來順受之中，當人經歷過生命的震盪、粉碎了他所接納的「微小」意義之後，當人了解到他們身處的世界如何呈現給他們，並依於這一了解敢於為給予自身意義而作出新嘗試，我們就可以說〔人進入了〕歷史。21

自由的本源意義既不是任意的行為，也不是對世界和對生命顯得無關痛癢。自由是真理的涵數，即自由取決於真理。但這意義下的真理，並非僅僅是理論序列的問題。對柏托什卡來說，真理也與自由息息相關：

真理是人為她／他不可或缺的自由之內在鬥爭、為人作為人於其深處擁有的內在自由之內在鬥爭，完全獨立於事實層面她／他是如何。真理是人的本真性問題。22

這樣理解下的真理，並非一些與人痛癢無關的、關於客觀世界的理論知識。尋找真理，是人的實存（human existence）的本質責任。因此，自由就是對真理的責任，透過自由的行使來體現人的實存的本質特徵。從本源意義下理解的真理，並非純理論式冥想，而是實踐序列中人與他／她的自由、即人與他／她自身之倫理關係：

真理只能在行動中被把握，一個存在只能於有效的行動之中（而不僅僅是「反思」一個客觀過程），才能進入與真

21　J. Patočka, *Essais hérétiques sur la philosophie de l'histoire*, p. 54; *Heretical Essays in the Philosophy of History*, pp. 40-41.

22　J. Patočka, "La surcivilization et son conflit", in *Liberté et sacrifice. Ecrits politiques*, p. 160.

理的關係。[23]

真理並非被動的冥想可達至，而是透過主動的意義之追尋，而它的第一步就是人對自身的處境的批判性反思：

> 除非我們沿著批判的道路、透過批判性反思，否則我們不
> 能取得關於我們的處境的真理。[24]

因此，人之為對真理負責的存在，要求她／他對其處境進行批判性反思，以使她／他能「改變、轉化她／他的處境成為一個被她／他清晰地意識到的處境，這樣的話，就會把她／他引領向她／他的處境的真理。」[25] 一句話：對柏托什卡而言，自由是在批判精神鼓動下，人對其身處的境況的真理之關顧，目標是要轉化它，使她／他的處境成為對她／他而言有意義的處境，而不再是一個純然外在的、異化了的處境。

柏托什卡這種對人的實存之本質特徵的理解——人透過批判性反思去帶來自身的轉化，以履行其對自身的真理的責任，從而體現其自由——使他成為整個現象學運動中的批判意識。柏托什卡的「批判意識」可以從三條批判思維的線索來理解：（一）18 世紀歐洲啟蒙運動頂峰康德批判哲學意義下的批判，（二）20 世紀前半期德國法蘭克福學派（Frankfurt School）意義下的批判，以及（三）20世紀後半期法國哲學家傅柯（Michel Foucault, 1926-1984）「當前的

23　J. Patočka, "La surcivilization et son conflit", in *Liberté et sacrifice. Ecrits politiques*, p. 161.

24　J. Patočka, *Platon et l'Europe*, p. 10. Petr Lom 的英譯文比較簡短："We will not get to the heart of the matter without reflecting." *Plato and Europe*, p. 2.

25　J. Patočka, *Platon et l'Europe*, p. 10; *Plato and Europe*, p. 2.

歷史」（history of the present）意義下的批判。

4.4.1　康德意義下的批判

　　眾所周知，康德批判哲學其中一項重要建樹，是確立了理論理性和實踐理性這兩個不能互相化約的活動領域。理論理性的活動領域是現象世界中客觀知識展開的場域，因果法則（causality）在這場域中佔有主導地位，因此是必然性的領域。實踐理性的活動場域則是自由的場域，是主體在其實踐活動中對可能性之投射與超越之期盼，康德稱之為本體（noumenon）的領域。柏托什卡接受康德批判哲學這方面的遺產，但不接受新康德主義過分強調理論理性和趨近科學主義的態度。他把理論理性與自由的二元性重新詮釋，轉而強調自由與實踐的首要和優先性。上文提及柏托什卡強調靈魂的關顧在蘇格拉底思想中佔首要地位，他對柏拉圖 chorismos 學說重新詮釋為對自由的經驗，以及他把亞里士多德哲學的重心從形上學轉移到一門運動現象學（phenomenology of movement）及人之實存作為運動的哲學（philosophy of human existence as movement），給予了實踐重要位置，在在顯示了柏托什卡重視實踐之優先性的基本態度。

4.4.2　法蘭克福學派批判理論意義下的批判

　　這一批判思想的線索發展自馬克思主義對政治經濟學的批判。它的基本形態是對宰制的批判（critique of domination）。法蘭克福學派的早期工作著力於對政治宰制的批判，這表現於馬庫塞（Herbert

Marcuse, 1898-1979）[26]和賀爾克海姆（Max Horkheimer, 1895-1973）[27]
對威權主義（authoritarianism）和專制主義（totalitarianism）的批
判。在二次大戰期間，這一批判線索激化為對歐洲現代文化中工具
理性之宰制（domination of instrumental reason）的批判。賀爾克海
姆和亞多諾（Theodor Adorno, 1903-1969）是這一路的批判激進主
義（critical radicalism）的先驅。[28]

　　前文已指出，柏托什卡在國家警察的監視下持續私下講授哲
學。這種對警察國家的不服從行為本身，已是對極權政體所施行的
政治宰制的隱含批判。就對政治宰制的批判而言，柏托什卡的著作

26　Herbert Marcuse, "The Struggle against Liberalism in the Totalitarian View of the
　　State" (1937), *Negations: Essays in Critical Theory* (Boston: Beacon Press, 1968),
　　pp. 3-42; "The Affirmative Character of Culture" (1937), *Negations: Essays in
　　Critical Theory*, pp. 88-133; *Soviet Marxism: A Critical Analysis* (Boston: Beacon
　　Press, 1964); 另有中譯，馬爾庫塞：《蘇聯的馬克思主義：一種批判的分析》，
　　張翼星、萬俊人譯（北京：中國人民大學出版社，2012）。

27　Max Horkheimer, "Authority and the Family" (1936), Eng. trans. in *Critical Theory:
　　Selected Essays* (New York: The Seabury Press, 1972), pp. 47-128; 中譯見馬克
　　斯·霍克海默：《批判理論》，李小兵譯（重慶：重慶出版社，1989）。參
　　David Held, *Introduction to Critical Theory: Horkheimer to Habermas* (Cambridge:
　　Polity, 1990), Ch. 2, pp. 40-76.

28　Cf. Max Horkheimer & Theodor W. Adorno, *Dialektik der Aufklärung* (New York:
　　Social Studies Association, Inc., 1944; 後於德國再版 Frankfurt am Main: S.
　　Fischer Verlag GmbH, 1969); *Dialectic of Enlightenment*, Eng. trans. J. Cumming
　　(New York: Herder and Herder, Inc., 1972); 中譯：馬克·霍克海默與提奧
　　多·阿多諾：《啟蒙的辯證：哲學的片簡》，林宏濤譯（台北：商周出版，
　　2008）；Max Horkheimer, *Eclipse of Reason* (New York: Oxford University Press,
　　1947); Max Horkheimer, *Zur Kritik der instrumentellen Vernunft* (Frankfurt am
　　Main: S. Fischer Verlag GmbH, 1967); Max Horkheimer, *Critique of Instrumental
　　Reason: Lectures and Essays since the End of World War II*, Eng. trans. Mathew J.
　　O'Connell and Others (New York: The Seabury Press, 1974).

並沒有像法蘭克福學派那麼言辭激烈；但從批判的實質內涵看，柏托什卡的批判可以說與法蘭克福學派相當接近。

在〈過度文明及其內在衝突〉這一長文中，柏托什卡對極權主義國家中政治宰制的批判，是置於對現代文明的極端形態的批判之下。柏托什卡稱這種現代文明的極端形態為「激進的過度文明」（radical over-civilization），也就是以集體主義為標竿的社會政治組織方式。柏托什卡認為，兩種形態的過度文明（溫和形態是資產階級自由主義，而激進形態則是社會主義）受著關於真理和自由的這同一對理念鼓動。兩種形態都認為對客觀存在的絕對宰制構成了對外在世界的最有效控制，這樣最能為人的自由服務。溫和形態的過度文明運用個體主義的經濟競爭作為終極手段，去成就人的自由和帶來物質層面的快樂，結果是忽略了社會公義。激進形態的過度文明則採取暴力的集體主義手段意圖消除社會不公義，但其結果是災難性的：不單沒有為人們帶來物質上的快樂，精神上的幸福也欠缺。在機械地規劃的壓迫之下，個人自由只是名義上存在。由於缺乏個人主動性，面對社會不公義，是集體的漠不關心。在一個全面地規劃的國家之下，自主人格並不可能，而整個集體變成一個巨大的無機體。29

事實上，對柏托什卡來說，激進形態的過度文明揭示了現代文明的內部衝突；這一內部衝突無可避免地把現代文明推向沒落。柏托什卡的分析與法蘭克福學派對現代世界中工具理性之宰制的診斷和批判吻合，但他提出一個更精緻的分析圖式。柏托什卡認為現代

29　J. Patočka, "La surcivilization et son conflit", in *Liberté et sacrifice. Ecrits politiques*, pp. 125-129.

文明沒落的理由在於它過分強調人性需要的尋常面向，完全忽略了
人有需要尋找深度以及贏取她／他的內在性。

　　兩種過度文明的形態採取了相同進路去解決人類面對的難題。
資產階級自由主義視人為原子式存在，相信加強經濟競爭和發展生
產力，是增加個人幸福和促進社會和諧的最佳保障。但它的結果與
它本來投放的希望互相矛盾：人的生活被輕視、異化，和非人性
化。另一方面，社會主義則從資產階級自由主義的內在矛盾的診斷
出發：人的痛苦源自剝削與社會不公義，它感到需要消除痛苦。一
如資產階級自由主義，社會主義運用的唯一手段是強化社會科技，
但就沿著一個與資產階級自由主義完全相反的方向。但它成功消除
的不是痛苦，而是個體性、內在性和深度。人被視為客觀過程的單
純環節，在巨大國家機器之下，個體性被壓至粉碎。

　　柏托什卡曾作出甚有洞見的批判性觀察：在社會主義國家中，
人們只在龐大的國家慶典中感到快樂，因為在那時有機會感受到國
家作為一個全體。但在日常生活中，幸福是缺乏的。人類就一如在
資產階級自由主義中被異化和非人性化。一句話：社會工程並非文
明再生的途徑：[30] 柏托什卡與法蘭克福學派分享著相同的分析與批
判。

4.4.3　傅柯「當前之歷史」意義下的批判

　　這意義下的批判需要先作一點說明。這種批判是對當前時代危
機的診斷，目的是尋找能夠導向未來的途徑。傅柯有時稱之為「當

30　J. Patočka, "La surcivilization et son conflit", in *Liberté et sacrifice. Ecrits politiques*, pp. 165-168.

前之歷史」（"*l'histoire du présent*"），[31] 有時稱之為「當前的存在論」（"*l'ontologie du présent*"），[32] 甚或「對我們自身批判的存在論」（"*l'ontologie critique de nous-même*"）。[33] 傅柯宣稱他受後期康德的啟發進行這種批判，特別是康德 1784 年在〈何謂啟蒙？〉（"Was ist Aufklärung?"）一文中提出「何謂啟蒙？」一問題的方式。[34]

傅柯指出，當康德作出「何謂啟蒙？」的發問之際，他把這問題指向當前時代、即康德與他的同代人身處的時代。[35] 透過這一發問所顯露的批判意識，並不是康德《純粹理性之批判》中、對人類認識能力及其界限的檢討那種以純粹理論和知識論旨趣導引的批

31　Michel Foucault, *Surveiller et punir. Naissance de la prison* (Paris: Gallimard, 1975), p. 35; *Discipline and Punish: The Birth of Prison*, Eng. trans. Alan Sheridan (New York: Random House, 1979), p. 31; 傅柯：《規訓與懲罰：監獄的誕生》，劉北成、楊遠嬰譯（新北：桂冠圖書，2007），頁 29。

32　Michel Foucault, "Qu'est-ce que les Lumières?", in *Dits et écrits, IV* (Paris: Gallimard, 1994), p. 687; "What is Revolution?", in *The Politics of Truth*, Eng. trans. Lysa Hochroth and Catherine Porter, ed. Sylvère Lotringer (New York: Semiotext[e], 1997), p. 100. 本文的法文標題與下一註釋中提及的文章的法文標題相同，但內容則有頗明顯差異。

33　Michel Foucault, "Qu'est-ce que les Lumières?", *Dits et écrits, IV*, p. 577; Eng. Trans. "What is Enlightenment?", in *The Foucault Reader*, ed. Paul Rabinow (London: The Penguin Books, 1984), p. 50.

34　Immanuel Kant, "Beantwortung der Frage: Was ist Aufklärung?", in *Kant's gesammelte Schriften* (Berlin: Königliche Preussische Akademie der Wissenschaften, 1902-1938), Vol. VIII, pp. 33-42; "An Answer to the Question: 'What is Enlightenment?'", in *Political Writings*, Eng. trans. H. B. Nisbet (Cambridge: Cambridge University Press, 2nd ed., 1991), pp. 54-60; 康德：〈答「何謂啟蒙？」之問題〉，《康德歷史哲學論文集》，李明輝譯（台北：聯經出版社，增訂版，2013），頁 25-35。

35　M. Foucault, "Qu'est-ce que les Lumières?", in *Dits et écrits, IV*, p. 679; "What is Revolution?", in *The Politics of Truth*, p. 84.

判，也不是一種針對社會、政治序列的批判。這是一種兩者之間的批判：我們要求對我們身處的當前時代進行批判性的理解，這一批判性理解是依於我們身處其中的具體歷史處境所顯示出之文化特徵作為線索。在從事這種理解工作之際，傅柯揭櫫一種批判性態度，一方面我們並不馴服地跟隨任何政治、宗教或知識權威所提供的對當前時代的說明或解釋。[36] 另一方面，這一批判態度要求的那種批判性理解，並不止於滿足一種純粹的智性興趣，它還帶著實踐關懷：透過對當前時代之限制的理解，它努力嘗試走出其困境，以便為人類的未來發展尋找新可能性和新出路。[37] 傅柯甚至認為，這樣理解下的批判就是哲學態度本身：

> 這要被視為一種態度、一種風骨（*ethos*）、一種哲學生命，在這生命中，對我們自身的批判，同時是對加諸我們身上的限制的歷史性分析，以及超越這些限制的可能性之實驗。[38]

換句話說，傅柯揭櫫的批判，是對我們當前時代的文化困境之前瞻性診斷，希望藉此找到超越困境的新可能性。

依照上面對傅柯意義下的批判之理解，柏托什卡呼召歐洲人對「後歐洲人〔文〕」問題的反思，雖然成書年代早於傅柯的相關

36　Michel Foucault, "Qu'est-ce que la critique? [Critique et Aufklärung]", *Bulletin de la Société française de Philosophie*, Vol. 84, No. 2, 1990, p. 39; Eng. trans. "What is Critique?", in *The Politics of Truth*, pp. 31-32.

37　M. Foucault, "Qu'est-ce que les Lumières?", *Dits et écrits, IV*, p. 577; "What is Enlightenment?", in *The Foucault Reader*, p. 50.

38　M. Foucault, "Qu'est-ce que les Lumières?", *Dits et écrits, IV*, p. 577; "What is Enlightenment?", in *The Foucault Reader*, p. 50.

著作，無疑屬於傅柯這意義下的批判工作。事實上，傅柯時而稱他的批判工作為「當前的歷史」，時而稱為「對我們自身的批判的存在論」，原因就在於歷史的結構與我們的實存之存在論結構（the ontological structure of our existence）有著本質性的關係。歷史事件的發生涉及參與其中的行動者（agent）。自海德格開始，我們明白到這一行動者的存在論結構有時間性的面向，亦即這一行動者是一個時間性存在。傅柯從來沒有說明，為什麼他時而用「當前的歷史」、時而用「對我們自身的批判的存在論」的表述方式來指稱他揭櫫的批判態度。反而是柏托什卡 1969 年發表的一次題為〈當代生活的精神基礎〉的演講，[39] 提供了線索讓我們能夠理解，為何傅柯以上述兩種方式指稱他的批判工作。柏托什卡這一演講較傅柯的〈何謂啟蒙？〉一文早 15 年發表。

柏托什卡從海德格《存在與時間》中關於此在（Dasein）的實存論分析（existential analytic）出發，為以作為當前的歷史之方式進行的批判工作之可能性提供存在論說明：我們作為人之存在的存在論結構──海德格稱為「我們中的此在」（the Dasein in us）──是傅柯意義下的批判態度作為當前的歷史之可能的基礎。柏托什卡如是說：

> 顯然，人之存在並不止於純然地在世界那裡，她／他對所有並不如人那樣具有優位的存在而言有一個任務和一種義務：被存在及被存在者之整體所吸引，被這一本源的旨趣所吸引，成為了一切光照的來源。人之存在被送到世界

39　J. Patočka, "Les fondements spirituels de la vie contemporaine", in *Liberté et sacrifice. Ecrits politiques*, pp. 215-241.

去，以她／他的每一個動作和行為整體去見證真理，去幫
助任何好像她／他那樣的人回到自身，去讓人成為她／他
們自己，在光照和真理中，把她／他們自身獻身於事物和
存在，作為使這些事物和存在可以自身開展的基礎，而不
是依於她／他們的任意的利益而粗暴地剝削它們。[40]

透過對我們當前的歷史處境的批判性理解，一個未來的可能
性為我們打開。在歐洲人經歷了兩次世界大戰而精神上受到戰爭的
恐怖縈繞和支配之後，柏托什卡指出重新獲取希望的可能性。他在
「希望」一詞上加重語氣地說：

倘若我們從行動、知識和藝術領域聆聽我們時代的處境，
那麼可以確定的是，我們為了把我們的注意力移離這一恐
怖，讓我們被那些向我們呼召的偉大任務穿透我們和支持
我們而作出的努力，有一種正面意義，儘管我們不應忽略
它們的限制。我們看到希望哲學和希望神學的建構。希望
不僅僅是對恐怖和對我們時代暴露於其下的危險之害怕的
解除……，希望是一個未來為我們打開的可能性本身。一
般來說，對未來的發現，是我們的當前最重要及最具特色
的特徵。[41]

柏托什卡也像傅柯那樣，視康德為第一個哲學家明白到對當

40　J. Patočka, "Les fondements spirituels de la vie contemporaine", in *Liberté et sacrifice. Ecrits politiques*, pp. 234-235.

41　J. Patočka, "Les fondements spirituels de la vie contemporaine", in *Liberté et sacrifice. Ecrits politiques*, p. 235.

前時代和對時間的反思，為我們提供了打開未來的可能性。然而，時間只是當前之歷史的未來性格的形式條件，儘管這形式條件也是其存在論條件。我們可以從哪裡找到某些歷史實體（historical substances），能夠給我們帶來走出當前時代之限制的希望？柏托什卡觀察到，當前時代是兩次世界大戰後歐洲對世界之支配終結的年代。它帶有兩項特徵：黑格爾哲學理解下的主權國家之解體（這一主權國家概念奠基於現代主體性哲學），以及全球性科技的急速擴展。

　　在觀察到歐洲對世界的支配之終結，以及對全球性科技急速擴展的可能性和危機的診斷──這一診斷率先由海德格提出──之後，柏托什卡進一步道出他的希望，作為克服歐洲中心論的途徑：希望由「不同歷史實體的多元主義」（the pluralism of historical substances）來為世界歷史的形式結構填上實質內容，「這一現象將會被揭示為較我們今日的理解更深刻和更具革命性。」42 當柏托什卡提出「不同歷史實體的多元主義」這一說法作為世界歷史未來走向的實質內容，他比傅柯的「當前之歷史」這一僅僅是形式概念的說法走得更遠。與此同時，柏托什卡對世界歷史及其未來可能性的反思，把他帶到歷史的意義這個極為困難的課題。

4.5　後歐洲人〔文〕與歷史的意義之難題（aporia）

　　柏托什卡提出以「不同歷史實體的多元主義」作為世界歷史未

42　J. Patočka, "Les fondements spirituels de la vie contemporaine", in *Liberté et sacrifice. Ecrits politiques*, pp. 223-224.

來走向的實質內容，可說表達了他的希望哲學。然而，這門希望哲學表面上的樂觀主義會否減弱其批判性潛能？他完全明白這一點。因為他投寄於「不同歷史實體的多元主義」的希望之可能，要依賴以下重要問題：我們是否仍然能對從此被視為多元並且是異質的人類之歷史，給予一個可被理解的統一意義？倘若世界歷史概念的誕生源自 18 世紀歐洲的啟蒙運動，而伴隨世界歷史概念而被提出的歷史意義（the meaning of history）的問題，過去是以一種歐洲中心論（因為以基督教神學或教義為主軸）的方式去回答，當歷史的意義已經永久失去——自尼采和韋伯（Max Weber, 1864-1920）開始的歐洲思想家自身已宣告了歷史意義問題的終結——我們還可以再談歷史意義的問題嗎？「歷史意義」一詞，還有意義充實（meaning-fulfillment）的可能性嗎？

　　這一難題把柏托什卡推往對人類歷史進行艱巨和痛苦的批判性反省，其成果就是《異端的歷史哲學論文集》。柏托什卡沒有低估這一工作的難度：

> 對意義失落的經驗引出以下問題：一切意義不就是人本中心論和與生命相關的嗎？倘若如此，我們就會面對著虛無主義……這樣一種意義性的震盪，只能引致生命的停滯，除非我們能找到走出意義否定之路。[43]

　　面對虛無主義非常真實的威脅，柏托什卡把他的批判性反思推到極之徹底的境地。他問：在完全無意義（meaningless）和無根

43　J. Patočka, *Essais hérétiques sur la philosophie de l'histoire*, p. 87; *Heretical Essays in the Philosophy of History*, p. 76.

（rootless）的極端當前處境之下，我們還可以履行我們對真理和意義的責任嗎？他說：

> 有足夠歷史維度的否定中的肯定（*metanoesis*）之可能
> 性，基本上取決於以下情況：能夠理解歷史是甚麼一回
> 事、以及歷史現在走到甚麼地步的那一部分人類，他們同
> 時在技術性科學達到顛峰之際明白到當前人類的整個取
> 態，被驅使去接受無意義性之責任，亦能在無根之處境下
> 接受紀律和自身否定，只有在這一情況下一種意義性——
> 它是絕對的、並且可以被人類洞悉，因為它是疑難——才
> 可以被實現？[44]

柏托什卡提出一個極為徹底的問題：當人類在兩次大戰之後要對其過去的歷史之無意義負起責任之際，人類還能對未來的歷史賦予任何意義嗎？柏托什卡沒有就歷史意義這問題從形式上直接回答。倘若柏托什卡仍要忠實地繼續當一個他一直以來都擔當著的現象學哲學家，他一定不能夠以獨斷態度為此提供答案。但我們不能沒有意義地活著。因此柏托什卡把問題重新陳構，把歷史之意義的問題關聯到工業文明的沒落來發問：「工業文明（整體及其作為科學和技術革命之特性）是否墮落？」[45] 初步看來，這問題應不難回答。柏托什卡一向清晰的頭腦應會促使他作肯定的回答，因為我們不難觀察到，工業文明「並沒有解決人類最主要和重大的問題，就

44　J. Patočka, *Essais hérétiques sur la philosophie de l'histoire*, p. 86; *Heretical Essays in the Philosophy of History*, pp. 75-76.

45　J. Patočka, *Essais hérétiques sur la philosophie de l'histoire*, p. 125; *Heretical Essays in the Philosophy of History*, p. 117.

是不單活著，還真正人性地活著，一如歷史曾給我們顯示我們是可以的，但工業文明實質上令情況更壞。」[46]

在工業文明高度發展的時代，人類的非人化席捲地球每一個角落，成為人類全球性的憂傷和苦惱。然而，柏托什卡不想放棄希望；他仍然想給予希望最後機會：

> 另一方面，這一文明比之前任何人類組織方式<u>更有可能</u>帶來沒有暴力的生活和機會的平等。不是說這個目標已經在某些地區達到了，而是說人類過去從來未找到過如工業文明提供的手段，去與外在貧困、匱乏和需要搏鬥。[47]

柏托什卡最終的轉念讓他可以陳構一個答案，但這答案不是回答工業文明是否在衰落這一個具體問題，而是有關歷史之意義這一更形式的、更形上學的問題：

> 歷史不外是對先前給予的意義之確定性的動搖。它沒有其他意義或目的。[48]

換句話說，我們只可以說：歷史總是留給我們驚訝。而這只是一個令人開心一點的懷疑主義版本。事實上，在《異端的歷史哲學論文集》的最後一章，柏托什卡盡最後努力去重新探討歷史意義

46　J. Patočka, *Essais hérétiques sur la philosophie de l'histoire*, pp. 125-126; *Heretical Essays in the Philosophy of History*, p. 117.

47　J. Patočka, *Essais hérétiques sur la philosophie de l'histoire*, p. 126; *Heretical Essays in the Philosophy of History*, p. 118.

48　J. Patočka, *Essais hérétiques sur la philosophie de l'histoire*, p. 126; *Heretical Essays in the Philosophy of History*, p. 118.

之問題。他總結了從戰場前線歸來的戰士們的經驗，創造了「受震盪者之間的團結」（"solidarity of the shaken"）這一表述方式，去傳遞對世界和對歷史的意義的質疑：從戰場歸來者，一無所有；唯一擁有的，就是受到戰爭的震盪。戰場上九死一生的經驗，就是「意義的失落」（"loss of meaning"）和「世界的失落」（"loss of the world"）的經驗。意義的失落揭示的，就是歷史的無根性和世界的無根性。然而，這種對意義的極端懷疑，是歷史意義的完全終結，還是新時代中肯定歷史之意義的可能起點？柏托什卡問道：

> 是否有某些事物在此給我們打開，使得西方人的歷史之意
> 義不會被否定、並在今天成為歷史之意義本身？[49]

柏托什卡不作武斷回答的審慎態度，讓他維持一種現象學賦予他的清晰性（lucidity）：只作描述，不作解釋。當然，這種現象學的清晰性得力於胡塞爾與海德格兩位現象學先驅對歐洲現代文明的危機之診斷。柏托什卡特別採用了海德格的真理作為揭示（truth as unconcealment）之概念（其反面就是遮蔽），並把它運用到危機的理解之上：危機是人類雖置身於一個歷史時代中，但這一歷史時代的意義卻被遮蔽，而人類並不察覺。[50] 柏托什卡對歷史的理解，與胡塞爾和海德格有一定差異：柏托什卡的歷史充滿社會、政治和文化層面的具體面貌和多樣性。柏托什卡不會像晚期海德格那樣，把人類歷史化約成存在的歷史（history of Being）。他不會脫離歷史現

49　J. Patočka, *Essais hérétiques sur la philosophie de l'histoire*, p. 146; *Heretical Essays in the Philosophy of History*, p. 137.

50　J. Patočka, "La surcivilization et son conflit", in *Liberté et sacrifice. Ecrits politiques*, pp. 160-162.

實去談論歷史的應然發展。

4.6　自然世界的現象學及其允諾

　　倘若柏托什卡審慎的現象學態度禁止他對後歐洲人〔文〕的可能性問題提出武斷的答案，他那非歐洲中心論的歷史哲學投射出來的允諾，會否只是一個空的、無法實現的允諾？柏托什卡的深入反思雖然讓他不敢投寄希望予歷史的意義，但這希望卻可投寄於他另一方面的工作：這就是他早於 1936 年在《自然世界作為哲學問題》已經從事的自然世界現象學的研究。柏托什卡關於自然世界現象學之建構的元素，可以為誕生於歐洲土壤上的現象學與歐洲以外的其他文化溝通，從而離開歐洲中心論的封鎖。本文當然未能詳盡地說明柏托什卡的自然世界現象學；我們只能握要地介紹柏托什卡在這課題上的一些要點。[51]

4.6.1　運動作為呈現的基礎

　　柏托什卡的自然世界現象學與梅洛龐蒂的本源自然（the primordial Nature）學說，在概念上有交匯之處，但柏托什卡的自

---

[51] 以下的段落參考了 Etienne Tassin, "La question du sol: monde naturel et communauté politique", in *Jan Patočka: philosophie, phénoménologie et politique*, eds. Etienne Tassin and Marc Richir (Grenoble: Jérôme Millon, 1992), pp. 167-187, 該文內容非常豐富。關於柏托什卡運動現象學的詳盡研究，參 Renaud Barbaras, *Le mouvement de l'existence. Études sur la phénoménologie de Jan Patočka* (Paris: Les Éditions de la Transparence, 2007); Renaud Barbaras, *L'ouverture du monde: lecture de Jan Patočka* (Paris: Les Éditions de la Transparence, 2011).

然世界現象學接上了亞里士多德的哲學，並藉此為亞里士多德的哲學提供理論基礎。西方哲學史一直以來奉亞里士多德的《形上學》為其思想核心，特別是以聖多瑪斯（Saint Thomas Aquinas, 1225-1274）為首的士林哲學學派是如此解讀。柏托什卡則獨排眾議，認為應把亞里士多德哲學的核心和基礎，從其形上學學說回歸到其《物理篇》，原因在於亞里士多德把形上學規定為研究存在者之為存在者的學問（the science of being qua being），而在亞里士多德的形上學體系中，一個存在者之為存在者的本質特徵，就是在運動中呈現自身。不過，亞里士多德恰恰就是在《物理篇》中陳構其運動學說和運動中的存在者（mobile being）的理論。柏托什卡就認為，運動不僅僅是自然世界的現象學其中一個基本元素，運動更是現象性的原則（principle of phenomenality），因為運動是一切呈現的基礎：

> 劃界（delimitation）與揭示（disclosure）可以收攝於呈現（manifestation）這一整體概念中。運動是任何呈現的基礎。對亞里士多德而言，呈現不是某些本質上自身隱蔽的事物的呈現；反之，存在完全進入現象，因為「存在」不外是對一個基本托體（substrate）作出規定，對基本托體的規定是運動；而一如上面所說，運動則恰好在於呈現。因此運動是為存在者的同一性及其顯示的奠基者。[52]

---

[52] J. Patočka, "La conception aristotélicienne du mouvement: signification philosophique et recherches historiques", *Le monde naturel et le mouvement de l'existence humaine*, pp. 132-133. 進一步的深入處理見柏托什卡現已翻譯成法文的成書之作：Jan Patočka, *Aristote, ses devanciers, ses successeurs* (Paris: J. Vrin, 2011).

運動是一切呈現的基礎，也就是說，運動是元現象（proto-phenomenon）。

4.6.2　大地作為運動的終極參照項

對運動作為現象性原則的認識，一方面帶來了對生命及人之實存作為運動的顯題化處理（thematization），另一方面把作為運動之最終參照項的大地顯題化。因為倘若本源意義的運動，即從內部被經歷的運動，就是我們開展的各種活動實行過程裡的變化之流，這樣的一變化之流的參照項就是大地，它是一恆久和不變的基本托體。「大地之不動屬於世界的本源導向。」[53]「大地是一切有巨大質量的、身體性的和物質性的東西之原型；它是普遍的身體，從某意義下說，所有事物只是它的部分。」[54] 在這裡，柏托什卡顯然受到胡塞爾晚期一份手稿的啟發。在這份名〈自然之空間性的現象學起源之奠基性研究〉（"Grundlegende Untersuchungen zum Phänomenologischen Ursprung der Räumlichkeit der Natur"）的手稿中，胡塞爾宣稱「推翻哥白尼關於世界觀的慣常看法。大地──那本源的方舟──是不動的。」[55]

───────

53　J. Patočka, "Le monde naturel et la phénoménologie", *Le monde naturel et le mouvement de l'existence humaine*, p. 30; "The 'Natural' World and Phenomenology", in *Philosophy and Selected Writings*, ed. Erazim Kohák (Chicago and London: University of Chicago Press, 1989), p. 255.

54　J. Patočka, "Le monde naturel et la phénoménologie", *Le monde naturel et le mouvement de l'existence humaine*, p. 30; "The 'Natural' World and Phenomenology", in *Philosophy and Selected Writings*, p. 255.

55　Edmund Husserl, "Grundlegende Untersuchungen zum Phänomenologischen Ursprung der Räumlichkeit der Natur", in *Philosophical Essays in Memory of*

4.6.3　大地作為 *physis* 及本源自然

「透過把大地作為一切關係的載體和參照項的顯題化，我們亦因此而與大地作為純然的力和力量相遇。」[56] 大地作為力量和掌管生命與死亡的主人，就是提供營養的大地。[57] 在這意義下，大地是 *physis*、那本源的自然。這樣理解下的自然是 *genesis-phthora*、創生與腐朽的原理。[58] 大地作為本源自然，就是始動的自然。

Edmund Husserl, ed. Marvin Farber (Cambridge, MA: Harvard University Press, 1940), p. 307; "Foundational Investigations of the Phenomenological Origin of the Spatiality of Nature", Eng. trans. Fred Kersten, in *Husserl: Shorter Works*, eds. Peter McCormick and Frederick A. Elliston (Notre Dame, IN: University of Notre Dame Press and Brighton: The Harvester Press, 1981), p. 231, n. 1. 在該文一個扼要的段落中，胡塞爾解釋道：「作為統一的地基（Erdboden）意義下的『大地』，不可能是靜止的，也不可能是像『一個』物體般被經驗。一個被經驗的物體不單有廣延及其物的性質，也有其在空間中的『位置』，並且可以轉換其位置，可以在靜止中或在運動中。只要沒有一個新的地基呈現，從這地基處大地與之互相聯繫及進行反回自身的運動，以作為自足的一個物體的方式運動或靜止，從而獲得其意義。只要沒有地基的互換，以至這兩個地基都變成物體，只要如此，大地就是地基，而不是物體……大地並不移動……大地是一個整體，它的部分……是物體；但作為『整體』，它不是物體。」"Grundlegende Untersuchungen zum Phänomenologischen Ursprung der Räumlichkeit der Natur", p. 313; "Foundational Investigations of the Phenomenological Origin of the Spatiality of Nature", p. 225.

56　J. Patočka, "Le monde naturel et la phénoménologie", in *Le monde naturel et le mouvement de l'existence humaine*, p. 30; "The 'Natural' World and Phenomenology", in *Philosophy and Selected Writings*, p. 255.

57　J. Patočka, "Le monde naturel et la phénoménologie", in *Le monde naturel et le mouvement de l'existence humaine*, p. 31; "The 'Natural' World and Phenomenology", in *Philosophy and Selected Writings*, p. 256.

58　J. Patočka, "Méditation sur *Le Monde naturel comme problème philosophique*", in *Le monde naturel et le mouvement de l'existence humaine*, p. 103.

4.6.4 實踐在自然世界中的首要性

在自然世界中，實踐較理論首要。「容許率先進入自然世界的不是冥想式反思，而是作為實踐的不可或缺的部分的反思、作為行動和內在行為的組成部分。」[59]

4.6.5 人之實存作為本源的「無」

人之實存作為人生的運動之湧現，構成一個「地震」。它從來沒有動機，也沒有基礎。它顯示了人之實存的深淵般的性質，以及它的本源的「無」。

> 大地本身被動搖。倘若我們有理由把人之存在視為大地的居民，大地受到人之存在的震盪。這裡人之存在發現她 / 他的實存，不是作為被接受和有根的，而是在她 / 他的完全赤裸中──而她 / 他同時發現，大地與天空有一<u>超越</u>。這也意味著，大地與天空中沒有任何東西可以給人的實存予支援、一種終極的植根、一個終極目的、一個一了百了的「為什麼」。[60]

柏托什卡把人之實存放在其自然現象學中理解，並視之為本源的「無」，相信是受了後期海德格的影響；而他把人之實存扣緊大

---

59 J. Patočka, "Méditation sur *Le Monde naturel comme problème philosophique*", in *Le monde naturel et le mouvement de l'existence humaine*, p. 101.

60 J. Patočka, "Notes sur la préhistoire de la science du mouvement: le monde, la terre, le ciel et le mouvement de la vie humaine", in *Le monde naturel et le mouvement de l'existence humaine*, p. 10.

地去進一步發揮，則既有後期海德格、也有後期胡塞爾的影子。

×××

　　柏托什卡自然世界的現象學的主題包括：大地作為本源序列的始動的自然、對人之實存的本源的「無」及深淵性格、實踐之首要等等，這些都是西方形上學存在論・神論（onto-theology）傳統中陌生的主題。但放在東方哲學傳統中，它們一點都不陌生，特別是對中國道家哲學而言，這些都是核心課題。對老子的《道德經》的現象學閱讀顯示，「道」應被理解成本源序列的始動的自然：「道」是萬物之本源，它為萬物提供形式與實質內涵，但「道」自身不是直觀經驗的直接對象。由於「道」超出現象事物、即對象性之存在或「有」的序列，它屬於「無」的序列。這一理解線索可以從老子的文本獲得證明。《道德經》如是說：

道可道，非常道。（第 1 章）

道之為物，惟恍惟惚。惚兮恍兮，其中有象；恍兮惚兮，其中有物。窈兮冥兮，其中有精；其精甚真，其中有信。（第 21 章）

有物混成，先天地生；寂兮寥兮，獨立而不改，周行而不殆，可以為天地母。吾不知其名，故強字之曰道。（第 25 章）

無，名天地之始；有，名萬物之母。（第 1 章）

天下萬物生於有，有生於無。（第 40 章）

由於「道」之開展原則既對物理序列的運動、也對人際序列的運動起著規約和調節的作用,「道」的開展就是現象性的原則,因為「道」之開展使萬事萬物得以呈現。另一方面,對老子而言,人雖然與各種純然對象性之物不同,但人仍是自世界(「天地」)中誕生和湧現,並以天地為師(「人法地,地法天,天法道,道法自然。」第 25 章),因此老子的道家哲學是一門非人本論中心(non-anthropocentric)和非主體主義(non-subjectivist)的哲學。它甚至包含了一門非神學中心論之宇宙論(non-theocentric cosmology)的元素。

儘管我們不能在此詳細說明老子「道」之概念與及其相關課題(參本書第 2 章〈現象學可以還中國哲學一個公道嗎?──試讀老子〉),我們希望指出,柏托什卡的自然世界現象學以及人之實存運動作為一門非主體主義哲學,與老子的道家哲學產生極大的共鳴作用。柏托什卡現象學的非歐洲中心論性格,為現象學與中國哲學──特別是老子的道家哲學──的相遇鋪路。

4.7　結論

我們知道,老子對「無」的思考曾被黑格爾嘲笑。在這位 19 世紀普魯士哲學之王心目中,老子所討論的「道」是虛空和缺乏任何智性內容的,因此中國道家哲學被黑格爾置於其哲學史梯階中的最低位。柏托什卡對大地作為本源自然的顯題性處理、對運動作為現象性原則的思考、對人之實存作為運動之無根性或非奠基性性格的認定──這都是其非主體主義現象學(a-subjective phenomenology）的元素。61 這些元素卻在老子的道家哲學中得到重視，因此老子的哲學有機會被這位另類歐洲的現象學家所理解和重新評價。柏托什卡的現象學考察和理解行為避免了黑格爾和胡塞爾的歐洲中心論色彩。

柏托什卡的行為是現象學地清晰、道德上勇敢，以及政治上充滿英雄主義的。同樣，柏托什卡檔案館的奠基者們在充滿冒險的處境下，成功挽救了一位有著最高貴的歐洲心靈的哲學遺產，使它從此可以被「後歐洲人的多元性」去分享。62

---

61 根據加拿大現象學學者 James R. Mensch，柏托什卡的非主體主義現象學有極為重要的實踐意涵，就是可以發展出一種新的人權概念。參 James R. Mensch, *Patočka's Asubjective Phenomenology. Toward a New Concept of Human Rights* (Würzburg: Verlag Köningshausen & Neumann, 2016), p. 165.

62 本文獻給所有曾經參與挽救柏托什卡檔案館這巨大工作的各方人士，首先是 Professor Ivan Chvatik 。

第 5 章
超越歐洲的歐洲理念：柏托什卡的靈魂關顧學說與孟子的哲學人學

　　本章介紹捷克現象學哲學家柏托什卡（Jan Patočka, 1907-1977）以「靈魂關顧說」（doctrine of the care of the soul）為基礎提出的哲學人學（philosophical anthropology）框架，並指出它能為孟子的四端說提供一種非人性論式、即非實體性形上學式的解讀，並同時能揭示出，孟子的四端說的深層意涵，實質上包含了一門先秦中國的哲學人學的基本元素。換句話說，柏托什卡的靈魂關顧說有一種跨文化或文化交互理解的意涵：它讓我們（重新）發現孟子四端說作為哲學人學框架的普遍性意義，間接印證了梅洛龐蒂（Maurice Merleau-Ponty, 1908-1961）所揭示的側面的或橫面的普遍項（lateral universal）之說。

5.1　引言：從「人性論」進路理解儒家道德哲學的理論疑難

　　儒家作為中國哲學傳統中的首要主流學派，就著道德意識與道德行為的來源這一重大哲學課題，早於先秦時期已在儒門內部出現了極大爭議，這就是知名的孟子「性善論」與荀子「性惡論」之爭。人之本性是善抑或惡的爭議，至今仍未平息。

　　當代儒家學者，不論是支持孟子的「性善論」，抑或贊同荀子的「性惡論」，大都以一種「人性論」（theory of human nature）的理論模式來為「性善論」或「性惡論」辯解。然而，以人性論作為儒家道德理論的基礎本身，不論是主張「性善論」或「性惡論」，都隱含著一種基本的理論困難。在西方哲學史上，「人性論」溯源於亞里士多德（Aristotle, 384-322 BC）的形上學體系學說，它同時具備了實體論形上學（metaphysics of substance）和本質論形上學（essentialist metaphysics）的特質。亞里士多德把實體理解為變中不變的托體（hypokeimenon），可以用之以辨認在變化多端的世界中一個事物之為該同一事物。故此作為托體的實體，就是顯現該事物的本質特徵之處。

透過實體論形上學和本質論形上學來理解自然事物之變化，支配了歐洲自希臘晚期至古典時期的科學和哲學思想。但至 18 世紀後半期，康德的批判哲學把實體這一範疇以功能（function）範疇取代。也就是說，自康德的批判哲學始，已不能再以形上學實體論來理解自然現象的變中之不變。那麼，為什麼我們仍然可以運用形上學實體論和本質論形上學式的「人性論」來理解作為人際現象（phenomenon of the human beings）的道德現象？道德不是個別的人的行為，而是必然捲入與他人之關係的行為，因此是人際行為現象的重要特徵之一。道德行為恰恰就是離開了自然狀態的人際行為，而不是一種受自然規律支配的行為。相反，道德行為往往是不依自然規律、甚至與自然規律對反的行為。因此，人的道德意識之誕生，以及人從事道德行為的動機，恰好是改變了、甚至扭轉了的人原本作為自然存在的性質而出現的人際現象；以認定人性中的「變中之不變」或「本質性徵」這意義下的人性論來說明道德現象，不論是性善論抑或性惡論，都無法有效說明道德意識的誕生，也無法從事道德判斷所涉及的各種複雜因素。特別是道德生活之出現，帶來了人之實存（human existence）的重大改變；以人「天性」中的不變項來試圖說明人之實存中出現的巨大的質的變化（例如從苟且偷生到走上捨生取義之路），根本完全不能對應道德行為或道德現象所涉及的各種超越自然領域的問題。此外，道德標準隨時代變遷和文化境況的改變而轉變，更是強調人性中的變中之不變所無法說明的。

因此，我們需要在傳統哲學的人性論以外，找尋另一種哲學理論模式來說明人的道德意識和道德行為之可能所在。本文即嘗試運用另一些哲學理論資源，來為孟子儒學核心的四端說，提供一種新的、哲學上有效的理解模式。筆者發現，捷克現象學哲學家柏托什卡以「靈魂關顧說」（doctrine of the care of the soul）為基礎提出的哲學人學（philosophical anthropology）框架，能為孟子的四端說提供一種非人性論式、即非實體性形上學式的解讀，並同時能揭示出，孟子的四端說的深層意涵，實質上包含了一門先秦中國的哲學人學的基本元素。換句話說，柏托什卡的靈魂關顧說有一種跨文化或文化交互理解的意涵：它讓我們（重新）發現孟子四端說作為哲學人學框架的普遍性意義，間接印證了梅洛龐蒂（Maurice Merleau-Ponty, 1908-1961）所揭櫫的側面的或橫面的普遍項（lateral universal）之說。[1]

柏托什卡的靈魂關顧說是他在思考哲學上「何謂歐洲」這一課

---

[1] Maurice Merleau-Ponty, "De Mauss à Claude Lévi-Strauss", in *Signes* (Paris: Gallimard, 1960), p. 150; "From Mauss to Claude Levi-Strauss", in *Signs*, Eng. trans. R. C. McCleary (Evanston, IL: Northwestern University Press, 1964), p. 120.

題之際發現的,因此,我們需要從柏托什卡就「何謂歐洲」的思考
說起。我們將發現,柏托什卡的歐洲概念有意打破黑格爾式、以及
胡塞爾式的歐洲中心論,透過陳構出一種有高度普遍性意涵的哲學
人學框架,指向一種超越於歐洲文化內部的歐洲概念。

5.2　柏托什卡思考「何謂歐洲」的背境

　　首先,柏托什卡的歐洲概念是一種哲學性概念,而非僅僅是
地域性或地緣政治式的概念,更不是一種種族意義下的歐洲概念,
因為它是建基於哲學地反思「後歐洲人〔文〕的諸問題」(“the
problems of a post-European humanity”)[2] 而產生的。柏托什卡是以
另一個歐洲或異端的歐洲──中歐的歐洲,而不是科技、軍事、經
濟、政治力量強大的歐洲──的歐洲人身分,和異端現象學家──
母語不是德語、法語、佛蘭芒語的現象學哲學家──的態度,並且
是在歐洲支配世界的意欲已經「可能永久地埋葬」的境況下反思歐
洲。[3] 驟眼看來,這是很弔詭的做法,而且好像注定失敗,因為他
以前瞻的目光思考這問題──著眼於「後歐洲人〔文〕的時代」,
卻以回顧歐洲歷史的方法,試圖重新陳構何謂歐洲人的基本元素。
但柏托什卡卻不以為然,因為他認為當一種表面樸素地被接受的意

2　Jan Patočka, “Réflexion sur l'Europe,” in *Liberté et sacrifice. Ecrits politiques*,
　ed. and French trans. Erika Abrams (Grenoble: Millon, 1990), p. 181; “Die
　Selbstbesinnung Europas,” *Perspektiven der Philosophie*, Vol. 20, 1994, p. 241.
3　Jan Patočka, *Platon et l'Europe*, French trans. E. Abrams, eds. E. Abrams and J.
　Němec (Lagrasse: Verdier, 1983), p. 99; *Plato and Europe*, Eng. trans. P. Lom
　(Stanford, CA: Stanford University Press, 2002), p. 89.

義失落之際——他稱為「成為問題」（"problematicity"）——人們受到猛烈衝擊，因此以找尋一種更深層、更隱蔽的、而不是表面上看得見的意義來回應。[4] 也就是說，當歐洲作為曾經在宗教－意識形態以及技術和工具理性層面顯著地支配著全世界之巨大力量退卻之際，歐洲的「真正的」和深層的意義問題才能夠被提出。

　　從哲學史的視角來說，柏托什卡的歐洲概念也是哲學的。他緊隨胡塞爾（Edmund Husserl, 1859-1938）在晚期著作《歐洲科學的危機與超越論的現象學》（*Die Krisis der europäischen Wissenschaften und die transzendentale Phänomenologie*）（以下簡稱《危機》）中所提出的方向，即從歐洲人陷於精神危機而失落歐洲之意義這一處境下去重新思考、重新喚起（reactivate）歐洲的深層意義。但柏托什卡不再走胡塞爾歐洲中心論的老路。在 1973 年的私人系列講座《柏拉圖與歐洲》（*Plato and Europe*）中，柏托什卡從事一種比胡塞爾更徹底的回頭發問：他不單回到被視為為歐洲理性主義文化——這是歐洲的文化身分——奠基的希臘哲學，更回到令希臘哲學得以誕生的處境：其前反思的神話氛圍（pre-reflective mythical environment）。[5] 柏托什卡仍然跟隨胡塞爾視哲學為顯示人類對自身負責的活動，但他不再像胡塞爾那樣，把哲學理解為一門普遍的理性科學，而是把哲學理解成「靈魂關顧」（care of the soul）之活動。柏托什卡回到希臘神話的框架以說明哲學作為對靈魂關顧之根

4　Jan Patočka, *Essais hérétiques sur la philosophie de l'histoire*, French trans. Erika Abrams (Lagrasse: Éditions Verdier, 1981), pp. 87-88; *Heretical Essays in the Philosophy of History*, Eng. trans. E. Kohák, ed. James Dodd (Chicago and La Salle: Open Court, 1996), pp. 76-77.

5　J. Patočka, *Platon et l'Europe*, p. 51; *Plato and Europe*, p. 42.

源，陳構出希臘神話裡包含著的一個哲學人學框架，這框架把人之存在理解成能夠追求真理和實踐公義的存在。對我們來說，這一哲學人學框架有雙重優點：縱的一面說，它可為世界作為現象場的存在論提供基礎。橫的一面說，它能通往中國先秦儒家孟子「四端說」（仁、義、禮、智）所顯現的關於人之存在的基本現象。孟子所說的人之四端，正是古代中國背景下的求公義與求真理的表現形態。這樣，柏托什卡所發掘出的歐洲概念不再是歐洲中心論的，它提出了一種關於人之基本存在結構的理解，這一理解不單可適用於從古希臘下來的歐洲，也可適用於先秦下來的古代中國，成就出一度溝通古希臘與古代中國的知性橋樑。

5.3 柏托什卡對胡塞爾歐洲文明危機斷症之批判性閱讀

晚期胡塞爾的大著《危機》，是在他 1935 年 5 月的維也納演講和同年 11 月的布拉格演講的基礎上發展出來的。而胡塞爾在布拉格的演講就是由當時年輕的柏托什卡組織和安排的。因此，柏托什卡很可能是最早注意到胡塞爾對歐洲人或歐洲文明危機斷症和分析的學者。在早於 1936 年發表的〈馬沙里克和胡塞爾關於歐洲人的精神危機之概念〉一文中，柏托什卡已總結出胡塞爾就這危機問題的看法：

> 胡塞爾相信他已指出了〔歐洲〕精神危機的來源……對胡塞爾而言，科學的理念、理論的理念就是歐洲人的目的論理念，在這一理念的名義下，歐洲人過了二千年的文化生活和政治生活，這一理念了確保了歐洲人的實存之內容和

意義⋯⋯扼要地說，胡塞爾視危機的解救之道，在於歐洲
從徹底的理論精神中重生。這一重生之可能，完全在於歷
史的航程被諸目的論理念駕馭，這些理念為事件的流佈提
供終極結構。而正因歐洲人被呼召去擔負起認知的理念、
去除各種偏見的<u>理論</u>之理念作為一個無所不包的目的論理
念；正因如此，歐洲人不單成為地球和世界的主人，也被
呼召去構建和詮釋她的一切理念。歐洲精神是一切理念的
偉大的合理解釋者。在作為一個自主與無偏見的理論這個
歐洲理念之下，一切都得到一種新的光照，它給一切生活
序列帶來清晰性與一致性。[6]

在這文章中，柏托什卡雖然未有就胡塞爾關於歐洲人〔文〕的
目的論理念（the teleological Idea of European humanity）及相關的
科學理性觀作出分析和說明，但在文章的結論卻指出：

我們不能依賴歐洲文化的目的論理念。[7]

6　Jan Patočka, "Masaryk's and Husserl's Conception of the Spiritual Crisis of
European Humanity," in *Philosophy and Selected Writings*, ed. and Eng. trans. E.
Kohák (Chicago and London: University of Chicago Press, 1989), p. 148. 亦參法譯
本："La conception de la crise spirituelle de l'humanité européenne chez Masaryk
et chez Husserl," in Jan Patočka, *La crise du sens*, T. 1: *Comte, Masaryk, Husserl*,
ed. and French trans. E. Abrams (Bruxelles: OUSIA, 1985), pp. 24-25. 馬沙里克
（Tomás Masaryk, 1850-1937）是捷克斯洛伐克共和國 1918 年立國之後首任
民選總統，曾與胡塞爾同時在維也納大學受業於被視為現象學研究的先驅、
Psychologie vom empirischen Standpunkt（《經驗論觀點下的心理學》，1874）一
書的作者布倫塔諾（Franz Brentano, 1838-1917）門下。

7　J. Patočka, "Masaryk's and Husserl's Conception of the Spiritual Crisis of European
Humanity," in *Philosophy and Selected Writings*, p. 155; "La conception de la crise

　　我們當然不能過早地斷定，年輕的柏托什卡已看出了胡塞爾關於歐洲人的理念是一種歐洲中心論。我們甚至懷疑，歐洲中心論這一說法在 1936 年是否已經出現。但可以肯定的是，這時的柏托什卡已公開表示，不同意胡塞爾以目的論進路來對歐洲文明作出哲學規定，以及據此而提出文明危機的解決方案。

　　超過三十年後，柏托什卡重新展開他對歐洲的哲學反思，並繼續就胡塞爾試圖重建歐洲的哲學理性觀作批判性的討論。胡塞爾認為克服歐洲文明危機的方法，在於實現哲學作為人類對自身負責的活動這一理念（the idea of philosophy as the self-responsibility of humanity）。一方面，柏托什卡認為胡塞爾在《危機》一書中以意向性的和歷史性的進路（intentional-historical approach）揭示歐洲科學的本源，這種現象學哲學操作方式，在哲學方法上和學說內容上都是新穎的：

> 因為這方法拒絕構建，而是回到經驗的本來源頭，以避免
> 因偏見而致經驗被錯誤理解、甚至使其本質被系統性地忽
> 略。8

　　另一方面，柏托什卡認為胡塞爾的哲學理念和以普遍的科學知識作為哲學理性，是一種典型的古老的歐洲見解。這一哲學性的知識概念，視認知主體的徹底自身理解這種睿智論知識觀

---

　　spirituelle de l'humanité européenne chez Masaryk et chez Husserl," in *La crise du sens*, T. 1, p. 37.

8　J. Patočka, "Réflexion sur l'Europe", in *Liberté et sacrifice. Ecrits politiques*, p. 188; "Die Selbstbesinnung Europas", *Perspektiven der Philosophie*, Vol. 20, 1994, p. 247.

（intellectualist conception of knowledge）為知識的最高典範。它是
認知主體從事對自身負責的認知活動的動機。對柏托什卡而言，
「胡塞爾的全部哲學努力就是奠基於知識之自身責任這一理念（the
idea of the self-responsibility of knowledge）。」[9]

　　但柏托什卡指出，胡塞爾這一睿智論哲學理念並非沒有前設：

> 它預設了思想家對自身負責這種與自身的關係。然而，對
> 自身負責的意欲是沒有意義的，倘若沒有預設不負責的可
> 能性：例如純粹技術性的科學觀就是不負責任的。[10]

　　這意味著，歐洲文明之所以發展成由純粹技術性科學觀支配
的文明，就是在睿智論知識觀的正面顯現（即自身負責）的同時，
也包含了其反面顯現，即對其正面肯定的價值之違離。也就是說，
任何指引性原則在操作之際，不單有正面的運用方式，也有反面的
運用方式。因此，理性原則雖是歐洲睿智論知識觀的最高指引性原
則，但在實際操作之際，這原則可以展現出違離理性、甚至反理性
的操作方式及其結果。歐洲文明的危機之出現，不僅僅是由於一直
負起指引歐洲文明發展的理性原則之失落而導致，也是這理性原則
自身的操作所帶出的結果。柏托什卡對這一歐洲文明發展出的理性
的操作方式，提出了比胡塞爾更複雜和精密的理解。

9　J. Patočka, "Réflexion sur l'Europe", in *Liberté et sacrifice. Ecrits politiques*, p. 188;
　　"Die Selbstbesinnung Europas", *Perspektiven der Philosophie*, Vol. 20, 1994, p.
　　248.

10　J. Patočka, "Réflexion sur l'Europe", in *Liberté et sacrifice. Ecrits politiques*, p. 188;
　　"Die Selbstbesinnung Europas", *Perspektiven der Philosophie*, Vol. 20, 1994, p.
　　248.

　　從一種睿智論哲學觀看，避免認知主體迷失於外在世界各種物之包圍中的唯一方法，就是重新回到認知主體自身的主體性。但由於主體性不是一物，把握物的知覺直觀不能運用於對主體性的認知。面對這一課題，胡塞爾的創新之處，就是發明了現象學還原（phenomenological reduction）的方法。柏托什卡極具耐心地重構了胡塞爾的兩條超越論現象學還原（transcendental phenomenological reduction）的道路，以確保可以回到主體性作為睿智論哲學觀的終極合法性來源（ultimate source of legitimacy）。這兩條道路分別是在《危機》一書中提出的著名的笛卡兒式道路（the Cartesian way），以及回到生活世界的存在論道路（the ontological way through the life-world）。

　　柏托什卡指出了笛卡兒式的現象學還原道路面對的三大困難：

　　（i）還原之後，主體作為絕對意識被視為與世界分離的「剩餘項」（residuum）。這一觀念論式進路難以挽回被排除了的整個交互主體性的世界，而後者應是所有作為超越論自我（transcendental ego）這種高級樣態的主體的棲居之所。

　　（ii）笛卡兒式還原把主體的身體也懸擱了；那麼，與世界分離了的超越論主體還有身體嗎？我們可以想像一個沒有身體的超越論主體嗎？但沒有身體、沒有五官和肌膚的超越論主體，如何從事知覺活動？

　　（iii）主體與世界分離的結果是，一切所謂事物——作為「外物」——的直觀內容之自身給予毫無保證；能夠被確定的只是所予事物的意義。[11]

─────

11　J. Patočka, "Réflexion sur l'Europe", in *Liberté et sacrifice. Ecrits politiques*, pp.

　　柏托什卡指出，相對於笛卡兒式的現象學還原道路之失去了世界，透過生活世界的現象學還原道路的最大優點，是懸擱了一切有關自然世界的形上學設定，卻保留了我們對世界的本源信仰（*Urglaube*, original belief）。因此這一還原道路能令我們與世界的本源關係顯現出來，真正達到還原的效應，讓「世界之呈現」（"die Welterscheinung", "the world-appearance"），及「世界作為呈現的框架」（"die Welt als Erscheinungsrahmen", "the world as framework of appearance"）得以作顯題式處理（thematization）。[12]

　　與笛卡兒式的還原道路剛好相反，透過生活世界的還原道路不是回到主體的純內在性領域，而是回到整個外在世界的領域，它是那包含無窮的事物、含藏無盡可能性的境域（horizon）。我們所謂「世界」，就是一切事物得以呈現的框架和一切經驗能夠進行的場所。世界本身是不被限定的；反之，它是一切呈現和經驗之可能的條件。世界就是「這一向來都熟悉、但本質上從未被認識的整體。」[13]

　　然而，柏托什卡不忘指出，胡塞爾的世界概念並非完全沒有歧義。「世界」一詞有兩義。

***

189-190; "Die Selbstbesinnung Europas", *Perspektiven der Philosophie*, Vol. 20, 1994, pp. 249-250. 柏托什卡對這三大困難的說明極之簡要，因此我們稍為作出了補充。

12　J. Patočka, "Réflexion sur l'Europe", in *Liberté et sacrifice. Ecrits politiques*, p. 190; "Die Selbstbesinnung Europas", *Perspektiven der Philosophie*, Vol. 20, 1994, p. 250.

13　J. Patočka, "Réflexion sur l'Europe", in *Liberté et sacrifice. Ecrits politiques*, p. 192; "Die Selbstbesinnung Europas", *Perspektiven der Philosophie*, Vol. 20, 1994, p. 252.

對胡塞爾而言，世界首先是一切可經驗事物之總和，是一切存在的「宇宙」（"universum"）。[14]

胡塞爾在《危機》中就說，對完全沉浸於日常自然生活中的人們來說，世界就是「現前事物的總和（"*Universum der Vorhandenheiten*"）」。[15]但作為一切存在之總和的世界，就永遠不能被本源地經驗到。胡塞爾當然意識到這點，故此他解釋說：

> 另一方面，世界並不以<u>一個</u>實項（entity）、一個對象的方式存在；世界存在的獨特方式，就是以眾數應用到它之上是無意義的。[16]

因此，胡塞爾說到世界時，總是稱之為「世界界域」（*Welthorizont*, world-horizon），[17]即從「界域」或「視域」意義下理解的世界。

14　J. Patočka, "Réflexion sur l'Europe", in *Liberté et sacrifice. Ecrits politiques*, p. 193; "Die Selbstbesinnung Europas", *Perspektiven der Philosophie*, Vol. 20, 1994, p. 253.

15　Edmund Husserl, *Die Krisis der europäischen Wissenschaften und die transzendentale Phänomenologie, Husserliana VI*, ed. Walter Biemel (The Hague: M. Nijhoff, 1954)（以下簡稱 "*Krisis*"）, § 40, p. 153; *The Crisis of European Sciences and Transcendental Phenomenology*, Eng. trans. David Carr (Evanston, IL: Northwestern University Press, 1970)（以下簡稱 "*Crisis*"）, p. 150; 胡塞爾：《歐洲科學的危機與超越論的現象學》，王炳文譯（北京：商務印書館，1981）（以下簡稱《危機》），頁 182；本書作者漢譯，漢譯本頁碼僅供參考，下同。

16　E. Husserl, *Krisis*, § 37, p. 146; *Crisis*, p. 143; 胡塞爾：《危機》，頁 173。

17　E. Husserl, *Krisis*, §36, p. 141, § 37, p. 146; *Crisis*, pp. 138, 143; 胡塞爾：《危機》，頁 167、171。漢譯本譯者把 "*Welthorizont*" 一詞依地理學上的用法譯作「世界地平線」，完全無法把握其現象學哲學的意涵。

然而，柏托什卡進一步指出，就是「世界界域」一詞，也都帶有歧義。

> 我們意識到世界純然就是每一個單一經驗的界域，意即每一個這樣的經驗指稱在整體存在的框架之內的一次事件（這個事件就隱含地預設了這框架）。[18]

也就是說，相應於每一個對我們呈現的殊別對象，我們都有一個殊別的意識行為（act of consciousness），以及與之相應的、殊別的視域或界域意識（consciousness of horizon）。然而，當我們指稱世界作為一切存在之整體時，與之相應的界域意識，就不再是殊別的界域意識，而是一切界域的界域（horizon of horizons）。具最高普遍性意義的世界，就是作為一切界域的界域那一意義下的世界。

是以，世界不單是殊別事物被知覺時那殊別的知覺意識的界域，世界還是一切殊別知覺意識之界域的界域，即世界是一切界域的界域。

> 那無所不包的界域、那諸界域的界域……就是被指稱為<u>世界自身</u>。它指的不外就是那永不能填滿的<u>整體</u>的意向。[19]

殊別經驗對象之呈現的界域可以被經驗，但世界作為一切界域

---

18 J. Patočka, "Réflexion sur l'Europe", in *Liberté et sacrifice. Ecrits politiques*, p. 193; "Die Selbstbesinnung Europas", *Perspektiven der Philosophie*, Vol. 20, 1994, p. 253.

19 J. Patočka, "Réflexion sur l'Europe", in *Liberté et sacrifice. Ecrits politiques*, p. 193; "Die Selbstbesinnung Europas", *Perspektiven der Philosophie*, Vol. 20, 1994, p. 253.

的界域，就不能被直接經驗。它只能以落在世界的意向（intention of the world）的方式被意識；但這樣的對世界作為一切界域的界域的意識沒有實指的意向性對象，它只是意識的空的意向性意指項，這一意向卻永不能透過直觀被充實（fulfilled）。

對柏托什卡而言，胡塞爾關於世界作為界域的思考既有優點，也有不足。胡塞爾的優點在於，視世界作為界域，特別是作為諸界域的界域，避免了康德式超越論哲學在思考世界時所面對的二律背反（antinomy），即康德無法給予世界的意義一個正面的規定性。

與此同時，在思考世界作為界域之際，卻難以對之作顯題式處理，因為世界作為諸界域的界域沒有實指的意向性對象，它不是意識的一種本源的所予項，因此不能依據胡塞爾現象學方法對它進行考察。世界固然有其首要性，但它從來不能以一個意向性對象的方式被表象，因而不能透過適用於意識主體的意向性對象的方法去理解。由於世界作為諸界域的界域永不能被給予，它便不能被恰當地作顯題式處理。對世界的顯題式處理，僅僅是一種宛如顯題式的處理（quasi-thematization）。

柏托什卡指出，這一意義下的世界沒有直觀地被給予的內容，因此胡塞爾也不能對它描述，而只能對它作出解釋（interpreted）。即使在胡塞爾手中，世界也「僅僅成為一種『界域的意向性』」（"horizontal intentionality"）。世界被主體化及平面化為一個呈現者的預期。」[20]

20　J. Patočka, "Réflexion sur l'Europe", in *Liberté et sacrifice. Ecrits politiques*, p. 195; "Die Selbstbesinnung Europas", *Perspektiven der Philosophie*, Vol. 20, 1994, p. 255.

　　當柏托什卡以批判的眼光指出胡塞爾沒有把世界作為諸界域的界域作真正的顯題式處理，這意味著他同時批判地認為在《危機》中對生活世界的顯題式處理也是失敗的。雖然胡塞爾在《危機》中試圖描述生活世界的一般形式結構，但每一個生活世界都是殊別的，它是一個殊別的共同體得以一起經歷一段殊別的歷史的基礎。[21] 因此生活世界總是眾數的，我們不能以單數來指稱生活世界（ *the* life-world ）。[22] 所以在胡塞爾那裡，生活世界仍未得到完全有效的說明。

21　恰恰是生活世界的歷史性格導致它的顯題式處理如此複製和困難。曾出任胡塞爾研究助理的奧地利現象學家蘭德格雷貝（ Ludwig Landgrebe, 1902-1991 ）曾發表兩篇深入探討此一課題的文章，見 L. Landgrebe, "The Problem of a Transcendental Science of the A Priori of the Life-world," in *The Phenomenology of Husserl: Six Essays*, ed. D. Welton (Ithaca: Cornell University Press, 1981), pp. 176-200; "The Life-world and the Historicity of Human Existence," in *Phenomenology and Marxism*, Eng. trans. J. Claude Evans, Jr., eds. B. Waldenfels, Jan M. Broekman and A. Pažanin (London: Routledge & Kegan Paul, 1984), pp. 167-204.

22　一如胡塞爾完全意識到作為世界界域意義下的世界是沒有被給予的，他也完全明白「生活世界的完全普遍存在」也不是經驗的給予項，因而也不能成為顯題式處理的對象。胡塞爾如是說：「現在下列弔詭問題出現：我們是否不能『轉往』生活世界、那一我們所有人都在生活中意識到的世界，作為我們所有人的世界，但卻無論如何不能把它列為普遍研究的主題；我們反而總是轉往我們日常短暫的個人或普遍的職志或旨趣？我們是否不能以一個改變了的態度去考察它？我們是否不能試圖認識它的流動性和相對性是怎麼辦的和如何進行的，使之成為一門普遍科學的課題，但卻不是在歷史中的哲學和諸科學所曾經追尋的普遍理論的目標？」E. Husserl, *Krisis*, Beilage XVII, p. 462; *Crisis*, Appendix VII, p. 383; 胡塞爾：《危機》，附錄 XVII，頁 559-560；本書作者漢譯，漢譯本頁碼僅供參考。進一步討論可參：Werner Marx, "The Life-world and its Particular Sub-worlds," in *Reason and World: Between Tradition and Another Beginning*, Eng. trans. T. Yates and R. Guess (The Hague: Martinus Nijhoff, 1971), pp. 62-76.

　　面對胡塞爾在把生活世界以致世界本身作顯題式處理的困難，柏托什卡把其反思工作推向關於生活世界的更深層的探索：回到在生活世界之下的底層世界或世界之底層，他稱之為「世界之謎」（*Weltgeheimnis*, world-mystery）：

> 從歷史的觀點看，只有眾數的生活世界；每一個生活世界都包含一個不能被把握的成分，我們對它沒有信念（doxa）；但我們透過信念，把它詮釋成一個超信念（hyper-doxa）。這一不能被把握的成分就是世界之謎，它包圍著、也滲透到各個歷史世界中，以致每一個歷史世界的整體；它甚至基本上決定了我們的現代世界；但它從來不以自身呈現的方式被給予，它的呈現總是只從這一世界中被推演出來。23

　　「世界之謎」是生活世界最深入和最隱蔽的底層，它從來不在表層呈現。然而，它是一切生活世界投射其可能性的基礎。以西歐為例，首先在西歐出現的現代科技世界、特別是愈來愈技術化的世界，是西歐在其殊別的世界之謎投射出的可能性的結果。24 其他文明沒有發展出現代科技世界，是它們各自的生活世界沒有在其殊別的世界之謎投射出這樣的可能性。

23　J. Patočka, "Réflexion sur l'Europe", in *Liberté et sacrifice. Ecrits politiques*, p. 196; "Die Selbstbesinnung Europas", *Perspektiven der Philosophie*, Vol. 20, 1994, p. 256.

24　J. Patočka, "Réflexion sur l'Europe", in *Liberté et sacrifice. Ecrits politiques*, p. 196; "Die Selbstbesinnung Europas", *Perspektiven der Philosophie*, Vol. 20, 1994, p. 256.

那就是說，柏托什卡發現，生活世界不是最本源的世界，作為在生活世界之下的隱蔽底層的世界之謎，才是世界的更本源之處。然而，倘若我們從現代歐洲的科學和技術支配的世界重新回到我們所謂的本源世界的生活世界之際，卻完全不考慮、甚至不察覺其特有的殊別的世界之謎；然後在這基礎上，一方面認定現代自然科學（歐洲科學）的普世合理性（universal rationality）是不證自明的，另一方面，也認定所有其他文明的生活世界由於沒有投射出普世性的自然科學，因此並不需要、也並不值得我們考慮，因此也完全忽略它們世界之謎底層。這樣，當胡塞爾相信正在行使其對自身的責任之際，恰恰就是實際上展現了歐洲的歐洲中心論本質和現實。

柏托什卡總結說，胡塞爾的生活世界理論，以上述哲學家對自身負責任這一任務為動機所從事的考察，代表著一系列典型的對其他歐洲以外的文化及其世界的歐洲觀點。歐洲是高於所有其他文化的，因為她的生活世界發展出科學理性作為普世理性。但是，這一歐洲原則之為擁有比其他文化更高價值的看法，只是一種未經證明的預設。

> 〔胡塞爾的生活世界理論〕代表了歐洲對外來文化及它們的世界的典型觀點鏈中最後的一些環節。出於一些似乎是「客觀的」理由、奠基於她的「普世理性」，「歐洲的」被置於所有其他文化的概念之上；歐洲原則享有更高的有效性；她享有的必然性與人類發展的其他途徑的偶然性對揚。但這看法只是被假定，沒有被證明。[25]

25　J. Patočka, "Réflexion sur l'Europe", in *Liberté et sacrifice. Ecrits politiques*, p. 197; "Die Selbstbesinnung Europas", *Perspektiven der Philosophie*, Vol. 20, 1994, p.

　　眾所周知，胡塞爾視其他偉大文明如印度文明與中國文明為「僅僅是經驗的人類學類型」，是不足為其他文明效法的；只有「把所有其他文明歐洲化」，才可避免「一種從歷史層面看世界的無意義」。[26] 柏托什卡完全意識到胡塞爾這種非常歐洲中心論的世界概念，「不能為不同人類世界之間的互相理解提供基礎，也不能為普世的人類溝通鋪路，它只會帶來對世界之謎整體之空洞化（*Entleerung*）而摧毀了人類的基礎。」[27]

　　柏托什卡對歐洲文明之危機的批判性分析與胡塞爾既有同、也有異。他同意胡塞爾以下看法：

　　（i）危機顯現於世界意義之失落，而世界卻是人之實存的本源基礎或土壤。

　　（ii）當歐洲人愈發沒有意識到有危機的地方，這危機就愈深。[28]

　　但柏托什卡也有異於胡塞爾之處：

　　（i）倘若歐洲之有別於其他文明之處是其普世的科學理性，這是歐洲的獨特之處，「但不能在這特殊性的基礎上證明它絕對高於其他文明。」[29]

257.

26　E. Husserl, *Krisis*, p. 14; *Crisis*, p. 16; 胡塞爾：《危機》，頁 27。

27　J. Patočka, "Réflexion sur l'Europe", in *Liberté et sacrifice. Ecrits politiques*, p. 197; "Die Selbstbesinnung Europas", *Perspektiven der Philosophie*, Vol. 20, 1994, p. 257.

28　Cf. J. Patočka, "Réflexion sur l'Europe", in *Liberté et sacrifice. Ecrits politiques*, p. 210; "Die Selbstbesinnung Europas", *Perspektiven der Philosophie*, Vol. 20, 1994, pp. 271-272.

29　J. Patočka, "Réflexion sur l'Europe", in *Liberté et sacrifice. Ecrits politiques*, p. 211; "Die Selbstbesinnung Europas", *Perspektiven der Philosophie*, Vol. 20, 1994, p.

（ii）胡塞爾認為「一切其他文明之歐洲化」是解決世界意義失落之道；柏托什卡卻認為，歐洲之晉陞為霸權力量本身就是「歐洲精神的詛咒」。歐洲精神發明了多種多樣的有效手段去支配全人類，卻同時變成了為自身毀滅服務。歐洲自身陷落的晚近歷史充分地說明了這點。

> 這〔歐洲〕精神的普遍化承載著普世性的危險，歐洲最晚
> 近的歷史就是這一危險的有力例子。這一普遍化今天呈現
> 為無可爭議的事實。所有歐洲以外的民族似乎都熱切挪用
> 這一精神，以便希望找到面對他們貧窮、欠缺和需要的助
> 力。30

胡塞爾對歐洲的普世科學理性作為挽救歐洲的潛力持樂觀態度，而柏托什卡對此則持保留、甚至懷疑態度：

> 是否可以接受〔普世科學理性的〕裨益而不陷入它的受害
> 者那種極端苦難——以集體壓迫和生命的毀滅告終？能否
> 在顧及維繫生命的手段之際，不讓生命變得空虛？ 31

當柏托什卡批評胡塞爾「把所有其他文明歐洲化」的歐洲中心論說法，並指出胡塞爾從歐洲科學理性回到生活世界的道路仍遠遠

272.

30　J. Patočka, "Réflexion sur l'Europe", in *Liberté et sacrifice. Ecrits politiques*, p. 211; "Die Selbstbesinnung Europas", *Perspektiven der Philosophie*, Vol. 20, 1994, p. 272.

31　J. Patočka, "Réflexion sur l'Europe", in *Liberté et sacrifice. Ecrits politiques*, p. 211; "Die Selbstbesinnung Europas", *Perspektiven der Philosophie*, Vol. 20, 1994, p. 272.

未算真正回到作為本源意義的世界本身之際，他已是從交互文化理解的角度去思考。

> 生活世界之課題喚起胡塞爾自己對自然科學的「真實世界」的批評之同樣的批評：它忘記了它的基礎。只要這一作為所有形態的人類——儘管他們之間有所差異——的共同基礎沒有從其長久的遺忘中被發掘出來，「各個文化」和「各形態的人類」之間的真正對話將不會可能；因為那「對話」，與其以共同項為目標，只是把〔歐洲的〕獨特和殊別的起點作為普世的……當胡塞爾把歐洲理性的理想視作人類普遍地從事的潛能實現（entelechy）之際，他自身就跌入這一誘惑之中。32

雖然胡塞爾發現了生活世界是科學理性的基礎，但還未意識到生活世界自身還有其底層——世界之謎。科學理性在歐洲人的生活世界發展出來，其相應的世界底層有其相應的世界之謎；這一世界之謎只屬於一個殊別的世界——歐洲人的世界。把科學理性的世界底層的殊別世界之謎作為絕對普遍的，恰恰就不能促成不同文化和不同形態的人類之間的對話。有別於胡塞爾，柏托什卡認為解決歐洲文明的危機之道，不在於無條件地高舉歐洲的科學理性，而是承認文化和人類形態的多樣性，即承認 "humanity" 從來是 "humanities"，並呼籲不同文化和不同形態的人類之間進行對話。

---

32 J. Patočka, "Réflexion sur l'Europe", in *Liberté et sacrifice. Ecrits politiques*, p. 212; "Die Selbstbesinnung Europas", *Perspektiven der Philosophie*, Vol. 20, 1994, p. 273.

　　但不同文化之間如何展開對話？柏托什卡的回答是：在不同文化之間有真正共通性的更底層的基礎。柏托什卡的提議是：再退一步回到不同生活世界底下的共同的世界之謎，這是任何理性世界得以建築起來的基礎。世界之謎亦是世界的前反思底層，是對人類作本源的反思性理解的土壤和起點。只有在世界之謎這一個各種文化的共同起點和共通基地上，不同文化之間的交互理解和對話才可能。

　　〔在歐洲以外的文化傳統中〕到處都仍然保留著對世界之謎活靈活現的感覺、對那雖然簡單卻無窮無盡的生命之多面性的意識。現在的問題，是在其霸權已經被動搖的歐洲〔精神〕被普遍化的同時，要重新為一種精神、一種人類的概念奠基，以使這種原創性、這種「自身價值」、這種獨立性可以再度被發揮──亦即對這些被遺忘的傳統給予新生命。33

　　把世界之謎作為跨文化溝通和文化交互對話的共同地基鋪好：柏托什卡認為這是後歐洲時代期待著人類的其中一個重要任務。

5.4　靈魂之關顧與古希臘人神話世界的哲學人學框架

　　柏托什卡在 1973 年召開的私人研討班「柏拉圖與歐洲」

33　J. Patočka, "Réflexion sur l'Europe", in *Liberté et sacrifice. Ecrits politiques*, p. 212; "Die Selbstbesinnung Europas", *Perspektiven der Philosophie*, Vol. 20, 1994, p. 273.

（"Plato and Europe"）中，提出他對世界之謎作為一切文化的共同地基的反思。他以對靈魂之關顧（care of the soul），而不是胡塞爾的純粹理論（pure *thêoria*）作為希臘哲學的遺產，而這也是後來歐洲的一個思想文化遺產。[34]

柏托什卡首先指出古代希臘時代對人之實存的那種既悲劇式、亦是英雄式的生命觀（tragic-heroic vision）。人之有別於一切其他存在之處，在於他有實現真理之能力的意識：人意識到他能發現真理和揭示真理。人意識到事物之呈現、一切現象之呈現的可能之條件之一，就在於人這成就真理之能力，儘管他同時知道整個現象場和所有呈現的事物都不是他創造的。人的實存之悲劇性就在於，儘管他意識到自己能實現真理，但也意識到他在整個宇宙中的不穩定處境或不持久狀態：人是有限和必有一死的存在。這一意識把人置於一種基本的苦惱或憂傷（distress）中，使他處於一種被詛咒的境況。[35]

對柏托什卡而言，希臘人之為英雄式之處——其後的歐洲人也如此——在於他們成功地把這一基本的苦惱或憂傷處境，轉化成積極的和正面的生命計劃（project of life）。希臘人透過一個哲學規劃實現這轉化：把世界中的一切事物、包括世界本身，都置於靈魂之下去檢查和考察，務求釐清一切，使一切都清晰明白。這一哲學計

---

34 Edward E. Findlay 在其著作 *Caring For the Soul in a Postmodern Age: Politics and Phenomenology in the Thought of Jan Patočka*（Albany: State University of New York Press, 2002）中，也以「靈魂之關顧」這一概念，作為他詮釋柏托什卡從現象學入手處理歷史哲學和政治哲學的基本概念。這一研究十分仔細，但沒有注意到柏托什卡這一思路所包含的跨文化溝通和文化交互理解的意涵。

35 J. Patočka, *Platon et l'Europe*, p. 43; *Plato and Europe*, p. 35.

劃不單針對我們的思維，也針對我們的實踐。我們要經常清晰地思考和行動：這是一個哲學方案。[36]

　　經常清晰地思考和行動：這只是人之實存的一種可能性；但人是否必然可以實現這一潛能，沒有任何保證。在這一生命計劃中，人（原初是希臘人，後來是歐洲人）相信他們能實現之。這個把日常生活轉化成哲學生命的希臘人的生命觀，儘管完全出自人的構想，本質上卻無異於諸神的生命觀。[37] 因此，它是一種英雄式的生命觀。

> 在一定情況之下，人最低限度能把世界變成一個真理和公義的世界。如何達成這目標，就是對靈魂之關顧的〔思考和實踐〕對象。[38]

　　換句話說，希臘人把靈魂關顧之實踐，作為一種哲學計劃，目標是把被詛咒的人，轉化成一個能成就真理和公義的存在。

　　柏托什卡對希臘人生命觀的哲學說明，同時參考了胡塞爾和海德格（Martin Heidegger, 1889-1976）的現象學研究成果。胡塞爾海德格二氏都著重人之存在作為能成就真理的存在，並且關顧人之存在自身作為能成就真理的存在之存在特性。胡塞爾強調人透過徹底反思來履行對自身的負責。晚期胡塞爾的著名說法，就是哲學家的天職是作為「人類的公僕」（philosopher as "functionary of humanity"）。這是看重人的超越的一面。

36　J. Patočka, *Platon et l'Europe*, p. 43; *Plato and Europe*, p. 35.

37　J. Patočka, *Platon et l'Europe*, p. 44; *Plato and Europe*, p. 36.

38　J. Patočka, *Platon et l'Europe*, p. 44; *Plato and Europe*, p. 36.

海德格則著重人作為基本的處境中的存在：人被拋擲到世界去，就在事物群中、被世界中的事物圍繞，所以能認識事物、成就真理。然而，人這一被拋擲性的認識，是人苦惱意識的來源之一：人認識到其實存（existence）帶有非理性的成分。這是指出人雖然有超越之潛力，但其發揮卻離不開人的處境和實況性。柏托什卡接受海德格所強調的人之實況性：人之實存有其非理性元素或成分。他要藉對希臘人的基本處境之理解來思考希臘人哲學生命觀的誕生。柏托什卡就歐洲人在 20 世紀中的處境，從事他對人的境況作如下描述：

> 〔在這些講課中〕我們的任務關乎<u>時間性中的超時間性</u>；我們在問<u>如何關聯到我們的處境</u>，在我們這個當前世界的處境中……這個處境的表徵包括：任何事情在我們的時代、在我們整個精神領域都明顯地浮現出來的一種失陷、一種沒落。我們的精神領域建立了二千年，其實質體現於從歐洲土壤生長、卻統治歐洲以外的整個世界的國家、法律和文化結構；在一段很短的時間內，這一精神領域崩潰了……我希望把我們的反思導向一個方式，在這方式下哲學對我們而言將不會僅僅是它過去的模樣……以比喻來說，我們並不關心柏拉圖從洞穴上升；反之，我們關心柏拉圖的第二步——<u>返回洞穴中</u>。[39]

倘若柏拉圖為哲學奠基的第一個行動是一種扭轉（conversion），是從洞穴走出，把人的目光投向光明和日照，那麼柏托什卡的

---

[39] J. Patočka, *Platon et l'Europe*, p. 50; *Plato and Europe*, p. 41.

建議就是從事這一扭轉的扭轉：從事一種回頭發問（胡塞爾式的
Zurückfragen），從哲學的明亮世界，回到其底下的前哲學的神話
氛圍，從而重新喚起在哲學精神誕生之際，明見性和意義是如何從
希臘人中間冒出的。當柏托什卡把人理解成同時是成就真理和公義
的存在，他在胡塞爾和海德格的現代現象學傳統中引進了新元素和
新思維。但相對於希臘哲學家、特別是柏拉圖而言，這並無新穎之
處；他只是把歐洲現代科學和哲學之片面地強調真理的主導精神，
還原到希臘哲學誕生之際，那種同時重視真理與公義的氛圍，特別
是柏拉圖哲學中的氛圍。

　　不過，我們仍可看出，柏托什卡認同胡塞爾視希臘哲學之
重要性在於帶來了人類的決定性轉化（起碼對希臘人和後來的歐
洲人而言）：從希臘人開始，人視真理和公義之追尋為他的職志
（vocation）。這一職志之感來自他對自身的理解：他是能成就真理
的存在。但柏托什卡跟胡塞爾有一顯著的差異：胡塞爾強調蘇格拉
底－柏拉圖－亞里士多德這一條直線地承傳的關係，以及哲學作為
純粹理論這一科學理念，但卻從來沒有過問這哲學理念何來？柏托
什卡則不同，他視希臘哲學誕生自其神話氛圍。一如晚期的胡塞爾
把科學的誕生追溯到前科學的生活世界，柏托什卡把希臘人初嘗真
理的經驗追溯至其前反思的神話氛圍：

> 人活著不能沒有神話，因為<u>神話是真的</u>……當人生活在真
> 理中，真理的第一次、徹底的，仍然是<u>非反思的呈現</u>，就
> 是以神話的形式自身表達。[40]

---

[40]　J. Patočka, *Platon et l'Europe*, p. 52; *Plato and Europe*, p. 43.

　　與大部分理性主義者不同，柏托什卡並沒有把神話與知識對立起來。反之，柏托什卡認為：

神話不是慰藉，不是非理性的一擊；它是我們的<u>無遮蔽狀態的殘酷的揭示</u>。[41]

　　人存在的處境是無遮蔽地顯露於存在之整體和世界的跟前。倘若希臘哲學的天職是對世界整體的揭示，這一天職是由遠古希臘的神話氛圍傳遞下來的。[42]柏托什卡指出，這一神話氛圍主要由三大部分構成，其中兩部分早於希臘人之前已誕生。

　　（i）《聖經》中關於知識之樹和生命之樹的神話。根據這神話，人吃了知識之樹的果子之後，由原本的無知狀態轉變成知識狀態，這把他與所有其他存在區分開來。人從此懂得區分善惡，卻永久地失去了天真。代價是原罪：他永遠被詛咒。

　　（ii）巴比倫史詩吉爾伽美什（Gilgamesh）的神話：這是有關人類在知道自己之為必有一死之後，追求永生的神話。

　　（iii）伊底帕斯（Oedipus）的神話：伊底帕斯王原先是人之無遮蔽（顯露）狀態的體現。他代表正義的人，懂得區分善惡。然而，他的過去被遮蔽，他在不知情之下犯了弒父和亂倫（娶了母親）之罪。這些行為都是罪惡和不公義的至極表現。伊底帕斯因此同時是過失和面對真理的蒙蔽狀態的象徵。柏托什卡認為：「這神話顯示了在無遮蔽狀態自身之中的顯露狀態的反面：對善與惡的

41　J. Patočka, *Platon et l'Europe*, p. 57; *Plato and Europe*, p. 48.

42　J. Patočka, *Platon et l'Europe*, p. 58; *Plato and Europe*, p. 49.

誤認。」[43] 換句話說，這一神話揭示了人之實存的不能超越的二重性：人是一種既能在無遮蔽狀態下見到真相、又會犯過錯的存在；人既是受詛咒的、也是神聖的存在。[44]

很明顯，柏托什卡運用這些神話來勾畫出一套哲學人學的基本要素：人之實存的二重性。

（i）人是一個無遮蔽狀態的存在，能成就真理；但同時是一個會犯錯誤和無知的存在。

（ii）儘管人能區分對錯及善惡，以及努力尋求善，但人會犯罪和為惡。

（iii）人意識到其必有一死，但希冀永生。

（iv）人有正義感並且想表現公正，但受遮蔽之際便會犯上更大的不公義。

透過這些神話的解讀和分析，柏托什卡發掘出希臘哲學以求真和求公義作為普遍性職志的來源，這是胡塞爾沒有過問的。柏托什卡幫助我們理解到古代希臘的神話氛圍作為殊別文化中的世界之謎，如何提升至一個追求普世性知識的激情，這一普世性知識的追求成為後來歐洲文明的其中一個定義性特徵。柏托什卡也幫助我們理解一個殊別的文化地基和神話氛圍，如何轉化和提升至成為一個普世的動機，往一個具有普遍性意義的人類文明運動的方向發展。

然而，由於希臘哲學是誕生自作為一個殊別文化的古代希臘文化，以下的問題必須提出：這一本來植根於殊別文化氛圍的職志，如何克服其文化相對性，達致普世性？上面陳構出的哲學人學框

43　J. Patočka, *Platon et l'Europe*, p. 58; *Plato and Europe*, p. 49.

44　J. Patočka, *Platon et l'Europe*, p. 58; *Plato and Europe*, p. 49.

架，如何可以達致一種普遍的有效性宣稱？換句話說，它如何能避開歐洲中心論的批評？

胡塞爾對人類的任務的理解來自他對人的理解：人是那能運用她的理性和自由去找尋真理的存在，這是人履行其對自身責任的方式。這意味著人不僅僅是個只有實然意識的存在，人還是一個有應然意識的存在：她還會追尋意義的實現。倘若胡塞爾關於人的理念因其歐洲中心論腔調而受到批評，這是因為胡塞爾把人的理念等同於透過純粹理論之理念來作為履行人對自身責任的唯一和最高方式。純粹理論是在古希臘人的生活世界中誕生的一種殊別的職志（它後來發展成歐洲人的職志），胡塞爾認定這是一種普世的職志，卻沒有提出任何證明，那它如何能被宣稱為具有普世的有效性？

柏托什卡採取了不同的進路。一如我們在上文已指出，他從另一個哲學理念出發──靈魂之關顧。這一理念也是源自古臘人的世界，它顯現成一個哲學計劃：一個以人能成就真理和公義為基礎的哲學計劃。柏托什卡把這理念的誕生追溯到其前反思的神話氛圍，並在這基礎上提出一個哲學人學框架：人之存在體現了一個二元的存在論結構。人是一個能成就真理的存在，但同時發現他可以處於蒙蔽狀態。人也有能力和意願去行善，但他會犯錯而行惡。人關心公義，但會做出不義的行為。還有，人意識到自身的必有一死，但就冀望永生。人之實存的存在論結構上的二重性，顯示了人之有限性。

對柏托什卡而言，靈魂之關顧作為哲學理念，才是使歐洲人從云云眾多不同的人類文化和人類形態中脫穎而出之處。

　　這是歐洲的獨特之處：只有在歐洲，哲學是在這意義下誕

生的：作為人從他的傳統中驚醒……只有在歐洲，又更確
切地說：只有在歐洲萌芽之處——希臘。在希臘城邦的災
難之後，重要的是，它活靈活現的思想遺產：哲學家可以
在一個國度裡生活，一個合公義的國度並非僅僅建基於傳
統，而是建基於慧見。45

柏托什卡不單描述這一歐洲傳統的本質，顯然同時也以分享得
這一歐洲遺產而感到自豪。

這一遺產在經歷所有災難之後被保留下來，因此我們相信
也許可以提出這一論旨：歐洲、特別是西歐，但也包括我
們所稱的「另一個歐洲」，產生自靈魂之關顧。46

我們是否可以說，柏托什卡就像胡塞爾那樣，在高舉歐洲哲
學作為歐洲獨特文化遺產的旗幟之際，也流露了某種歐洲中心論心
態？這是否柏托什卡版本的「對所有文明的歐洲化」？在作出任何
決定之前，我們不能只停留在形式的表面，還需要從內容方面檢查
這一論斷。我們至少可以這樣說：柏托什卡這一論斷的內容，並非
胡塞爾的普世科學理念和科學理性觀，而是以靈魂之關顧為主的哲
學人學框架：人是能尋求真理和公義的存在。這一哲學人學框架不
單適用於古希臘人和後來作為其精神遺產繼承者的歐洲人。下面我
們將會展示，依據柏托什卡的說明，這一哲學人學框架還適用於中
國先秦儒家孟子的四端說中所包含關於對人之存在的理解。也就是
說，孟子的四端說分享著希臘哲學誕生之際所持守的哲學人學框

45　J. Patočka, *Platon et l'Europe*, p. 98; *Plato and Europe*, p. 88.
46　J. Patočka, *Platon et l'Europe*, p. 99; *Plato and Europe*, p. 89.

架。

　　事情的詭異之處，就在於柏托什卡所理解的歐洲文化遺產中獨特的哲學元素，亦即那催生了希臘哲學的哲學人學框架，是一個文化普遍項（cultural universal），我們可以在古代中國哲學中找到一個變異了的版本。倘若柏托什卡以靈魂之關顧的概念確立的哲學人學框架是一個文化普遍項，則不單它不是歐洲中心論式的，它還能為文化交互理解服務，因為它能為柏托什卡所理解的希臘哲學作為歐洲文化遺產，與古代中國的先秦儒學、特別是孟子的思想鋪出一道溝通的橋樑。我們將在最後的一節中扼要說明，在甚麼意義下，孟子的儒學有上述的哲學人學框架。

5.5　孟子四端說的哲學人學框架：中國式的靈魂關顧說？

　　在這最後一節中，我們從柏托什卡透過對古代希臘神話氛圍的分析得出的哲學人學框架，回到以孟子為代表的中國先秦儒家哲學，並借柏托什卡的哲學人學框架及其核心概念靈魂之關顧，對孟子的四端說提出一種新的哲學理解：四端說最重要的理論建樹，不是形上學式的人性論，而是一套古代中國的哲學人學的框架。在本文的有限架構之下，我們只能點出框架的梗概，很多重要和複雜的理論問題留待日後處理。

　　然而，我們必須指出，把柏托什卡與孟子相提並論，並非天馬行空的猜度。中國先秦的思想家當然並未有意識地提出一個像希臘人那樣清晰的哲學理念，但從他們留下的文本可以看到，他們在進行思考之際，是在從事哲學式的反思，這可見於他們創造了「道」和「化」的概念來思考物理序列、宇宙序列和形上序列。這兩概念在功能上與希臘人的 *"logos"* 和 *"phusis"* 極為相似。先秦思想家也創造了「仁」與「義」等概念來理解人際序列，特別是道德和政治序列。先秦道家中的老子和莊子屬於前者，而先秦儒家的孔子和孟子則屬於後者。孟子更把孔子一時一地之下的處境式反思，發展成結構頗為嚴密和提出論證的論文式文字。

借鑒柏托什卡的靈魂關顧學說，我們發現，中國先秦思想家也有他們自己的哲學人學框架及其重要元素。柏托什卡提出的框架包括兩大元素：

（一）人必有一死，是有限性存在；

（二）人是能成就真理和公義的存在。

這一哲學人學框架所顯示的，是古希臘文化對人際序列的重視。我們要指出，這也是孔子的基本態度。以下是孔子重視人文序列的一段著名話語：

> 季路問事鬼神。子曰：未能事人，焉能事鬼。曰敢問死。
>
> 曰：未知生，焉知死。（《論語》〈先進篇第十一〉）

孔子對追求長生不死不感興趣，先秦道家的奠基者老子和莊子亦然。在傳統中國文化中，對長生不死要到漢代道教之興才出現。但在哲學義理上，特別是對生死的看法，道教與先秦道家相去甚遠。孔子不重視死亡，顯示了他理解到人際序列與神聖序列的基本差異。他重視人文序列，並賦予其一相對自主的地位，這是一種理性精神——或至少其開端——的顯現。《論語》如是記錄孔子的言行：

> 子不語怪力亂神。（《論語》〈述而篇第七〉）

理性精神，不就是希臘人稱為哲學的心靈修養活動基本要素嗎？

現在，讓我們重溫一下大家耳熟能詳的孟子「四端說」：

> 人皆有不忍人之心。……所以謂人皆有不忍人之心者，今人乍見孺子將入於井，皆有怵惕惻隱之心；非所以內交於孺子之父母也，非所以要譽與鄉黨朋友也，非惡其聲而然也。由是觀之，惻隱之心，仁之端也；羞惡之心，義之端也；辭讓之心，禮之端也；是非之心，智之端也。人之有是四端也，猶其有四體也。凡有四端於我者，知皆擴而充之矣……苟能充之，足以保四海；苟不充之，不足以事父母。（《孟子》〈公孫丑上〉6）

在這一著名文本中，孟子運用了一種現象學式的描述方法，去建立其四端說。仁、義、禮、智四端，是人的心靈的四種基本能力。運用這四種基本能力，人可以區分善與惡、義與不義、正當與不正當，以及對與錯或真與假。正確運用這四種基本能力，是人的天職。孟子的道德理論建基於以下理解：人將其本有的四種基本能力發揮的話，就可以實現道德上的善。孟子的政治理論則在這四端說的基礎上引申：一個好的政府是一個行仁政的政府。能聆聽民心、考慮民意的施政方式，就是仁政。

雖然孟子主要是思考道德和政治問題，但他完全沒有輕視知識或智慧在形成義與不義的判斷中的重要作用。當然，孟子在提出他的道德理論與政治理論之際，並沒有好像柏拉圖那樣提出一套理型論（theory of *eidos*）作為他立說的知識論和形上學基礎；但孟子經常強調，在知性層面的修養和提升工夫，對我們成就合理的道德判斷和政治判斷的重要性。〈盡心〉篇如是說：

> 盡其心者，知其性也。知其性，則知天矣。存其心，養其
> 性，所以事天也。夭壽不貳，修身以俟之，所以立命也。
> （《孟子》〈盡心上〉1）

倘若依道德原則來生活是一種天職，我們不單要認識自身，也要認識天道，即宇宙和自然序列。這意味著，對人文序列和形上序列的認識，是建立我們的道德職志的必要條件。換句話說，智之端與仁和義之端，在自身修養的工夫中，具相等的重要性。孟子認為，聖人就必須練就這些基本能力，並適當地發揮之：

> 知者無不知也，當務之為急；仁者無不愛也，急親賢之為
> 務。堯舜之知而不遍物，急先務也。（《孟子》〈盡心上〉
> 46）

對孟子而言，智之端是區分對錯與真假的基礎，它與仁、義兩端合同運用，才能讓後者正當地發揮，所以孟子說，道德行為是由真確的道德知識推動，這就是良知：

> 人之所不學而能者，其良能也。所不慮而知者，其良知
> 也。（《孟子》〈盡心上〉15）

儘管我們不能說孟子四端說完全等同柏托什卡整理出來的古希臘靈魂關顧論的哲學人學框架中的元素，我們起碼可說，孟子四端說是古代中國版本的哲學人學理論元素，因為智之端所要顯示的，是人的認知、因而是成就真理的基本能力，而仁與義之端，就是實踐公義的基本能力。也就是說，孟子的四端說所顯現的哲學人學框

架所包括的基本元素，與柏托什卡整理出來、使希臘哲學得以誕生的前反思土壤所包含的哲學人學框架裡的基本元素不謀而合。事實上，眾所周知，孟子重視合義的道德生活，多於自然生命，這可見於〈告子〉篇中著名捨生取義說：

> 魚，我所欲也；熊掌，亦我所欲也。二者不可得兼，舍魚而取熊掌者也。生，亦我所欲也；義，亦我所欲也。二者不可得兼，舍生而取義者也。生亦我所欲，所欲有甚於生者，故不為苟得也。死亦我所惡，所惡有甚於死者，故患有所不辟也。（《孟子》〈告子〉10）

孟子對合義生活的要求極高，是以有捨生取義說，這完全不是一些所謂中庸之道可相提並論，也不是道德斂靜說可比擬。為了履行道德職志，孟子不畏險阻，甚至不畏死亡，因為他視履行道德與政治職志是回應天道的呼籲，而天道高於人道。

因此，透過實現道德與公義來向天道超越，是人的特殊存在性格。人實現道德和踐行公義之可能來自人的四端，但這不是一種既有的、自然而然就出現的事實。這是一個生命計劃（project of life）之下才可能實現的，這一生命計劃恰好就是要超越自然生命和日常世俗生活；它要求我們過一種以實現道德和公義為職志的生活，向另一個序列超越。孟子的理論弔詭之處，就是透過超越的生命計劃來顯現人的存在特性；然而，此「性」，完全不是本性論形上學意義下的「性」。因為形上學意義下的「性」仍然是屬於實然序列的，儘管它有一種先驗地位；然而一切超越作為運動的可能，就是要越出一切既有的實然狀態。

5.6　柏托什卡：孟子「捨生取義」說的當代例證

極為有趣的是，孟子視以實現道德和公義為職志的生活，才是我們作為人值得過的生活，在二千多年後、共產主義統治下的捷克現象學哲學家柏托什卡身上得到巨大迴響。柏托什卡以實現道德和公義為職志的生活，是緊扣他對靈魂之關顧作為歐洲哲學遺產的理解而展開。在與「柏拉圖與歐洲」研討班同期的一份題為〈歐洲及之後〉（“Europe and After”）的手稿中，[47] 柏托什卡提出了他對靈魂之關顧作為歐洲文化遺產的另一種解說。靈魂之關顧作為一個哲學計劃是一個包括三方面的計劃：一個存在論計劃（an ontological project）、一個批判和政治計劃（a critical-political project）、一個生命計劃（a project of life）。[48] 柏托什卡運用柏拉圖的 *thumos*〔精神性氣質〕概念去說明靈魂之關顧是一個批判和政治計劃。在〈歐洲及之後〉的手稿中，柏托什卡如此寫道：

> 基於其超升的傾向，*thumos* 預設某種並非直接的、某種值得向之超升的存在，也就是說，把自身置於險境之中。這是一種對以任何代價來保存自身的本能之自然超升，一種對生命的超升。*thumos* 往高處的導向就是如此。對我們自身價值的感覺把我們從所有表面威脅中得到保護，也合理地把我們暴露於險境之下：這就是 *thumos*。[49]

47　Jan Patočka, "Europe et après", in *L'Europe après l'Europe*, French trans. Erika Abrams etc. (Paris: Verdier, 2007), pp. 37-136.

48　Marc Crépon, "Postface: Histoire, éthique et politique: la question de l'Europe", in *L'Europe après l'Europe*, pp. 292-295.

49　J. Patočka, "Europe et après", in *L'Europe après l'Europe*, p. 124.

　　Thumos 是一種超越純然生物層面的求生本能，嚮往一種更高序列──道德和公義的序列──的生活。這正是柏托什卡的生命寫照。他是 1977 年捷克 77 人權憲章運動的主要發言人，後來的民主捷克共和國第一任總統哈維爾視之為老師。柏托什卡受到捷共統治下秘密警察長期審問下心臟病發致死。他逝世前兩月寫下這段表達他的道德職志的感人說話：

> 我們需要的，是本質上並非技術性的、並非僅僅是工具性的東西；我們需要一種並非僅僅是策略性和偶然的道德，而是<u>絕對的道德</u>……道德的作用並非確保社會的操作，而是人的人文性（the humanity of the humans）。人們並非隨意地發明道德，以滿足他們的需要、期盼、傾向、願望。相反，是道德界定作為人是甚麼意思……並非僅僅是或首先是恐懼或利益，而是對人性中更高者的尊重，一種責任感、一種共同的美好感覺，以及為此需要接受不適、誤解，以及某種險境，這都應該是我們〔行動〕的動機。[50]

　　這一篇柏托什卡的哲學遺言，可說是他一生行為的寫照。它也正好是孟子捨生取義說的具體例證。與孟子相若，柏托什卡正是歌頌道德在構成人之為人中的崇高位置。

---

[50] Jan Patočka, "The Obligation to Resist Injustice," in *Philosophy and Selected Writings*, pp. 340-343.

第 6 章
解昧的世界觀與文化交互理解：胡塞爾、康德與中國文化

前言

　　文化交互理解如何可能？這是面對 2001 年發生的 911 恐怖襲擊，以及其後在全球出現的各種文化衝突、特別是恐怖主義暴力手段表達文化訴求的現象泛濫，令筆者一直苦苦思考的問題。文化交互理解，當然要離開文化中心論。從整個現象學運動的視野出發，不容否認現象學之父胡塞爾就曾經有一些帶有歐洲中心論色彩的宣稱。然而，當我們對文化多元性可能的條件作進一步反思，就會發現胡塞爾「哲學作為嚴格科學」（"Philosophie als strenge Wissenschaft", "philosophy as rigorous science"）的理念，其實蘊含著一個可以普世化的元素（an universalizable element）：解昧的世界觀（the disenchanted world-view）。作為嚴格科學這一理念的必要條件，解昧的世界觀是文化交互理解的重要前提之一。

　　從概念上理解，解昧的世界觀脫離一切以超自然因素來對世界的起源、演變和終極走向提供說明。這一概念在 20 世紀初正式由德國社會學家韋伯（Max Weber, 1864-1920）提出，但從理論意涵上看，則早於 19 世紀下半期由德國哲學家尼采（Friedrich Nietzsche, 1844-1900）宣佈「上帝已死」一刻被斷症。就其哲學上

的基本元素而言,更可上溯到 18 世紀下半期歐洲啟蒙運動頂峰之際,由另一位德國哲學家康德(Immanuel Kant, 1724-1804)建立的批判哲學。然而,就文化交互理解之課題來說,更重要的是,解昧的世界觀之在歐洲出現,並非單純是一個歐洲內部的事件。一個重要的外來文化因素——對中國文化其及性質的理解——在歐洲走向解昧的世界觀之過程中,起了不可低估的作用。17 至 18 世紀在歐洲哲學家和知識分子之間,有過兩場有關中國歷史和中國文化性質的大辯論,它們分別圍繞所謂中國的「紀年之爭」和「禮儀之爭」展開。這兩場大辯論不但加深了歐洲人對中國歷史的認識和對中國文化之無神論性質的理解,更對歐洲人當時一直持守的基督教世界觀產生極大衝擊。

　　本文從論析胡塞爾歐洲中心論外衣下「嚴格科學」理念的合理內核開始,引出並討論解昧世界觀這一重要概念。本文的後半部分,將挑選一些曾參與這些論爭的代表性歐洲哲學家所表達的觀點與立場進行討論和分析。這些哲學家包括法國的馬勒伯朗士(Nicolas Malebranche, 1638-1715)、德國的萊布尼茲(Gottfried W. Leibniz, 1646-1716)和沃爾夫(Christian Wolff, 1679-1754),以及另一位法國哲學家伏爾泰(Voltaire, 1694-1778)。這些分析希望展示,圍繞著一些具體問題進行的交互文化理解早已於 17 至 18 世紀間在歐洲展開,從而顯示,早於三百多年前,歐洲中心論已被一些歐洲前衛思想家所摒棄。

6.1　解昧的世界觀在文化交互理解中的重要性：
胡塞爾哲學觀的歐洲中心論外表與其合理內核

　　對一些西方世界以外的現象學研究者來說，胡塞爾可能是一個令人愛恨交織的人物。一方面，胡塞爾提出「回到實事本身去！」（Zu den Sachen Selbst!, Back to the things themselves!）的格言，要求我們如其所如地考察每一課題，放棄任何偏見和不要接受未經查證的既定結論，這一種清醒的探究態度極有利於進行跨文化溝通，因為它提醒我們，在理解其他文化之際，不要受文化偏見障礙。胡塞爾在後期的重要著作《歐洲科學的危機與超越論的現象學》（以下簡稱《危機》）裡，更直陳現代技術化的科學之病在於忘記了其所植根其中的生活世界。生活世界一方面是前科學的，另方面則有其文化面向和歷史面向；因此之故，在科技上相對地較為發達的文化，不能毫無條件地宣稱自己對其他科技較為落後的文化有絕對優位。胡塞爾這一取向扭轉了科學文化在現代世界中被片面地過分高估的地位，為其他在科技發展上不如西方的各類型文化在重新自身評估和自身定位的工作上提供理論助力。

　　然而，在另一方面，胡塞爾也令不少來自中國和印度這兩大東方文化體系的哲學工作者感到尷尬、不安、甚或不滿，因為在與《危機》一書相關的著述中，胡塞爾提出了一種明顯的歐洲中心論哲學觀和文化觀。他在《歐洲人的危機與哲學》這一著名演講中宣稱：

　　　對那些浸淫於科學思維方式——它始創於〔古〕希臘而大
　　　成於現代〔歐洲〕——的人而言，說有所謂印度和中國

的哲學及科學（天文學、數學），亦即以歐洲的方式去解
釋印度、巴比倫、中國，是一種錯誤，是一種意義的顛
倒。[1]

胡塞爾更不諱言，倘若「把印度哲學和中國哲學與希臘哲學
放在同一個平面上……〔就會〕讓僅僅是形態上的一般面貌遮蓋著
意向性的深度，以致我們忽略了原則上最本質性的差異。」[2]胡塞爾
所謂印度哲學和中國哲學與希臘哲學之間的最本質性的差異，就在
於希臘哲學是由純粹理論態度（pure theōria）為指引的哲學形態，
它是一門朝著實現絕對普遍的科學（absolute universal science）這
一理念而開展的學問，這才是真正的哲學；印度哲學和中國哲學
並非以實現絕對普遍的科學理念為指引，自然稱不上真正的或本
源意義下的哲學。在胡塞爾心目中，只有歐洲人繼承了這一源自
古希臘哲學的理念，並自 17 世紀以還，由伽利略（Galileo Galilei,
1564-1642）、笛卡兒（René Descartes, 1596-1650）和牛頓（Isaac
Newton, 1642-1726os）等引發現代科學革命，使這一「作為嚴格
科學的哲學」之理念大放異彩。胡塞爾甚至進而認為，人類文明的
往後發展只有兩種可能性：或則出現「所有其他人類之歐洲化（die

1　Edmund Husserl, *Die Krisis der europäischen Wissenschaften und die transzendentale Phänomenologie, Husserliana VI*, ed. Walter Biemel (The Hague: M. Nijhoff, 1954)（以下簡稱 *"Krisis"*）, p. 331; *The Crisis of European Sciences and Transcendental Phenomenology*, Eng. trans. David Carr (Evanston, IL: Northwestern University Press, 1970)（以下簡稱 *"Crisis"*）, pp. 284-285；胡塞爾：《歐洲科學的危機與超越論的現象學》，王炳文譯（北京：商務印書館，1981）（以下簡稱《危機》），頁 386。引文中譯出自本書作者，中譯本頁碼僅供參考，下同。

2　E. Husserl, *Krisis*, p. 325; *Crisis*, pp. 279-280; 胡塞爾：《危機》，頁 386。

Europäisierung aller fremden Menschheiten）的奇景，這就宣告了有一種絕對意義的管治，這絕對意義屬於世界的意義本身」；或則「這世界就是一歷史性的無意義。」[3] 換句話說，要不是歐洲以外的一切文明向歐洲看齊，人類歷史將全無意義。這是一種停留於「零與一」這兩端二取其一的選擇，排除了在「零與一」之間或「零與一」之外的任何其他可能性。這種人類文明發展觀顯然充滿歐洲中心論色彩。

　　胡塞爾這種歐洲中心主義言論，早已受到批評；其中最著名的批評者，就是法國的現象學 / 解構論大師德里達（Jacques Derrida, 1930-2004）。[4] 筆者過去也曾對胡塞爾的歐洲中心論言論作出批判性探討。[5] 然而，筆者後來對文化衝突問題的思考，以及對 911 之後在全球範圍推動文化交互理解的困難的反思，讓他重新思考胡塞爾「所有其他人類之歐洲化的奇景」這句說話。胡塞爾這一表面上充滿沙文主義色彩的說法，是否可能有其「合理內核」（借用馬克思對黑格爾辯證法的著名評論）？若我們對胡塞爾稱的所謂人類文明的「歐洲化」的可能內容作出進一步的思考，則我們可以發現，在胡塞爾表面上沙文主義色彩濃烈的語言表式中，隱藏著一種可以

3　E. Husserl, *Krisis*, p. 14; *Crisis*, p. 16; 胡塞爾：《危機》，頁 27。

4　參 Jacques Derrida, *De l'esprit. Heidegger et la question* (Paris: Éditions Galilée, 1987), Ch. VII, n. 2, pp. 94-96; *Of Spirit: Heidegger and the Question*, Eng. trans. Geoffrey Bennington and Rachel Bowlby (Chicago: University of Chicago Press, 1989), pp. 120-122, note to page 60-61.

5　請參拙作 Kwok-ying Lau, "Para-deconstruction: Preliminary Considerations for a Phenomenology of Interculturality", in *Phenomenology and Intercultural Understanding: Toward a New Cultural Flesh* (Dordrecht: Springer, 2016), Ch. 2, pp. 21-34; 本書第 2 章：〈現象學可以還中國道家哲學一個公道嗎？——試讀老子〉；本書第 3 章：〈胡塞爾、佛教與歐洲科學的危機〉。

普世化（universalizable）、甚至必須普世化的人類文明發展內涵。
這一可以普世化及必須普世化的內涵，就是現代科學所促成的解昧
的世界觀。現代科學革命是歐洲文化史中可以普世化、並已處於不
斷在普世化過程中的文化成果；而解昧的世界觀，則是必須普世化
的內涵，因為這是在當今全球化時代，進行文化交互理解之際的兩
大思想上或心態上（mentality）的基本要素之一（另一要素是對他
人／其他文化作為一個可以享有自由和自主權利的個體／集體存在
之承認）。

　　筆者之認為解昧的世界觀是必須普世化的人類文明發展內涵，
是有鑑於有些文化、特別是有原教旨主義色彩的文化，並未接受解
昧的世界觀；而未解昧的世界觀則容易成為支持和歌頌烈士式自殺
和殺人的思維態度，成為助長暴力甚至是恐怖主義行為的內在思想
因素之一。烈士式自殺和殺人的暴力行為對跨文化溝通帶來極大障
礙，似乎是不證自明的，應不需在此處再詳加說明。

　　筆者上述看法啟發自對 2004 年一則新聞稿的閱讀。該新聞
稿是對一位原居於約旦河西岸的 26 歲年輕巴勒斯坦女士的訪談紀
錄，報導她受巴勒斯坦解放陣線的軍事組織招募，準備在耶路撒冷
市中心從事自殺式炸彈襲擊，卻在 2002 年 5 月執行任務之前被以
色列官方拘捕。該女士在接受訪問時宣稱，自願從事自殺式炸彈襲
擊，是出於為受以色列軍隊無辜殺害的無數巴勒斯坦婦孺和平民報
復的動機，並且不會對可能的以色列受害者有任何歉意。[6] 該名巴
勒斯坦女士進一步解釋她的動機時說：

6　"A Martyr, or a Murderer?", *Newsweek*, February 23, 2004, p. 56.

根據《可蘭經》，神曾允諾給予男烈士們七十位處女的報酬，而以烈士的方式死亡的人，將會由神維持其生命及保守著。女烈士們被允諾，她們將成為天國裡可能達到的最高層中最純潔和最美麗形態的天使。[7]

她又說，若果任務成功，「將會為我的家族和所有人帶來榮耀。」[8]

這位巴勒斯坦女士自願從事自殺式炸彈襲擊，首先是有感於她的同族人民生命財產不斷無辜受侵害，而侵略者一直逍遙法外，因

---

[7] "According to the *Qur'an*, God promised the martyrs a reward of 70 virgins, and those who die a martyr's death will be kept alive and sustained by God. Women martyrs are promised they will become the purest and most beautiful form of angel at the highest level possible in heaven." "A Martyr, or a Murderer?", *Newsweek*, February 23, 2004, p. 56.

[8] "A Martyr, or a Murderer?", *Newsweek*, February 23, 2004, p. 56. 筆者後來發現，已有關於首六位從事自殺式炸彈襲擊的巴勒斯坦女士們的成書研究，是為 Barbara Victor, *Army of Roses: Inside the world of Palestinian Women Suicide Bombers* (London: Robinson Books, 2003). 書中詳細記述了第一位巴勒斯坦女烈士（在阿拉伯語中稱為 shahida）Wafa Idris 任務成功後，在巴勒斯坦地區引起的、在我們看來感到十分恐怖的熱烈反應：「2002 年 1 月 27 日下午，一位 26 歲巴勒斯坦女士 Wafa Idris 在耶路撒冷市中心一個購物商場把自己炸得粉碎，殺死了一名以色列男子，同時令 131 位旁觀者受傷。雖然 Idris 是唯一一位沒有留下錄映帶供認她即將從事的殉道行為的女自殺式炸彈襲擊者，但在炸彈襲擊發生後的 48 小時內，亞拉法（Yasser Arafat, 1929-2004）的法塔赫運動（Fatah Movement）的武裝部隊亞爾・亞克沙烈士隊（al-Aqsa Martyr's Brigade）宣稱對炸彈襲擊負責。當消息傳開後，追悼者聚集在位於拉馬拉赫（Ramallah）亞爾・亞馬拉（al-Amari）難民營中央 Idris 的家裡。亞爾・亞克沙的領導者們帶著糖果和印有 Wafa 頭像的海報到來。當 Wafa 的母親 Mabrook Idris 女士向鄰居的孩子們派發糖果以慶祝她女兒的死亡時，現場充滿喜悅氣氛。一位鄰人把它形容為『一場與永恆的婚禮』。」（頁 20-21）

不能接受公義不彰而採取以牙還牙的暴力報復手段。然而，她的宗教信仰內容顯然是促成她甘冒犧牲一己生命來報卻種族仇恨的強大內在動力之一：她在現世付出犧牲性命的巨大代價，卻可望在死後的天國中得到在塵世生活中不能獲得的更大的回報。這種宗教信仰內容投射出一個處於塵世彼岸的天國──一個超越的、超自然的或超感性的世界，並假定了人們對這一彼岸世界有真確認識，同時相信在這彼岸世界中，有一超自然的力量在主宰一切，特別是主宰著善惡、公義和福報。

倘若韋伯以「世界之解昧」（the disenchantment of the world）這一概念指稱現代人對世界的態度，他指的是現代人意識到「原則上並無神祕的、不可測量的力量在作用，……人們不再需要援引魔幻手段來掌控或乞求心靈，就像蒙昧狀態中的人那樣相信這些神祕力量之存在」，[9] 那麼上述那位巴勒斯坦女士的宗教信仰內容所反映

9　Max Weber, "Wissenschaft als Beruf (1911)"; Eng. trans. "Science as a Vocation", in *From Max Weber: Essays in Sociology*, eds. H. H. Gerth and C. Wright Mills (London: Routledge, 1948), pp. 139, 155; 中譯本見韋伯：〈學術作為一種志業〉，《韋伯作品集 I：學術與政治》，錢永祥、林振賢等譯（桂林：廣西師範大學出版社，2004），頁 168、190；引文由筆者中譯，中譯本頁碼僅供參考，下同。據 *From Max Weber: Essays in Sociology* 之編者 H. H. Gerth 與 C. Wright Mills，韋伯「世界之解昧」（die Entzauberung der Welt）一語是採納自 18 世紀德國大詩人席勒（Friedrich Schiller），唯未作進一步說明（頁 51）。在韋伯著作中，「世界之解昧」一語首先見於《基督新教倫理與資本主義的精神》一書，原是一種較為專門的用法，指在西方基督教的千年發展史中，以巫術或魔幻方式達致救贖的方法逐漸被棄用，特別是宗教改革後加爾文派、浸信會派以及英國清教徒派等新教教派完全放棄此等方法，是以，《基督新教倫理與資本主義的精神》的英譯者帕森斯（Talcott Parsons, 1902-1979）起初以 "elimination of magic from the world" 或 "rationalization of the world" 來翻譯 "die Entzauberung der Welt" (cf. Max Weber, *The Protestant Ethic and the Spirit of*

的心靈狀態，就是一種未解昧的狀態，其世界觀也就是一種未解昧
的世界觀。正是在這種未解昧的世界觀的支配下，這位巴勒斯坦
女士相信以自殺式炸彈襲擊的手段可以達成「殺身成仁，捨身取
義」的目的。然而，從這些暴力襲擊的受害者的角度看，這種藉暴
力以致恐怖主義手段以圖伸張正義的方式，不但未能達致真正落實
公義的目的，反而會做成更多無辜受害者，亦違反了承認他人 / 其
他文化也應享有自由和自主權利這一她本來要爭取的權利之原則。
借泰勒（Charles Taylor, 1931- ）提出的「承認的政治」（politics of
recognition）[10] 的表述方式來說，承認的政治是文化交互理解的前
提，而未解昧的世界觀，卻阻礙了承認的政治之認識、理解和實
踐。因此，倘若我們承認人類文明今天的要務之一是促進跨文化溝
通，就要以解昧的世界觀作為必須普世化的、具規範性意義的文化
內涵之一。

Capitalism, Eng. trans. Talcott Parsons, New York: Charles Scribner's Sons, 1958,
pp. 105, 117). 韋伯在《儒教與道教》一書的結論部分談「世界之解昧」時仍
採「魔法之棄用」的意思（參 M. Weber, *The Religion of China: Confucianism
and Taoism*, Eng. trans. Hans H. Gerth, New York: The Free Press, 1951, p. 226; 中
譯本韋伯：《儒教與道教》，王容芬譯，北京：商務印書館，1995，頁 279）。
其 後 在 "Wissenschaft als Beruf" 及 "Religious Rejections of the World and their
Directions" (Max Weber, *From Max Weber: Essays in Sociology*, p. 350) 中， 才
把該語的意義伸展至西方人透過智性活動、特別是現代科學知識而達致對
世界之解昧的整個文化發展過程。參 Catherine Colliot-Thélène, *Max Weber et
l'histoire* (Paris: Presses Universitaires de France, 1990), pp. 64-66.

10 Charles Taylor, "The Politics of Recognition", in *Multiculturalism: Examining the
Politics of Recognition*, ed. Amy Gutmann (Princeton: Princeton University Press,
1994), pp. 25-73.

6.2　現代科學與解昧的世界觀：從韋伯經尼采回到康德

　　韋伯指出，「世界之解昧」在西方文化中是一個經歷數千年的漫長的智性化過程（process of intellectualization），而科學的進步則既是推動這過程的動力，也是這過程的最重要部分。[11] 韋伯在 20 世紀初提出的這一觀察，其實早於四分之一世紀之前已由尼采道出。當尼采於《喜悅的學問》（*Die Fröhliche Wissenschaft*, 1882 初版，英譯 *The Gay Science*）一書中，借市集中瘋子之口首次宣稱「上帝已死！」（"Gott is tot!", "God is dead!"）時，[12] 他已預告了後來韋伯宣稱的「世界之解昧」。雖然尼采沒有使用「世界之解昧」這一語言述句，但他在該書中對歐洲社會世俗化過程的描述，所針對的正是基督教上帝的信仰被科學無神論（scientific atheism）所取代、以及基督教教會作為真理權威和道德權威之形象在知識分子和一般有教養者心目中的失效等種種現象。這一歐洲社會的世俗化過程，就是「世界之解昧」在歐洲邁向完成的過程。尼采說：

> 對基督教的上帝之信仰的衰落、科學無神論的勝利，是一個泛歐洲事件，在這事件中，所有種族都有她們的分兒，所有種族都應記一功和應該得到榮耀。……人們可以看到實質上戰勝了基督教上帝的是甚麼：基督教道德本身、

11　M. Weber, "Science as a Vocation", in *From Max Weber: Essays in Sociology*, pp. 138-139；韋伯：〈學術作為一種志業〉，《韋伯作品集 I》，頁 167。

12　Friedrich Nietzsche, *The Gay Science*, §125, Eng. trans. Josefine Nauckhoff, ed. Bernard Williams (Cambridge: Cambridge University Press, 2001), p. 120；中譯可參考尼采：《快樂的科學》，黃明嘉譯（桂林：漓江出版社，2007），頁 122。本文作者中譯，中譯本頁碼僅供參考，下同。

真理的概念被愈來愈嚴格地看待；告解神父對基督教良知的提鍊，不惜任何代價使之演化和昇華成科學的良知、成為智性的利落。把自然視為猶如一個上帝的美善和關懷的證明；把歷史解釋成對某種神聖理性表示敬意，作為一種道德世界秩序與終極道德目的之持續見證；把一個人各種自身的經驗解釋成虔誠的人們長久以來解釋他們的經驗時那樣，就好像一切都是天意、一切都是為了靈魂的救贖而設計和安排的暗示──現在這都完了；良知都反對這種看法；每一個經過洗鍊的良知都視之為不正派的、不誠實的、一種行乞的形式、女人氣的、軟弱的、怯懦的。[13]

在上面這一段描述中，尼采言簡意賅地宣告了天意（Providence）說和神義論（theodicy）──以上帝的意旨來解釋人間社會和自然序列中一切真偽、善惡、美醜等價值及其準則──在歐洲的終結；而天意說和神證論的終結，正是解昧的世界觀之起點。尼采認為黑格爾（G. W. F. Hegel, 1770-1831）是延誤日耳曼人的無神論意識之罪魁禍首，而嘉許叔本華（Arthur Schopenhauer, 1788-1860）為日耳曼人中第一位毫不妥協的無神論者。[14] 尼采這一說法是否意味著，叔本華就是解昧的世界觀之哲學上的奠基者？我們傾向回答：不是。叔本華或可被視為德國哲學傳統中無神論者的先驅，但為無神論者的世界觀──解昧的世界觀──提供哲學奠基

---

13 F. Nietzsche, *The Gay Science*, §357, pp. 218-219; 中譯可參考尼采：《快樂的科學》，頁 233。

14 F. Nietzsche, *The Gay Science*, §357, p. 219; 中譯可參考尼采：《快樂的科學》，頁 233。

的卻是康德。

眾所周知，康德的批判哲學帶來了西方哲學史上哥白尼式革命（Copernican Revolution）：它為人的認識能力提出了新的理解，並指出了在認知層面上人與自然序列的複雜關係。人在認識自然時，並非完全被動地接受，而是有其主動或創發（spontaneous）的一面；但基本上人作為一個有限性之理性存在，其認知對象只能來自經驗活動展開的現象界（realm of phenomenon），而非人的經驗所不能達到的本體界（realm of noumenon）。透過現象（appearance）與物自身（thing-in-itself），以及現象界與本體界的區分，並且把人類理性的認知活動之界限定於現象界，康德得以說明西方傳統獨斷論形上學（dogmatic metaphysics）的各種錯誤之來源——人類理性逾越可能經驗範圍以外，去對上帝之存在、世界之起源和有關世界之總體知識，以及靈魂是否不滅等等這些我們無法經驗的事物作出斷定。康德對各種形式的傳統獨斷論形上學（包括理性神學〔rational theology〕、理性宇宙論〔rational cosmology〕和理性心靈論〔rational psychology〕）的批判，為解咒的世界觀提供了奠基性的哲學說明：不單上帝的存在不是人的認知對象，我們亦不能以目的因（final cause）或第一因（first cause）的方式去把一個超自然或超感性的創造者與世界關連起來；與此同時，我們也不能對死後生命有任何認識。經康德的批判哲學之後，我們不能再事事訴諸天意，因而神義論和哲學神學（philosophical theology）也再沒有它們之前所擁有那種無可置疑的地位。事實上，康德十分清楚他自己的任務是在解咒，雖然他亦未用上韋伯「世界之解咒」一語。在《純粹理性之批判》第二版的序言中，康德清楚地說出他從事批判哲學的任務所在：

> 只有批判哲學能割斷<u>唯物論</u>、<u>宿命論</u>、<u>無神論</u>、<u>宗教信仰</u>
> <u>上的自由思想家</u>、<u>宗教狂熱者</u>和<u>迷信</u>的根，這一切都能造
> 成普世性的禍害。[15]

　　然而，一個明眼的讀者馬上會問：為甚麼一方面我們認為可以
把康德的批判哲學理解為給世界解昧的工作，另方面他卻宣稱他的
批判哲學是要割斷無神論的根？為甚麼為世界解昧不就是像叔本華
和尼采那樣大舉無神論的旗幟？事實上，康德《純粹理性之批判》
的其中一個名句就是：「我認為需要否定知識以便為信仰開路。」[16]
為甚麼抱著為世界解昧為任務的康德不是無神論者，反而要為信仰
開路？處於 19 世紀的叔本華和尼采可能對此大惑不解，但在 21 世
紀的今天，特別是在後 911 時代，我們卻可以從跨文化溝通的視角
下理解到康德此說的前瞻性意義。

　　在人類現今極為多樣的文化傳統中，相信沒有任何一個文化傳
統是完全沒有宗教或信仰背景的。不同文化之間的衝突往往顯現成
不同宗教傳統之間的衝突，雖然政治、經濟利益也往往牽涉其中。
當代瑞士籍著名天主教神學家、世界倫理（Weltethos, world ethics）
運動的倡議者孔漢斯（Hans Küng, 1928-2021，另有一中譯「漢斯・
昆」）[17] 就非常明確地指出，「沒有宗教之間的和平，就沒有世界和

15　Immanuel Kant, *Critique of Pure Reason*, Eng. trans. Paul Guyer and Allen W. Wood (Cambridge: Cambridge University Press, 1999), Bxxxiv, p. 32; 康德：《純粹理性批判》，收《康德著作全集》，第 3 卷，李秋零譯（北京：中國人民大學出版社，2004），頁 20。

16　I. Kant, *Critique of Pure Reason*, Bxxx, p. 29; 康德：《純粹理性批判》，收《康德著作全集》，第 3 卷，頁 18。

17　Hans Küng 曾與華裔女學者秦家懿（Julia Ching, 1934-2001）合著 *Christianity*

平」；[18] 這在在顯示出，不同宗教文化之間的和解對世界和平的重要性。鼓吹十字軍和聖戰，自然是與促進不同宗教之間的和解為敵；然而，倘若無神論者亦總是視有宗教信仰者為其意識形態敵人，顯然也不能促進不同文化之間的交互理解和溝通。反之，要促進文化交互理解，不單有宗教信仰者再不應以一己之信仰為常態而視其他教派和無神論者為異端；無神論者也必須認識到，解昧的世界觀也可以和宗教信仰互相包容，達成無神論者與有宗教信仰者之間的互相尊重：沒有宗教信仰者要尊重往基督教／天主教教堂守禮拜、往清真寺祈禱或往佛寺參拜的人。

康德在宗教問題上的前瞻性之處，就是在保留宗教信仰之際，同時把它限定在「純然理性的範圍之內」，使不同宗教的信仰者之間、以至有神論者和無神論者之間，有一理性溝通的平台，這樣才可望能在「割斷宗教狂熱者和迷信的根」之際，讓每一位有宗教信仰者能保留其自主性，避免每一有宗教信仰的自主個體從其文化歷史傳統中連根拔起。在能夠保留每一自主個體與其文化歷史傳統連繫的基礎上進行的跨文化溝通，才有機會達致真正的文化交互理解，而不是某一文化霸權單方面地向其他弱勢文化的文化灌輸和文化征服。

孔漢斯在其世界倫理構想中，不單主張透過不同宗教之間的和

---

and Chinese Religions (New York: Doubleday, 1989); 中譯本秦家懿、孔漢斯：《中國宗教與西方神學》（台北：聯經，1989），相信「孔漢斯」為 Hans Küng 自選或經其同意之漢文名字，故從之。

18　Hans Küng, Global Responsibility: In Search of a New World Ethic, Eng. trans. John Bowden (London: SCM Press Ltd., 1991), pp. 75-76; 漢斯‧昆：《世界倫理構想》，周藝譯（香港：三聯書店，1996），頁 113。

解來推行「一種普世宗教的策略（"an ecumenical strategy"）」，[19] 亦強調「信教者與不信教者之間的聯盟」，以及他們之間「互相尊重」的重要性，[20] 因為若不推行這種策略，就難以在促進「宗教之間、國家之間的和平做出一種真正貢獻」。[21] 然而，孔漢斯清楚地指出，「自我批評」是「普世宗教的策略」的前提，而「批評別人的立場只有在毫不猶豫地自我批評的基礎上才是負責的。」[22] 由此可見，孔漢斯的世界倫理構想和普世宗教策略，顯然是在康德批判哲學以及「純然理性範圍之內的宗教觀」的影響下提出的。

　　不過，康德提出「純然理性範圍之內的宗教觀」，是為了完成一個較為完滿的道德體系，即為了確保追求至善和德福一致的可能，於是「透過宗教，道德體系把自己伸延到處於人類以外的一個強大的道德律令的頒布者之觀念，而這一道德律令的頒布者所意欲的終極目的，可以亦應該成為人類的終極目的。」[23] 在這裡，宗教是為道德服務，而不是道德為宗教服務。

　　換句話說，康德「純然理性範圍之內的宗教觀」的前提是

19　Hans Küng, *Global Responsibility: In Search of a New World Ethic*, p. 81; 漢斯・昆：《世界倫理構想》，頁 122。

20　Hans Küng, *Global Responsibility: In Search of a New World Ethic*, pp. 36-38; 漢斯・昆：《世界倫理構想》，頁 54-58。

21　Hans Küng, *Global Responsibility: In Search of a New World Ethic*, p. 81; 漢斯・昆：《世界倫理構想》，頁 121-122。

22　Hans Küng, *Global Responsibility: In Search of a New World Ethic*, p. 81; 漢斯・昆：《世界倫理構想》，頁 122。

23　Immanuel Kant, "Religion within the Boundaries of Mere Reason", in *Religion and Rational Theology*, Eng. trans. and eds. Allen W. Wood and George di Giovanni (The Cambridge Edition of the Works of Immanuel Kant, Cambridge: Cambridge University Press, 1996), pp. 59-60.

康德的道德體系揭櫫之終極目的：每一個個體的人是一個自主的道德立法者，每一個人自身應同時是一目的而不僅僅是他人的工具。康德認為，提出以上帝作為一強大的道德律令的頒布者之設準（postulate），是為在人類社會中成就出一「目的王國」（kingdom of ends）。[24] 這個目的王國，就是由人類社會中每一個自主個體自發地參與而組成的道德聯盟（ethical commonwealth）[25] 作為人類文明之長遠及終極發展目標。人類需要意識到以這一終極的道德發展目標為自身期許，才能稱得上並展示出開始成熟，亦即她終於進入自身意識的自主狀態。此外，人類亦要努力向這終極道德發展目標邁進，人類文明才有進步可言。這種對人類文明發展的自身投射和自身的道德期許，可稱為對世界投射出的道德圖像（the moral image of the world），[26] 是承認了人之為有創發性和自主性的理性存在之下，對其道德潛能的合理投射。

故此，世界之解昧亦包括對世界的起源和世界的終極發展方向的非宗教式理解：不單不再採用《聖經》上的〈創世紀〉來解釋世界的起源，也不再採用《聖經》上的〈末世論〉來解釋人類文明的終極發展方向。對康德而言，倘若人類文明可以被指稱有進步，則

---

24 Immanuel Kant, *Groundwork of the Metaphysics of Morals*, Eng. trans. and ed. Mary Gregor (The Cambridge Edition of the Works of Immanuel Kant, Cambridge: Cambridge University Press, 1998), p. 83; 中譯可參考康德：《道德形而上學的奠基》，收《康德著作全集》，第 4 卷，李秋零譯（北京：中國人民大學出版社，2005），頁 441。

25 "Ethical commonwealth" 這一用語參考自 Terry Pinkard, *German Philosophy 1760-1860: The Legacy of German Idealism* (Cambridge: Cambridge University Press, 2002), pp. 58-64.

26 Dieter Henrich, "The Moral Image of the World", in *Aesthetic Judgment and the Moral Image of the World* (Stanford: Stanford University Press, 1992), pp. 3-28.

不單要在知識和技術層面達成進步，還要在道德層面也顯現進步，這才符合啟蒙的真正意義。於此，我們亦可理解，當康德為世界解昧時，他不單要割斷宗教狂熱者、迷信和無神論的根，也要割斷宿命論的根，因為宿命論不相信、不承認人有自由意志和可以自主；而康德認為，人的自由和自主性是每一個個體存在最寶貴和最值得驕傲之處。康德的批判哲學恰恰澄清了人的自由意志和可以自主的領域何在：不在認知活動對象的自然現象領域，而在於價值活動顯現的道德活動領域。因此，康德幫助我們認識到人自身可以是實現和創造價值的來源，而不再把之歸諸天意或超自然力量的安排，這就成為解昧的世界觀之另一重要環節。

6.3　中國文化對解昧的世界觀之確立的貢獻：17、18 世紀歐洲的「中國紀年之爭」與「中國禮儀之爭」

上文指出，在歐洲的歷史文化脈絡而言，世界之解昧包括不再採用《聖經》上的〈創世紀〉來解釋世界的起源，也不再採用《聖經》上的〈末世論〉來解釋人類文明的終極發展方向。康德達成這一解昧的世界觀之時是 18 世紀後期，啟蒙運動頂峰之際。而在歐洲人漫長的世界之解昧過程中，中國文化之傳入以及被認識，在一定程度上起著不可忽視、甚至決定性的作用。由於篇幅所限，以下僅作最為扼要的說明。

中國文化傳入近代歐洲，始自 16 世紀末的天主教耶穌會教士。他們為了到中國傳教而學習漢語，有些更在明代末年或清代初年出任中國朝廷的官員。有些耶穌會士以書信方式記載了在中國土地上生活的見聞，[27]成為馬可勃羅（Marco Polo, 1254-1324）以還第一批由歐洲人帶回歐洲的對中國的一手記述。另一些教士更開始把中國古代經典、特別是儒家典籍翻譯成當時歐洲人共同的學術語言拉丁文，其中最著名的首推義大利傳教士利馬竇（Matteo Ricci, 1552-1610）所翻譯的《四書》──《大學》、《中庸》、《論語》和《孟子》。[28]可惜，利馬竇這一《四書》拉丁文譯本現已失傳。[29]不過，當代一些西方研究者相信，利馬竇的《四書》拉丁文譯本手稿，是後來四位耶穌會修士 Philippe Couplet、Christian Herdtrich、Prospero Intorcetta 和 Francis Rougemont 於 1687 年在巴黎出版的《中國哲學家孔子》（*Confucius Sinarum Philosophicus*）一書的首要及核心參考文本，[30]而是書相信是最早在歐洲傳播中國思想的著作。

---

27 其中一些耶穌會教士的通信後來被輯錄成書，是為 *Lettres édifiantes et curieuses de Chine par des missionaries jésuites 1702-1776*, ed. Isabelle et Jean-Louis Vissière (Paris: Garnier-Flammarion, 1979); 杜赫德編，《耶穌會士中國書簡集：中國回憶錄》，卷 1 至 3，鄭德弟、召一民、沈堅譯（鄭州：大象出版社，2001）。

28 Cf. David E. Mungello, "The Seventeenth-Century Jesuit Translation Project of the Confucian Four Books", in *East Meets West: The Jesuits in China, 1582-1773*, eds. Charles E. Ronan and Bonnie B.C. Oh (Chicago: Loyola University Press, 1988), pp. 252-273; 此處 p. 253.

29 現僅存由另一教士金尼閣（Nicolas Trigault, 1577-1628）於利馬竇死後整理而成的書稿 Matthieu Ricci, S.J. and Nicolas Trigault, S.J., *Histoire de l'expédition chrétienne au royaume de la Chine 1582-1610*, ed. Georges Bessière (Bellarmin: Desclée de Brouwer, 1978); *China in the Sixteenth Century: The Journals of Matthew Ricci, 1583-1610*, Eng. Trans. from the Latin by Louis J. Gallagher (New York: Random House, 1953); 中譯本利馬竇、金尼閣：《利馬竇中國札記》，何高濟、王遵仲、李申譯（北京：中華書局，1983）。

30 Cf. David E. Mungello, "The Seventeenth-Century Jesuit Translation Project of the Confucian *Four Books*", in *East Meets West: The Jesuits in China, 1582-1773*, p.

　　然而，對歐洲知識界帶來更直接影響和更大衝擊的，則是透過司馬遷的《史記》初步認識到古代中國歷史。事緣一些教士閱讀或知道了司馬遷的《史記》，不單對中國歷史起源之早感到驚訝，更對中國歷史紀年之精確和對歷史紀錄的連續性表示佩服得五體投地。歐洲知識界在 17 世紀中到 18 世紀中接觸和吸收中國文化知識的期間，發生了兩次泛歐洲的重大爭議。筆者認為這兩次爭議直接或間接地影響了歐洲世界之解昧過程的往後發展。這兩次爭議分別為「中國紀年之爭」（the Chinese chronology controversy）[31] 與「中國禮儀之爭」（the Chinese rites controversy）。[32]

269, n. 5.

[31] 參 Virgile Pinot, *La Chine et la formation de l'esprit philosophique en France (1640-1740)* (Genève: Slatkine Reprints, 1971), pp. 189-279；中譯本維吉爾・畢諾：《中國對法國哲學思想形成的影響》，耿昇譯（北京：商務印書館，2000），頁 212-321；Edwin I. Van Kley, "Europe's 'Discovery' of China and the Writing of World History", *The American Historical Review*, Vol. 76, No. 2, 1971, pp. 358-385.

[32] 參 Virgile Pinot, *La Chine et la formation de l'esprit philosophique en France (1640-1740)*, pp. 71-140；維吉爾・畢諾：《中國對法國哲學思想形成的影響》，頁 70-157；Étiemble, *L'Europe Chinoise, I, De L'Empire romain à Leibniz* (Paris: Gallimard, 1988), pp. 280-307；中譯本安田樸：《中國文化西傳歐洲史》，耿昇譯（北京：商務印書館，2000），頁 286-314；André Robinet, "Introduction", in Nicolas Malebranche, *Entretien d'un philosophe chrétien et d'un philosophe chinois sur l'existence et la nature de Dieu, Oeuvres Complètes*, Tome XV (Paris: Librairie J. Vrin, 1958), pp. XXVIII-XXXI; D. E. Mungello, *The Great Encounter of China and the West, 1500-1800* (Lanham: Rowman & Littlefield Publishers, Inc., 1999), pp. 59-61；李天綱：《中國禮儀之爭：歷史、文獻和意義》（上海：上海古籍出版社，1998）；張西平：《中國與歐洲早期宗教和哲學交流史》（北京：東方出版社，2001），頁 274-295。

6.3.1 「中國紀年之爭」

　　所謂「中國紀年之爭」，是指當歐洲知識界知道中國的歷史起源早於依《舊約聖經》中〈創世紀〉所推斷而得知的有關人類歷史起源年期的爭議。這一爭議直接導致另一個爭議的出現：自此以後，應如何書寫世界歷史（Universal History）這重大課題。倘若古代中國歷史的起源早於《聖經》所宣示的人類歷史起源，歐洲人從此應如何講述世界的創造？世界是基督教上帝創造的嗎？人類歷史從哪裡開始？何時開始？

　　直至 17 世紀，歐洲人撰寫世界歷史時一般把它分為「神聖歷史」（sacred history）和「世俗歷史」（profane history）兩大部分。神聖歷史取材自《舊約聖經》和《新約聖經》，下接基督教教會的歷史；世俗歷史則取材自其他文獻。神聖歷史之下一般分為三大階段：（一）從創世到摩西的自然法階段（period of the law of nature）；（二）從摩西到耶穌的成文法階段（period of the written law）；（三）從耶穌到該作者自身的基督紀元階段（period of grace）。世俗歷史的分期則可以有多種劃分方法，基本原則是要有足夠文獻依據，以及文獻的可靠性。世俗歷史第一階段從創世到早期希臘神話的時期（mythological time）；第二階段是神話時期（fabulous time）和英雄時期（heroic time），自遠古的希臘至在泛希臘世界中舉行的古代奧林匹克運動會的紀元時期；第三階段是由古典希臘及羅馬以降的「歷史時期本身」（historic time proper）。撰寫世俗歷史者依據的文獻各有不同，但一定以上帝創造天地為起點，一般都以〈創世紀〉中描述的「洪水滔天」（universal flood）

作為人類歷史的真正開始，[33] 繼而以《舊約聖經》中亞伯拉罕（Abraham）與上帝立約、荷馬史詩神話中特洛伊城（city of Troy）之失守、摩西之出埃及，和羅馬城之奠基等事件，均為講述人類遠古史時所必須記述的歷史事件。[34] 但對歐洲人而言，無論是神聖歷史抑或世俗歷史，都是以《舊約聖經》的記載——即啟示真理——為人類遠古歷史起源之真確無誤的文獻依據，並且以歐洲、亦即基督教王國（Christendom）為歷史敘事的中心。

「中國紀年之爭」由原籍葡萄牙的耶穌會士 Alvarez Semedo（1585/86-1658, 漢名曾德昭）於 1642 年以卡斯蒂利亞語（Castillian, 西班牙中部地區的方言）撰寫的《中華帝國》（*L'Imperio de la China*）一書的出版掀起。[35] 曾德昭於是書指出，「中國人勤於作編年史和記錄，保存有 3,000 多年前直到現在的文獻。」[36] 這一觀察令當時歐洲知識分子產生極大疑問：若曾德昭的記載屬實，則中國歷史的起源可能早於《聖經》所記。對人類歷史起源問題的更大衝擊來自 Martino Martini 神父（1614-1661, 漢名衛

33　根據《聖經》，上帝創造天地後創造亞當，理論上他是人類的祖先。但嚴格來說，人類歷史要從洪水滔天之後羅亞（Noah）和他的三個兒子的故事從新開始。

34　以上主要參 Edwin I. Van Kley, "Europe's 'Discovery' of China and the Writing of World History", *The American Historical Review*, Vol. 76, No. 2, 1971, pp. 359-360; 亦參 Virgile Pinot, *La Chine et la formation de l'esprit philosophique en France (1640-1740)*, pp. 189-279; 維吉爾‧畢諾：《中國對法國哲學思想形成的影響》，頁 212-321。

35　Alvarez Semedo, *Histoire universelle du Grande Royaume de la Chine*, French trans. Jean-Pierre Duteil (Paris: Éditions Kimé, 1996); 中譯本曾德昭：《大中國誌》，何高濟譯（上海：上海古籍出版社，1998）。

36　曾德昭：《大中國誌》，頁 128。

匡國）1658 年以拉丁文出版的《中國遠古通史》（*Sinicae historiae decas prima*）一書。該書一方面將當時很多中國人仍舊相信的前伏羲時期的神話傳說排除在信史之外，把伏羲氏視為中國第一個皇帝，然後列舉了直到耶穌降生之後從不間斷地出現的列位中國皇帝，以及他們的主要事蹟。另方面，該書指出中國人之能如此準確地記載古代皇帝的紀年，在於中國人從古代開始就發明了以六十年一個甲子的紀年計算方法。而令歐洲知識界大感困擾之處，就是依據衛匡國的計算，伏羲應於公元前 2952 年即位，早於《聖經》依〈創世紀〉而得出羅亞荒舟出現的洪水滔天時期之公元前 2349 年。[37]

　　這一記述顯出中國歷史的紀年不單與歐洲當時沿用的有相當出入，而且中國歷史比歐洲人一直相信的世界歷史早大約六百年，而在當時整個世界歷史被歐洲人視為只有大約四千多年的時代裡，六百年的差距佔當時估計地球歷史的百分之十五，是相當巨大的差距。倘若古代中國人的紀年是準確的話，那麼世界歷史與中國歷史如何互相銜接？其跟著出現的問題是：若果兩者不能銜接，這是否意味著人類歷史有多於一個起源？人類歷史為甚麼有多於一個起源？亦即在歐洲以外的歷史起源是否可能？若然，則《聖經》〈創世紀〉作為歷史記述的真理地位受到質疑：〈創世紀〉講述的，是啟示真理嗎？與此同時，世界歷史的書寫不能再以歐洲、亦即基督

37　參 Edwin I. Van Kley, "Europe's 'Discovery' of China and the Writing of World History", *The American Historical Review*, Vol. 76, No. 2, 1971, pp. 362-363; Virgile Pinot, *La Chine et la formation de l'esprit philosophique en France (1640-1740)*, pp. 200-201; 維吉爾・畢諾：《中國對法國哲學思想形成的影響》，頁 226-227。

教王國為歷史敘事的中心。

　　事實上，衛匡國《中國遠古通史》一書出版之後翌年（1659），荷蘭學者以撒・沃西攸斯（Issac Vossius, 1618-1689）馬上為文響應，表示由於中國人的歷史紀年方法極之準確，卻與《舊約聖經》的記載有衝突，因此沒有理由繼續相信《聖經》上說的「洪水滔天」為一普世事件。沃西攸斯的結論是：「洪水滔天」只是一個地方性事件（local event）。[38] 這意味著或則發生洪水滔天的地點不是世界唯一的中心，或則《舊約聖經》所述說的歷史並沒有世界歷史的地位。到了 18 世紀，啟蒙思想家如伏爾泰在討論人類歷史起源時，已不會再以《聖經》〈創世紀〉為必然起點。[39] 即使是仍然持有天意論的德國歷史哲學家赫爾德（Johann G. Herder, 1744-1803），亦要承認「洪水滔天」並非普世歷史事件，僅為猶太人所經歷到的事件，地域上只限於小亞細亞、北非和歐洲東岸地區。赫爾德也指出，〈創世紀〉所描述的人類的系譜（genealogy），亦無普世意義。[40] 至於赫爾德的老師康德，當他在談論人類歷史的起源

38　Issac Vossius, *Dissertatio de vera aetate mundi* (The Hague: 1659); 參 Edwin I. Van Kley, "Europe's 'Discovery' of China and the Writing of World History", *The American Historical Review*, Vol. 76, No. 2, 1971, pp. 363-364; Virgile Pinot, *La Chine et la formation de l'esprit philosophique en France (1640-1740)*, pp. 202-204; 維吉爾・畢諾：《中國對法國哲學思想形成的影響》，頁 228-232。

39　參 Voltaire, *Les Essais sur les moeurs*, Tome I, "Introduction" (Paris: Classiques Garnier, 1990), pp. 3-193; Eng. trans. *The Philosophy of History*, Pref. Thomas Kiernan (London: Vision Press, 1965); 伏爾泰：〈導論〉，《風俗論》（上），梁守鏘譯（北京：商務印書館，1997），頁 15-228。

40　Johann G. Herder, *Idées pour la philosophie de l'histoire de l'humanité*, French-German bilingual ed., ed. Max Rouché (Paris: Éditions Montagne, 1962), p. 168.

時，便表示這只是一種「臆測」（conjecture）。[41]

　　「中國紀年之爭」還涉及很多其他課題，但就其與歐洲解昧的世界觀之出現的相關性來說，就是《聖經》〈創世紀〉作為歷史真相的記述之絕對權威地位受搖動。此外，「中國紀年之爭」也為稍後出現的「中國禮儀之爭」提供材料。

6.3.2 「中國禮儀之爭」

　　「中國禮儀之爭」源自當時羅馬教廷不滿利馬竇等耶穌會士採用寬容的權宜策略對待中國的天主教信眾；這些權宜策略包括容許中國教徒祭孔和祭祖、及以漢語禱告等。在中國本土傳教的耶穌會士們與遠在羅馬教廷的天主教教會上層對中國文化的認識極為不同：這些耶穌會士們大都在中國土地上生活了一段不短的日子（有些渡過了他們下半生的二、三十年），能夠說中國語言，他們對中國文化的一手認識令他們對這個東亞的巨大民族有更為正面的評價。耶穌會士們認為中國人在物質層面以及在智性層面起碼與歐洲人對等，若果不是比歐洲人更優秀。倘若要成功說服中國人改信天主教，需要用複雜的論證和老練的說法，讓他們明白天主教教義與他們中國人所持守的某些基本信仰並非互相衝突，而是可以互相銜接的，甚至是和諧的。

41　I. Kant, "Conjectures on the beginning of human history", in *Political Writings*, Eng. trans. H. B. Nisbet, ed. Hans Reiss (Cambridge: Cambridge University Press, 2nd ed. 1991), pp. 221-234; 康德：〈人類史之臆測的開端〉，《康德歷史哲學論文集》，李明輝譯（台北：聯經，2002），頁 71-92。

6.3.2.1　馬勒伯朗士：中國哲學是無神論和異端

　　中國禮儀之爭從對中國信眾傳教是否應採取寬容的策略，逐漸轉移到關於中國文化的性質的理解：以孔子這位偉大聖人和賢人為首的儒家，以及以儒家為代表的中國文化，是否一種無神論文化？這是一種哲學性論爭。法國天主教神父哲學家、笛卡兒主義者馬勒伯朗士（Nicolas Malebranche, 1638-1715）在 1708 年出版了《一個基督教哲學家與一個中國哲學家關於上帝的存在與本性之對談》（*Entretien d'un philosophe chrétien et d'un philosophe chinois sur l'existence et la nature de Dieu*）一書，根據懂中文的另一位義大利神父哲學家 Nicholas Longobardi（1559-1654, 漢名龍華民）提供關於朱熹「理氣」說的譯述，斷定儒家哲學以致中國文化一般是無神論哲學和無神論文化。因為在他看來，中國理學家所說的「『理』，只是一種物體之間的秩序和組合」，而若他們「認為『理』不存在於自身而只存在於物的話」，[42] 則理學更多是一種唯物論；若理學是唯物論，則就是無神論。「無神論」一詞在馬勒伯朗士筆下是十分貶義的用法，在羅馬教廷及正統派教士眼中更往往是「偶像崇拜」和「異端」的代名詞。然而，在 17 世紀中葉至 18 世紀上半，中國文化在很多歐洲知識分子和開明教士心目中的地位很高、形象很好，因此馬勒伯朗士的看法引起很多其他耶穌會士的反擊。但令論爭更受矚目者，卻是當時在歐洲思想界享負盛名、有思想領袖地位

42　N. Malebranche, *Entretien d'un philosophe chrétien et d'un philosophe chinois sur l'existence et la nature de Dieu, Oeuvres Complètes*, Tome XV, p. 20; 尼古拉・馬勒伯朗士：〈一個基督教哲學家和一個中國哲學家關於神的存在和性質的對話〉，收尼古拉・馬勒伯朗士等著，《有關神的存在和性質的對話》，陳樂民譯（北京：三聯，1998），頁 64-65。

的德國哲學家萊布尼茲的加入。

6.3.2.2　萊布尼茲：中國哲學是自然神學

　　萊布尼茲本來已對中國《易經》的象數系統與思維方式極之著迷，並希望借《易經》的記號系統來幫助他建立他心目中的世界語言（universal language），[43] 故此對耶穌會士傳回歐洲的有關中國的報導十分留意，亦曾與多位在中國傳教的耶穌會士通信及會面。萊布尼茲一生著作甚多，卻極少在生時公開發表。然而，他卻在歐洲知識分子之間有關「中國禮儀之爭」辯論得如火如荼之際，於 1697 年為一批歐洲傳教士以拉丁文聯合發表的《中國近事》（*Novissima Sinica*）一書撰寫序言，[44] 並在序言中劈頭便說：

　　　　我認為，在天意的安排下，人類最偉大的文化和最發達的

43　參 Gottfried W. Leibniz, *L'harmonie des langues*, traduit et commenté par Marc Crépon (Paris: Éditions Seuil, 2000); 亦參 David E. Mungello, "Leibniz's interpretation of Neo-Confucianism", *Philosophy East and West*, Vol. 21, 1971, pp. 3-22, 特別是 pp. 15-20.

44　萊布尼茲〈《中國近事》序言〉的法譯本現見 Gottfried W. Leibniz, "Préface des *Dernières nouvelles de la Chine*", in *Discours sur la théologie naturelle des Chinois*, ed. Christiane Frémont (Paris: Éditions de L'Herne, 1987), pp. 57-72; Eng. trans. "Translation of Leibniz' Preface", in Donald F. Lach, *The Preface to Leibniz' Novissima Sinica. Commentary, Translation, Text* (Honolulu: University of Hawaii Press, 1957), pp. 68-86; 中譯本萊布尼茲：〈《中國近事》序言〉，收夏瑞春編，《德國思想家論中國》，陳愛政等譯（南京：江蘇人民出版社，1989），頁 3-16。有關《中國近事》的討論，可參 Wenchao Li and Hans Poser eds., *Das Neueste über China. G. W. Leibnizens* Novissima Sinica *von 1697. Internationales Symposium, Berlin, 4. bis 7. Oktober 1997* (Stuttgart: Franz Seiner Verlag, 2000); 李文潮、H. 波塞爾編，《萊布尼茲與中國：《中國近事》發表 300 周年國際學術討論會論文集》，李文潮等譯（北京：科學出版社，2002）。

文明仿佛今天就匯集在我們大陸的兩端——歐洲和中國；
後者——作為東方的歐洲——在地球另一端閃耀著。[45]

　　萊布尼茲指出，中國雖然在「思辨科學」（contemplative sciences）（即理論哲學及數學等）方面遜於歐洲，卻高度讚揚中國人的「實踐哲學」（practical philosophy）能為現世的倫理及政治生活提供極佳的守則。在這方面，中國人不單勝過歐洲人，更是舉世無雙。[46] 萊布尼茲更從跨文化溝通的角度著眼，表示歐洲人不應單向地教導中國人數學和哲學，以及向他們傳播基督教，還應該「回過頭來向中國人學習有利於我們的東西：實踐哲學的運用和更佳的生活守則，更不用說他們的諸藝了。」[47]

　　在極度推崇中國人的實踐哲學之外，萊布尼茲還於逝世前一

45　G. W. Leibniz, "Préface des *Dernières nouvelles de la Chine*", in *Discours sur la théologie naturelle des Chinois*, p. 57; "Translation of Leibniz' Preface", in Donald F. Lach, *The Preface to Leibniz' Novissima Sinica. Commentary, Translation, Text*, p. 68; 萊布尼茲：〈《中國近事》序言〉，收夏瑞春編，《德國思想家論中國》，頁 3，引文中譯出自本文作者，中譯本頁碼僅供參考，下同。

46　參 G. W. Leibniz, "Préface des *Dernières nouvelles de la Chine*", in *Discours sur la théologie naturelle des Chinois*, p. 59; "Translation of Leibniz' Preface", in Donald F. Lach, *The Preface to Leibniz' Novissima Sinica. Commentary, Translation, Text*, pp. 69-70; 萊布尼茲：〈《中國近事》序言〉，收夏瑞春編，《德國思想家論中國》，頁 4-5。

47　G. W. Leibniz, "Préface des *Dernières nouvelles de la Chine*", in *Discours sur la théologie naturelle des Chinois*, p.64; "Translation of Leibniz' Preface", in Donald F. Lach, *The Preface to Leibniz' Novissima Sinica. Commentary, Translation, Text*, p. 75; 萊布尼茲：〈《中國近事》序言〉，收夏瑞春編，《德國思想家論中國》，頁 9；此中譯本漏去「更不用說他們的諸藝了」一句。就萊布尼茲對中國文化與哲學的關注和推崇在文化交互理解層面的意涵之進一步討論，可參李天綱：《關於儒家的宗教性：從「中國禮儀之爭」兩個文本看儒耶對話的可能性》（香港：香港中文大學崇基學院宗教與中國社會研究中心，2002）。

年，即 1715 至 1716 年間撰寫了「給雷蒙先生關於中國哲學」的
一封長信，表達了他「對中國人的自然神學」的看法。[48] 在這信
中，萊布尼茲與馬勒伯朗士對中國哲學的負面態度相反，為他所
理解的中國哲學——朱熹的「理氣」說——辯護。雖然萊布尼茲
把「理」等同為「心」（esprit）、「氣」等同為「元物」（la matière
première），[49] 但並不把「理」「氣」之區分視為二元論，因為一方
面，他認為完全脫離身體的心靈是不可能的；[50] 另方面，萊布尼
茲把「理」理解為衍生出「氣」者，是一種「第一因」（la cause
première）。[51] 萊布尼茲寫道：

48　G. W. Leibniz, "Lettre de M. G. G. de Leibniz sur la philosophie chinoise à M. De
　　Rémond", in *Discours sur la théologie naturelle des Chinois*, pp. 77-143; Eng. trans.
　　"Discourse on the Natural Theology of the Chinese: Letter on Chinese Philosophy to
　　Nicolas de Rémond", in Julia Ching and Willard G. Oxtoby, *Moral Enlightenment.
　　Leibniz and Wolff on China* (Nettetal: Steyler Verlag, 1992), pp. 87-141; 中譯本萊
　　布尼茲：〈論中國人的自然神學（致德雷蒙的信）〉，收秦家懿編著，《德國哲
　　學家論中國》（台北：聯經，1999），頁 65-140。

49　G. W. Leibniz, "Lettre de M. G. G. de Leibniz sur la philosophie chinoise à M. De
　　Rémond", in *Discours sur la théologie naturelle des Chinois*, p. 100; "Discourse on
　　the Natural Theology of the Chinese: Letter on Chinese Philosophy to Nicolas de
　　Rémond", p. 106; 萊布尼茲：〈論中國人的自然神學（致德雷蒙的信）〉，頁
　　88。

50　G. W. Leibniz, "Lettre de M. G. G. de Leibniz sur la philosophie chinoise à M. De
　　Rémond", in *Discours sur la théologie naturelle des Chinois*, p. 79; "Discourse on
　　the Natural Theology of the Chinese: Letter on Chinese Philosophy to Nicolas de
　　Rémond", p. 89; 萊布尼茲：〈論中國人的自然神學（致德雷蒙的信）〉，頁 68-
　　69。

51　G. W. Leibniz, "Lettre de M. G. G. de Leibniz sur la philosophie chinoise à M. De
　　Rémond", in *Discours sur la théologie naturelle des Chinois*, p. 95; "Discourse on
　　the Natural Theology of the Chinese: Letter on Chinese Philosophy to Nicolas de
　　Rémond", p. 103; 萊布尼茲：〈論中國人的自然神學（致德雷蒙的信）〉，頁

中國人的第一原則叫理，亦即萬物的理由（Raison）或根據、至為普遍的理據或實體；沒有任何事物比理更宏大、更美好。這一宏大與普遍的因是純粹的、靜寂的、精妙的、無體和無形的，只能透過悟性被認識。理之為理，生出五德：仁、義、禮、智、信。[52]

萊布尼茲問：

既然理支配一切、存在於一切、是天地間統治一切和產生一切的絕對主宰，[53]

那麼我們不是可以說，中國人的理，就是我們稱之為神那個我們所崇敬的至高無上的實體？[54]

85。

[52] G. W. Leibniz, "Lettre de M. G. G. de Leibniz sur la philosophie chinoise à M. De Rémond", in *Discours sur la théologie naturelle des Chinois*, p. 82; "Discourse on the Natural Theology of the Chinese: Letter on Chinese Philosophy to Nicolas de Rémond", p. 91; 萊布尼茲：〈論中國人的自然神學（致德雷蒙的信）〉，頁 71。五德在萊布尼茲原文中分別為 "la Piété, la Justice, la Religion, la Prudence et la Foi"，若是直譯則為「虔敬、公義、宗教、謹慎和信仰」，與儒家的說法有一定出入，故不能直譯。

[53] G. W. Leibniz, "Lettre de M. G. G. de Leibniz sur la philosophie chinoise à M. De Rémond", in *Discours sur la théologie naturelle des Chinois*, pp. 82-83; "Discourse on the Natural Theology of the Chinese: Letter on Chinese Philosophy to Nicolas de Rémond", p. 92; 萊布尼茲：〈論中國人的自然神學（致德雷蒙的信）〉，頁 72。

[54] G. W. Leibniz, "Lettre de M. G. G. de Leibniz sur la philosophie chinoise à M. De Rémond", in *Discours sur la théologie naturelle des Chinois*, p. 85; "Discourse on the Natural Theology of the Chinese: Letter on Chinese Philosophy to Nicolas de Rémond", p. 94; 萊布尼茲：〈論中國人的自然神學（致德雷蒙的信）〉，頁 75。

在這種理解下，中國人的「理學」就較希臘哲學更接近基督教神學了：

> 基於是由第一原則、或原形、或純粹現實性（l'acte pur）[55]、或神的活動產生出元物，〔這樣理解〕的結果是：中國哲學接近基督教神學多於古希臘哲學；後者認為物是一與神平行的原則，神沒有產生物，只是形構了物。[56]

既然中國人的「理」學與基督教神學相似，中國哲學就不是無神論。

雖然萊布尼茲是一個真正的中國迷，他還是把所有哲學體系中最高的地位留給基督教神學。因為萊布尼茲承認，若「理」是衍生出「氣」者，則「理」與「氣」是一切其他萬物的起源，「兩者是共同地永恆存在著的」（"l'un est aussi eternal que l'autre"）。[57] 這樣一來，「理」就沒有像基督教上帝至高造物主般的地位。事實上，萊布尼茲也意識到，「中國人似乎不知道有天啟真理，而只有天啟

55　在傳統法語哲學用語中，"acte" 源自亞里士多德 "energeia" 一語，相當於英語中的 "actuality"，故此處把 "acte" 譯作「現實性」。

56　G. W. Leibniz, "Lettre de M. G. G. de Leibniz sur la philosophie chinoise à M. De Rémond", in *Discours dur la théologie naturelle des Chinois*, p. 99; "Discourse on the Natural Theology of the Chinese: Letter on Chinese Philosophy to Nicolas de Rémond", p. 105; 萊布尼茲：〈論中國人的自然神學（致德雷蒙的信）〉，頁 87。

57　G. W. Leibniz, "Lettre de M. G. G. de Leibniz sur la philosophie chinoise à M. De Rémond", in *Discours dur la théologie naturelle des Chinois*, p. 99; "Discourse on the Natural Theology of the Chinese: Letter on Chinese Philosophy to Nicolas de Rémond", p. 105; 萊布尼茲：〈論中國人的自然神學（致德雷蒙的信）〉，頁 87。

真理才可以說明宇宙的起點。」[58] 中國人沒有天啟觀念，那麼他們是否有創世觀念？為了與他自己視中國哲學較希臘哲學更接近基督教神學的立場一致，萊布尼茲盡最後努力從創世觀去為中國哲學辯護：

> 雖然古代中國明確說出「氣」是不會枯萎的，但他們沒有明白地說出「氣」沒有起始，而由於中華帝國開始的時代就發生在基督教族長的時代，有人相信當時的中國人有可能從族長那邊聽聞過關於世界的創造。[59]

故此，雖然萊布尼茲認為中國人的「理」在形上學上有至高無上的地位，但仍然無法與基督教上帝比擬，因為中國人無天啟真理觀念，也不一定有創世觀念，因此中國哲學雖然接近基督教式的神學多於古希臘哲學式的神論，但在是否承認有天啟真理方面，則與基督教神學仍有根本差異。故萊布尼茲一方面駁斥了馬勒伯朗士等視中國人為「無神論者」的指責，另方面卻沒有把中國哲學與基督

58　G. W. Leibniz, "Lettre de M. G. G. de Leibniz sur la philosophie chinoise à M. De Rémond", in *Discours dur la théologie naturelle des Chinois*, p. 99; "Discourse on the Natural Theology of the Chinese: Letter on Chinese Philosophy to Nicolas de Rémond", p. 106; 萊布尼茲：〈論中國人的自然神學（致德雷蒙的信）〉，頁 87。

59　G. W. Leibniz, "Lettre de M. G. G. de Leibniz sur la philosophie chinoise à M. De Rémond", in *Discours dur la théologie naturelle des Chinois*, p. 99; "Discourse on the Natural Theology of the Chinese: Letter on Chinese Philosophy to Nicolas de Rémond", p. 106; 萊布尼茲：〈論中國人的自然神學（致德雷蒙的信）〉，頁 87。在基督教的遠古歷史敘述中，亞伯拉罕（Abraham）、他的兒子以撒（Isaac）及孫兒雅各（Jacob）三位被稱為以色列人的族長，而這一時代就被稱為族長時代（Patriarchal Age）。

教神學混淆，而只認為後者為一種自然神學（natural theology）。60

6.3.2.3　沃爾夫：無神論的中國人有更高級的道德體系

　　作為一個中國迷的萊布尼茲，他為中國辯護的方法是辯稱中國理學是有神論。但同樣是中國迷的萊布尼茲後學沃爾夫，雖然繼承了萊布尼茲在形上學方面的理論立場，卻以相反的方向為中國文化辯護。在其著名的演講《論中國人的實踐哲學》（1721）61 中，沃爾夫像萊布尼茲一樣極度讚揚中國人的道德實踐學說；但沃爾夫卻開宗明義指出：

> 古代中國人並不知道有宇宙的創造者，並無自然宗教，更沒有天啟宗教。只有自然的力量──不受任何宗教干預──能引導中國人去行德。62

　　儘管沃爾夫並無使用「無神論」一詞，但他顯然認為中國人是無神論者，或至少是神學上的「不可知論者」（agnostic）。與萊布尼茲和馬勒伯朗士不一樣，當沃爾夫談論中國哲學時，他參考的不

60　關於萊布尼茲與中國的關係之進一步探討，請參：Franklin Perkins, *Leibniz and China: A Commerce of Light* (Cambridge: Cambridge University Press, 2004); 孫小禮：《萊布尼茲與中國文化》（北京：首都師範大學出版社，2006）。

61　Christian Wolff, *Rede über die praktische Philosophie der Chinesen* (Lateinisch-deutsch), ed. Michael Albrecht (Hamburg: Felix Meiner Verlag, 1985); Eng. trans. "Discourse on the Practical Philosophy of the Chinese", in Julia Ching and Willard G. Oxtoby, *Moral Enlightenment. Leibniz and Wolff on China* (Nettetal: Steyler Verlag, 1992), pp. 145-186; 中譯本沃爾夫：〈中國的實踐哲學〉，收夏瑞春編，《德國思想家論中國》，頁 141-166。

62　C. Wolff, "Discourse on the Practical Philosophy of the Chinese", p. 162; 沃爾夫：〈中國的實踐哲學〉，頁 152。

是南宋朱熹的理學，而是以孔子及其門徒為主的先秦儒家思想。[63]
他對孔子的德行和學養推崇備至，並視這位中國歷史上第一號聖
人為天意（Providence）所孕育的。[64] 他認為中國人最值得讚頌之
處，就是他們把全副精神與智慧貫注在道德實踐上：

> 中國人的第一原則，就是用心培育其理性，以便達到明辨
> 善惡的知識，因此是透過選擇而成為有德行的人，而不是
> 出於對為上者的恐懼或期望報償而行德。[65]

用今日的語言來說，沃爾夫把中國人的道德哲學理解為一種
自律道德。沃爾夫進一步指出中國人不單不斷為一己努力進德修
業，也努力幫助他人在成德的道路上推進，以達「至善之境」（"the
highest point of perfection"）。[66] 而沃爾夫同意以追求至善作為道德
的最高原則：

> 人類的自主之善，就在於持續不斷地邁向至善之境……，
> 因此中國人教會了我們：人類在每日步向至善之際，也向

63　沃爾夫參閱的是法國耶穌會士 François Noël（1651-1729, 漢名衛方濟）1711
　　年在布拉格出版的六種中國經典的拉丁文譯本，包括《大學》、《論語》、
　　《中庸》、《孟子》、《孝經》和朱熹的《小學》。見 C. Wolff, "Discourse on the
　　Practical Philosophy of the Chinese", pp. 172, 175, n. 77; 沃爾夫：〈中國的實踐哲
　　學〉，頁 158、160。

64　C. Wolff, "Discourse on the Practical Philosophy of the Chinese", p. 152; 沃爾夫：
　　〈中國的實踐哲學〉，頁 147。

65　C. Wolff, "Discourse on the Practical Philosophy of the Chinese", p. 173; 沃爾夫：
　　〈中國的實踐哲學〉，頁 158。

66　C. Wolff, "Discourse on the Practical Philosophy of the Chinese", p. 177; 沃爾夫：
　　〈中國的實踐哲學〉，頁 162。

幸福邁進。[67]

　　沃爾夫在演講的結論中坦承，古代中國人的智慧之原則與他自己的原則相符。[68] 這顯然是對以先秦儒家為主的中國道德哲學之極高評價。換句話說，沃爾夫以萊布尼茲學派——一個為基督教神義論極盡辯護之能事的學派——重要傳人的身分，宣稱在歐洲之外有一種古老文化——以孔子及先秦儒家為主的中國文化——智慧極高，道德成就相當偉大，卻是一種無神論文化。對當時很多歐洲人來說，這簡直不可思議。[69] 沃爾夫這一演講立即引起極大的震盪，特別是觸怒了基督教正統教派的神學家。沃爾夫被指謫宣揚無神論，遭國王下令馬上離開他任教的哈勒大學（University of Halle），否則將被處死。沃爾夫唯有聽命出走，才免卻殺身之禍。[70]

6.3.2.4　伏爾泰：多元、容忍和理性的中國文化

　　「中國禮儀之爭」到了 18 世紀中，當法國啟蒙運動的領袖之一

67　C. Wolff, "Discourse on the Practical Philosophy of the Chinese", p. 178; 沃爾夫：〈中國的實踐哲學〉，頁 163。

68　C. Wolff, "Discourse on the Practical Philosophy of the Chinese", p. 183; 沃爾夫：〈中國的實踐哲學〉，頁 166。

69　前述耶穌會士有關中國的通信，輯錄成書之際被冠以之書名 *Lettres édifiantes et curieuses de Chine par des missionaries jésuites*，翻譯成漢語就是：《耶穌會傳教士來自中國的駭人聽聞與奇怪的書信》。

70　此事在伏爾泰《哲學辭典》論中國的條目中也有記述：Voltaire, *Dictionnaire philosophique*, ed. Étiemble (Paris: Classiques Garnier, 1967), pp. 106-107; Eng. trans. *Philosophical Dictionary*, ed. and trans. Theodore Besterman (Harmondsworth: Penguin Books, 1971), pp. 112-113; 伏爾泰：《哲學辭典》，上冊，王燕生譯（北京：商務印書館，1991），頁 328-329。

的伏爾泰加入辯論之後，又以新的面貌出現。作為既是中國迷兼且是孔子崇拜者的伏爾泰，比前人讀到更多有關中國的資料，他對中國文化有更廣闊的知識，而他對中國文化的辯護較諸萊布尼茲和沃爾夫又有所不同，可以說他從更多元的面向為中國文化辯護，而他的論據更精密。

伏爾泰從耶穌會士傳回歐洲各種關於中國的報道知道，中國民間盛行的是道教和佛教，但士大夫則大多尊崇孔子、信奉儒家學說。他認為中國人一般來說並非無神論者，卻也不是偶像崇拜，因為中國人自古便有敬天之說，而中國皇帝及士大夫更每年進行兩次祭天之禮，這顯示出中國人視「天」為最高主宰，即相當於歐洲人當時稱之「至高存在」（l'Être suprême）。[71] 故伏爾泰認為，中國人是有宗教信仰的，因而不能稱之為無神論者。然而，伏爾泰不忘指出，中國人、特別是孔子，不是從形上學角度理解宗教或從事宗教活動，而是從道德體系或法律秩序之完滿這一要求出發從事宗教實踐。

對伏爾泰而言，宗教的最重要功能，不在於其能否通往最高的形上學真理，而在於其為道德及法律體系之完成的必要條件：「信仰一個上帝，就是要祂懲罰那些在現世或另一個世界逃脫了人類公義的敗類」，[72] 是要為實現「公義、寬容和人道（humanité）」。[73] 可

71　Voltaire, *Les Essais sur les moeurs*, Tome I, pp. 69-70; Eng. trans. *The Philosophy of History*, p. 86; 伏爾泰：《風俗論》（上），頁 88-89。

72　Voltaire, *Dictionnaire philosophique*, p. 40; *Philosophical Dictionary*, p. 54; 伏爾泰：《哲學辭典》，上冊，頁 187。

73　Voltaire, *Dictionnaire philosophique*, p. 367; *Philosophical Dictionary*, p. 357; 伏爾泰：《哲學辭典》，下冊，頁 689。

以說，伏爾泰視宗教為道德服務、從屬於道德，從某一意義下看已經為後來康德的理性宗教觀開了先河。事實上，早於康德之先，伏爾泰已經提出要區分兩種形態的宗教：國家的宗教（la religion de l'État）與神學的宗教（la religion théologique）。前者確立各種宗教禮儀、建築、節日、秩序，特別是「向人民傳授好的道德」，

> 這種國家的宗教在任何時刻都不會帶來麻煩。神學的宗教則不一樣，它是一切愚昧和可以想像得到的麻煩之來源；它是宗教狂熱和公民之間的不和之母；它是全人類的公敵。[74]

伏爾泰以基督教為例說明神學的宗教之禍害：基督教自視為「唯一最好的、唯一最真的宗教，卻做出了許多惡行」；[75] 由於

> 基督徒要他們的宗教成為支配全球的宗教，他們因而必然成為全球的敵人，直至全球佈滿基督徒。他們在他們一切有爭議的事情上互相為敵，……而基督教會從早期直至今日都沾滿了血。[76]

伏爾泰這一說法驟聽有點偏激，但證之於二千年來基督教教會的歷史，特別是基督教教會內外的宗教戰爭數量之多和程度之慘

74　Voltaire, *Dictionnaire philosophique*, p. 369; *Philosophical Dictionary*, p. 358; 伏爾泰《哲學辭典》中譯本依據的文本是較早的版本，沒有相關的段落。

75　Voltaire, *Dictionnaire philosophique*, p. 368; *Philosophical Dictionary*, p. 357; 伏爾泰：《哲學辭典》，下冊，頁 691。

76　Voltaire, *Dictionnaire philosophique*, pp. 401-402; *Philosophical Dictionary*, pp. 388-389; 伏爾泰：《哲學辭典》，下冊，頁 715。《哲學辭典》中譯者把這一條目的標題 "tolérance"（寬容）譯成「信仰自由」，顯然欠妥。

烈，則令人覺得伏爾泰的講法並非毫無根據。伏爾泰亦曾表示，基督教最應該也最有條件成為最寬容的宗教；以今天的語言來說，這是基督教作為普世宗教的使命所要求的。但事實上，當時它卻顯現為最缺乏寬容的宗教。[77]

當伏爾泰為中國文化辯護時，他並無像萊布尼茲那樣仍然希望有助基督教在中國的傳播，他反而著重指出中國人在宗教信仰上的多元色彩，因而意味著中國文化涵蘊著宗教容忍的傳統。伏爾泰強調儒家是理性思維的產物，沒有迷信色彩（「子不語怪力亂神」）。伏爾泰宣稱：

> 孔子不創新說，不立新禮；他不做受神啟示的人，也不充當先知：他是傳授古代法律的賢明大法官。我們有時不恰當地稱他〔的學說〕為儒教；其實他的宗教不外就是所有皇帝和大臣的宗教，那就是先賢們的宗教。孔子只是向人們推崇美德，而並無宣揚任何奧秘之說。[78]

伏爾泰雖然沒有正式說孔子是無神論者，更反駁了馬勒伯朗士認為中國人是無神論者的指稱；然而，更重要的是，伏爾泰認為在 17 至 18 世紀初的中國，雖然科學上落後於當時的歐洲，而軍事上也不如當時歐洲先進，但中華帝國不是窮兵黷武的國家。伏爾泰更

---

[77] Voltaire, *Dictionnaire philosophique*, p. 403; *Philosophical Dictionary*, p. 390; 伏爾泰《哲學辭典》中譯本依據的文本是較早的版本，沒有相關的段落。

[78] Voltaire, *Les Essais sur les moeurs*, Tome I, p. 69; *The Philosophy of History*, p. 86; 伏爾泰：《風俗論》（上），頁 88-89。亦參 Voltaire, "Le philosophe ignorant. XLI. De Confucius", in *Mélanges*, ed. Jacques Van Den Heuvel (Paris: Gallimard, Bibliothèque de la Pléiade, 1961), pp. 903-904.

指出，17 世紀的中國曾有當時全世界最好的政府組織，[79] 亦曾出了一位當時全世界最英明、德行最高、寬容而尊重學問的皇帝——清代的康熙帝，[80] 因而中國在他統治下國泰民安。以儒家文化為主體的中國士大夫文化，表現出一種溫文有禮、重視德性和公義的理性主義文化。

總結伏爾泰對中國社會性質的分析，他認為中國社會是物質文明與道德都是極先進的社會，特別是中國是實行宗教容忍的國家，而中國儒家哲學則是宗教色彩不濃的理性主義哲學。[81] 這表明一個神學上不可知論甚至是無神論的社會不單是可能的，而且是理想的和可欲的（desirable），因為它是高度文明的體現，是人類社會應該朝著發展的方向。18 世紀法國啟蒙運動領袖伏爾泰對中國儒家文化作為無神論文化的體認和正面肯定，顯然為當時在歐洲進行的世界的解昧過程帶來了推波助瀾的作用。

不過，在歐洲人心目中，中國文化似乎並無在推崇個體自由與自主方面留下重大成果。我們更知道，黑格爾曾說過一名句：「在中國，只有皇帝一人享有自由。」儘管當代著名西方漢學家狄百瑞（Theodore de Bary, 1919-2017）認為中國有「自由傳統」[82]，但這講

79　Voltaire, *Les Essais sur les moeurs*, Tome II, p. 785; 伏爾泰：《風俗論》（下），頁 509。

80　漢名白晉的法國耶穌會教士 Joachim Bouvet (1656-1730)，曾到清初的中國傳教，並於康熙朝事奉，回到法國後發表了 *L'Histoire de l'Empereur de la Chine* (The Hague: 1699) 一書，高度讚揚康熙帝為法王路易十四以外當世最英明和最有德行的君主；萊布尼茲、沃爾夫和伏爾泰等歐洲中國迷無不受此書影響。

81　Voltaire, *Les Essais sur les moeurs*, Tome I, p. 71; *The Philosophy of History*, pp. 87-88; 伏爾泰：《風俗論》（上），頁 90。

82　Wm. Theodore de Bary, *The Liberal Tradition in China* (Hong Kong: The Chinese University Press, 1983), pp. 6-7; 狄百瑞：《中國的自由傳統》，李弘祺譯（香

法似乎缺乏足夠說服力，因為狄百瑞以黃宗羲反對絕對君權為例來辯說他是自由主義者，這說法有點牽強。在《明夷待訪錄》中，黃宗羲只是主張恢復孟子式的民本主義，與 17 世紀歐洲反對絕對君權者明確地高舉個體自由的價值觀有相當距離。以胡適為代表的自由主義思潮在現代中國曾於五四時期初現，但未曾生根。1949 年之後，自由主義在殖民統治之下的香港反而得到半個世紀的發展，但在九七回歸後似乎再度中斷了。21 世紀的中國人能否以成為前文說過的 ethical commonwealth ──眾多自主個體自發地參與之道德聯盟──為自我期許，這似乎是我們能否通往解昧的道路的試金石。

6.4　結語

現代歐洲人在爭取自由方面似乎沒有從中國文化中得到甚麼啟發。儘管如此，17、18 世紀歐洲人對中國歷史的發現和對中國文化的認識，顯然對現代歐洲人世界觀的一個重要構成部分──解昧的世界觀──的形成起了不可磨滅的關鍵作用。從早期的耶穌會士經馬勒伯朗士到萊布尼茲，歐洲知識分子主要是透過對中國人是否無神論者來評價中國文化，亦即基本上是以基督教神學的絕對尺度來對中國文化「判教」，儘管他們達到各自不同的結論。自沃爾夫開始，歐洲思想家已懂得欣賞無神論文化，因為在沃爾夫眼中，作為無神論文化的中國文化，其實踐哲學成就與道德智慧都很高。到了

港：中文大學出版社，1983），頁 8-9。狄百瑞於書首以一極鬆散的方式定義自由主義（liberalism），與一般在政治哲學範圍內討論自由主義的確定用法明顯不同。

伏爾泰，他在讚揚中國社會的物質文明與道德相較當時歐洲先進之餘，還因了解到中國儒家哲學是宗教色彩淡薄的理性主義哲學，以及中國文化有宗教多元和宗教容忍的傳統，進而認定無神論或神學上不可知論的文化可以是理性主義文化，並可以是人類社會理想的發展方向。萊布尼茲、沃爾夫和伏爾泰在參與有關中國文化性質的辯論中，表現出對這一遠在東方的文化他者極高和極正面的評價。這不單從跨文化理解的角度在不同面向促進了當時在歐洲進行的世界之解昧過程，他們亦成為了反對歐洲中心論和從事交互文化溝通的偉大先驅。

第 7 章

自我轉化與終極倫理目的：勞思光、傅柯與胡塞爾中的引導性哲學

　　為了理解中國哲學的獨特性及基本旨趣，勞思光（1927-2012）創造了「引導性哲學」一概念，以便與西方以認知旨趣為主的「認知性哲學」對揚。勞氏指出，引導性哲學作為反思性活動的功能在於「自我轉化」及「世界轉化」，這是認知性哲學所沒有。然而，筆者發現，勞氏這一說明的有效性不限於理解中國哲學，它還可為晚期傅柯（Michel Foucault, 1926-1984）在《性經驗史》第二、三卷及《主體詮釋論》中顯現的倫理轉向提供理解的鑰匙。事實上，晚期傅柯正是以「自身轉化的歷練」、「自身轉化成道德主體」、或「轉化成主體」這些表述方式來說明古代西方希羅時期哲學活動的特質。傅柯稱古代西方的哲學活動為「精神修煉」或「精神性」，以有別於現代西方自笛卡兒以降的思辯性哲學活動。但我們發現，這「精神修煉」並沒有在當代西方哲學活動中完全消失。胡塞爾揭櫫的現象學方法──懸擱與還原──作為引導哲學主體從事自身轉化的行為，也體現了傅柯稱為精神修煉的特質。透過這一自身轉化，現象學哲學家得以發現內在於其自身的主體性，投身於對自身徹底負責的行為中，從而能擔負起成為胡塞爾在《歐洲科學的危機與超越論的現象學》中所稱的「人類的公僕」這崇高道德任務。這至高倫理目的支撐著現象學態度的底層，亦是一種倫理的和實踐的

態度。因此，勞思光提出的「引導性哲學」之理念及元素，不單存在於傳統中國哲學，也存在於古代西方（希羅）哲學和當代西方哲學（傅柯、胡塞爾）中。而這一概念不單可以充當古代西方（希羅）哲學和當代西方哲學（傅柯、胡塞爾）的橋樑，還可以為當代中西哲學的溝通提供新起點。

7.1　引言：純「認知性哲學」之霸權與「引導性哲學」在當代西方的興起

　　哲學是否一種純然認知性和理論性的探討？這是自踏入 21 世紀以來，在漢語學術界興起的有關所謂「中國哲學的合法性問題」之論爭的其中一個核心議題。[1] 有人質疑以「哲學」一詞來指稱中國傳統思想在語用上的正當性，因為中國傳統思想以道德和倫理導向為主，與來自西方的、以理論反思為主要目的和思考形態的哲學不同，所以不應稱傳統中國思想為哲學。採取上述立場的論者，不論來自漢語世界抑或來自西方，都持守著一個與現象學之父胡塞爾（Edmund Husserl, 1859-1938）相若的哲學理念。事實上，胡塞爾於其 1935 年著名的維也納演講中已經明白表示，「說有所謂印度和中國的哲學……，是一種錯誤，是一種意義的顛倒。」[2] 因為胡塞爾從

1　這一論爭也引起西方學術界的關注，一些重要的漢語文獻被翻譯成英文，刊於 *Contemporary Chinese Thought*, Vol. 37, No. 1-3, 2005-2006.

2　Edmund Husserl, *Die Krisis der europäischen Wissenschaften und die transzendentale Phänomenologie, Husserliana VI*, ed. Walter Biemel (The Hague: M. Nijhoff, 1954)（以下簡稱 *"Krisis"*）, p. 331; *The Crisis of European Sciences and Transcendental Phenomenology*, Eng. trans. David Carr (Evanston, IL: Northwestern University Press, 1970)（以下簡稱 *"Crisis"*）, pp. 284-285; 胡塞爾：

一種事先認定的哲學理念出發——哲學就是希臘人持守那種哲學和科學態度——以純粹理論（pure *thêoria*）[3]為最高旨趣的智性思考；不符合這一理念的思維方式，就稱不上哲學。這種判定來自康德所謂的規定性判斷（determining judgment），[4]它由一種有近乎先驗性地位的理念出發，從上而下作出，排他性極強，有相當濃厚的霸權色彩。

但以純粹理論為最高旨趣的哲學理念之問題在於，它不單無法理解中國和印度等東方文化中的哲學的特色，亦不能面對當代西方哲學界中，最有活力及最具影響力的一些哲學工作成果，包括傅柯晚期及德里達（Jacques Derrida, 1930-2004）後期的「倫理轉向」（"ethical turn"），以及列維納斯（Emmanuel Lévinas, 1906-1995）在成熟期開始提出的「倫理學作為第一哲學」（Ethics as First Philosophy）[5]的學說，以取代西方一直以形上學或知識論為第一哲學的整個傳統。而以純粹理論為哲學的標竿，也會把做出「新實

《歐洲科學的危機與超越論的現象學》，王炳文譯（北京：商務印書館，1981）（以下簡稱《危機》），頁 386。引文中譯出自本書作者，中譯本頁碼僅供參考，下同。

3　E. Husserl, *Krisis*, pp. 325, 331; *Crisis*, pp. 280, 285；胡塞爾：《危機》，頁 381、386。

4　Immanuel Kant, *Critique of the Power of Judgement*, Eng. trans. Paul Guyer and Eric Matthews (Cambridge: Cambridge University Press, 2000), p. 67；康德：《判斷力批判》，鄧曉芒譯（北京：人民出版社，2002），頁 169。

5　Emmanuel Lévinas, *Éthique comme philosophie première* (Paris: Éditions Payot & Rivages, 1998); "Ethics as First Philosophy", in *The Levinas Reader*, Eng. trans. Seán Hand and Michael Temple, ed. Seán Hand (Oxford: Blackwell, 1989), pp. 75-87；列維納斯：〈倫理學作為第一哲學〉，陸丁譯，收趙汀陽主編，《年度學術 2005：第一哲學》（北京：中國人民大學出版社，2005），頁 298-315。

用主義轉向」（Neo-Pragmatic turn）後的美國哲學家羅蒂（Richard Rorty, 1931-2007）的著作，排除在哲學著作之門外。故此，我們必須從胡塞爾式過分狹義的哲學理念中解放出來，重新確立一種可以包容各種強調「實踐之首要」（primacy of the practical）的哲學論說。6

本文將介紹在當代漢語哲學界有重要理論建樹的勞思光先生提出的「引導性哲學」（orientative philosophy）概念，一方面用以理解中國哲學的特性及其基本旨趣，另一方面作為西方以認知性旨趣（cognitive interest）為先的哲學理念的重要補充（supplement）。勞思光指出，中國哲學作為引導性哲學的主要功能在於「自我轉化」（self-transformation）及「世界轉化」（transformation of the world）。7 中國哲學的基本旨趣雖然與認知性哲學的純理論興趣不同，但仍不失為哲學，因為它仍是一種反思性活動，仍透過一定程度的理論化思考和以提出理據的方式立說。勞思光以引導性哲學作為以達成自我轉化和世界轉化為實踐目的之哲學活動方式，正好為晚期傅柯在《性經驗史》第二和第三卷，以及在同期於法蘭西學院講授的《主體詮釋論》中顯示的著名倫理轉向提供了概念上的說

---

6 「實踐之首要」這一論旨，早已由康德在《純粹理性之批判》的結尾部分、就過渡到《實踐理性之批判》之預備性說明中透露。請參 Richard Kroner 之經典說明：*Kant's Weltanschauung*, Eng. tran. John E. Smith (Chicago: University of Chicago Press, 1956).

7 勞思光：〈對於如何理解中國哲學之探討及建議〉，《思辯錄》（台北：東大圖書，1996），頁 18-19；英文本：LAO Sze-Kwang, "On Understanding Chinese Philosophy: An Inquiry and a Proposal", in *Understanding the Chinese Mind: The Philosophical Roots*, ed. Robert E. Allinson (Hong Kong, New York: Oxford University Press, 1989), p. 277.

明。若我們打開傅柯的相關文本，會驚覺他正是以「自身轉化的歷練」（épreuve modificatrice de soi-même）[8]、「自身轉化成道德主體」（"se transformer soi-même en sujet moral"）[9]，或「主體之轉化」（"transformation du sujet"）[10]這些語彙來表述他對古代西方在希臘和羅馬時期哲學活動之特質的新理解。這些語彙與勞思光提出的「自身轉化」之說從用語上和概念上都不謀而合。繼法國西方古代哲學研究專家哈都（Pierre Hadot, 1922-2010）稱古代西方哲學為「精神修煉」（"exercices spirituels", "spiritual exercises"）之後，[11]傅柯在《主體詮釋論》中，提議把古代西方哲學活動的方式稱為「精神性」（"spiritualité", "spirituality"）的探求，[12]以便把它跟現代西方自笛卡

8　Michel Foucault, *L'usage des plaisirs, Histoire de la sexualité*, T. 2 (Paris: Gallimard, 1984), p. 14; *The Use of Pleasure, The History of Sexuality*, Vol. 2, Eng. trans. Robert Hurley (New York: Pantheon Books, 1985), p. 9 以 "the test by which one undergoes changes" 來翻譯 "épreuve modificatrice de soi-même" 一語，完全無法把「自身轉化的歷練」的精義表達出來。

9　M. Foucault, *L'usage des plaisirs, Histoire de la sexualité*, T. 2, p. 34; *The Use of Pleasure, The History of Sexuality*, Vol. 2, p. 27.

10　Michel Foucault, *L'herméneutique du sujet. Cours au Collège de France, 1981-82* (Paris: Seuil/Gallimard, 2001), p. 17; *The Hermeneutics of the Subject: Lectures at the Collège de France, 1981-82*, Eng. trans. Graham Burchell (New York: Picador, 2005), p. 14; 米歇爾‧福柯：《主體解釋學》，佘碧平譯（上海：上海人民出版社，2005），頁 17。

11　Pierre Hadot, *Exercices spirituels et philosophie antique* (1st ed. 1993; 3rd ed. Paris: Albin Michel, 2002); *Philosophy as a Way of Life: Spiritual Exercises from Socrates to Foucault*, Eng. trans. Michael Chase, ed. Arnold Davidson (Oxford; New York: Blackwell, 1995).

12　M. Foucault, *L'herméneutique du sujet. Cours au Collège de France, 1981-82*, pp. 16-18; *The Hermeneutics of the Subject: Lectures at the Collège de France, 1981-82*, pp. 14-16.

兒開始的哲學活動方式區分開來（見下文）。

　　然而，倘若我們對「精神修煉」或「精神性」這一概念作進一步考察，會發現這種哲學活動方式不限於古代西方：在 20 世紀的歐洲，胡塞爾的現象學實踐，特別是他創造的現象學方法──懸擱（epoché）與還原（reduction）──分享著傅柯所理解的「精神性」之特質，因為晚期的胡塞爾，就是把現象學懸擱和還原理解成把哲學反思主體引領往自身轉化的行為。透過自身轉化，人之存在發現並且直面其主體性。回到其主體性的現象學哲學家，就可以履行其對自身之徹底的倫理責任，即擔負起為人類整體提供徹底自身了解這一使命，成為「人類的公僕」（"Funktionäre der Menschheit", "functionaries of humankind"），而這恰恰就是胡塞爾在《歐洲科學的危機與超越論的現象學》中交予哲學家的崇高的普世道德任務。[13] 倘若現象學懸擱和還原帶來的現象學反思主體的自身轉化是要實行這最高的倫理目的，現象學態度基本上就是一種倫理和實踐態度，或起碼有強烈的倫理和實踐旨趣。

　　上述就現象學態度的倫理和實踐面向的發現，帶來了兩方面的後果。首先，它否定了胡塞爾一直宣稱自己所持守的哲學理念──真正的哲學是歐洲式的純理論探究。另一方面，它把傅柯晚期提出的區分──精神性或精神修煉是古代西方哲學實踐的特徵，有別於自笛卡兒開始的現代西方哲學活動的形式──相對化。因為胡塞爾作為當代西方哲學家就是從事了某種堪稱「精神性」或「精神修煉」式的哲學活動。由這些發現結果出發，我們有理由疑問：東西方的哲學理念和哲學實踐，是否如勞思光與胡塞爾各自認為那樣

13　E. Husserl, *Krisis*, p. 15; *Crisis*, p. 17; 胡塞爾：《危機》，頁 28。

有不可磨滅的本質性差異？古代西方和現代西方的哲學活動方式，是否像傅柯想像那樣，有不能跨越的鴻溝？勞思光的引導性哲學概念，是否可以充當東西方哲學之間、以及古代和現代西方哲學之間的橋樑？

7.2　勞思光的引導性哲學概念：以莊子與孟子為例

一般人探討「何謂哲學」時，大多從其希臘文字源出發，透過對 "philosophia" 一詞的分析性說明，把「哲學」定義為「愛智」之學。這一字源學進路自然而然地以希臘哲學為哲學活動的典型（prototype），而希臘哲學兩位大師柏拉圖（Plato, 429-347 BC）和亞里士多德（Aristotle, 384-322 BC）的系統思維，就成為此後一切哲學活動的濫觴。由於柏拉圖和亞里士多德都被了解成以其形上學學說為各自的思維系統的統攝性高峰，而又由於形上學是一門純粹理論思辯的學問，那麼哲學活動的最高旨趣就落在形上學純粹理論思辯了。所以，從希臘文字源學進路理解「何謂哲學」，就會以純粹認知旨趣來規定哲學活動的性質和功能。這一進路的哲學思考，排斥了哲學活動所有其他可能的功能，成為一種封閉的哲學形態，造就了一個封閉的哲學理念，對所有其他可能形態的哲學低貶、嘲諷、否認或排斥。指「中國哲學」一說為「不合法」者，或者視「中國哲學」這一表述方式為「意義的顛倒」，就是抱持這個封閉的哲學理念的結果。

早於所謂「中國哲學的合法性問題」這論爭爆發之前的二十多年，勞思光已經指出，要透過「哲學的功能」這一字源學以外的進路，才能準確地了解中國哲學的特性。我們可以稱勞思光的進路為

「功能的進路」，因為他建議我們從一種哲學要充當的任務來理解其特色。勞思光認為，西方文化傳統中，哲學的功能是以「了解世界」為主；[14] 一個哲學理論是否成功，主要看其相對於世界而言的「解釋效力」（explanatory power）。[15] 然而，中國哲學的主流，是道德哲學與政治哲學的結合；與西方哲學不同，它的文化功能體現在「對道德生活與政治生活的指引作用上」。[16] 因此，勞思光認為，我們必須就中國哲學的功能，提出一個新的概念，以說明中國哲學要充當的任務有別於西方哲學，也就是為一個哲學理論提供「指引效力」（orientative power），[17] 作為說明西方哲學功能的「解釋效力」之補充。「指引效力」與「解釋效力」這一對概念會成為一套新的後設哲學語言的基礎；這樣，我們不單可以正確理解中國哲學的特色，更可以把傳統中國哲學中最有價值的部分，「作為一種指引的哲學而重新發展」。[18] 這樣，中國哲學就有可能發展「成為未來世界哲學中的重要部分」。[19] 換句話說，勞思光揭櫫一個新的、開放的哲學理念，一方面作為中西哲學溝通的橋樑，同時讓中國哲學最精要的部分得到新發展，以便在未來的世界哲學中佔一席位。

　　在上述文章發表數年後的一篇姊妹作裡，勞思光就中國哲學

14　勞思光：〈中國哲學研究之檢討及建議〉，載《虛境與希望：論當代哲學與文化》（《思光學術新著》之二），劉國英編（香港：中文大學出版社，2003），頁 15。本文原為 1983 年美國威斯康辛大學「中國思想史」學術研討會主題演講講辭。

15　勞思光：〈中國哲學研究之檢討及建議〉，頁 20。

16　勞思光：〈中國哲學研究之檢討及建議〉，頁 21。

17　勞思光：〈中國哲學研究之檢討及建議〉，頁 20。

18　勞思光：〈中國哲學研究之檢討及建議〉，頁 20。

19　勞思光：〈中國哲學研究之檢討及建議〉，頁 21。

的特性，提出了一個更加成熟的表述方式：引導性哲學。勞氏認為，傳統中國固然有許多哲學學派，但除極少數例外，這些學派提出的學說全是引導的哲學。故傳統中國哲學整體地看，基本上是一種「引導性哲學」。[20] 它的基本功能與西方的認知性哲學（cognitive philosophy）不同，它不是要回答「世界是甚麼？」的問題，而是要回答「我們應往何處去？」的問題，[21] 其目標是達成反思主體的「自我轉化」和「世界轉化」。儘管與認知性哲學的功能不同，引導性哲學仍是哲學，因為它也是反省性思考，[22] 具有理論學說的以下三個要素：

> a. 選定一個目的，而且將它作為智慧之正當目標。b. 對以上決定給予理據。c. 提出實踐規條，表明這個目的如何達成。[23]

勞思光分別以原始道家的莊子及先秦儒家的孟子為例，進一步說明引導性哲學的特色。

7.2.1　莊子的道家哲學作為引導性哲學

勞思光指出，莊子學說的目的見於今本《莊子》內篇的開卷篇〈逍遙遊〉中，就是建立關於「逍遙」的理論，即實現「超離的

20　勞思光：〈對於如何理解中國哲學之探討及建議〉，《思辯錄》，頁 18。此文原刊於《中央研究院中國文哲研究集刊》（創刊號）（台北，1991），頁 89-115。

21　勞思光：〈對於如何理解中國哲學之探討及建議〉，頁 35。

22　勞思光：〈對於如何理解中國哲學之探討及建議〉，頁 20。

23　勞思光：〈對於如何理解中國哲學之探討及建議〉，頁 20。

自由」。[24] 在日常語言中,「遊」是指漫長往來的意思,本來是用以描述物理序列中的慣常事情。但由於「逍遙」是指一種「無負擔、亦無限制的自由」,[25] 則「逍遙遊」的意思便變成指「心靈之自然運行」。[26] 以現代哲學語言來說,莊子的「逍遙遊」就是那種呼籲人們實現「超離的自由」的學說,「因為這種自由並不假定要對客觀事業或客觀世界發揮任何主動性的影響。」[27] 換句話說,為了避免在世界中遇上阻力,我們不應介入世事的發展;我們讓世事走它的自然軌道,這樣,我們就可以享有超離的自由。

　　「逍遙」是莊子作為先秦道家哲學的一個核心主張。而莊子的學說不僅僅是主張、且還是哲學,因為他提出理據來支持他的主張。支持逍遙的主張之理據來自「化」這概念,在《莊子·內篇》第六篇〈大宗師〉中提出。

　　勞氏指出,「化」字在日常語言中,本來指現象世界中事象的變化,但莊子卻給予它一種特殊的存在論意涵:「化」是支配一切存在事物的基本原理,意謂現象界中一切存在者都會產生變化。在「化」這概念的基礎上,莊子進一步提出「造化」之概念,指那帶來變化、造成變化者。故「造化」就是「造成變化之原理」。[28] 也就是說,造化這一原理也是一種影響世界、支配世界中的存在者的力量。勞氏提醒我們這種視世界為在恆常變化中,並認為所有世界中的存在者都受變化的原理所支配的看法,並非莊子獨有,古希臘

24　勞思光:〈對於如何理解中國哲學之探討及建議〉,頁 21。
25　勞思光:〈對於如何理解中國哲學之探討及建議〉,頁 20。
26　勞思光:〈對於如何理解中國哲學之探討及建議〉,頁 20。
27　勞思光:〈對於如何理解中國哲學之探討及建議〉,頁 21。
28　勞思光:〈對於如何理解中國哲學之探討及建議〉,頁 22。

赫拉克利特（Heraclitus, c. 535-c. 475 BC）和印度原始佛教都有相似看法。莊子提出「造化」理論的獨特之處，在於他從我們恆常處於變化的現象界這一觀察出發，得出的理論後果：存在於現象世界中的人的身體及形軀自我，受到各種條件所規定，只是虛幻的，因此不能享有真正自由。[29]

　　為了說明莊子的理據，勞思光引錄了〈大宗師〉中講述子祀、子輿、子犁和子來四人莫逆之交的一段著名文字。由於四人都分享著極高的人生智慧，深明人的生死是一體兩面的道理，因此四友人中，沒有任何一位在死亡面前顯得恐懼。當子來病重，快要離開人世之際，他的妻子兒女在子來身邊抽泣，子犁往探望子來時對子來的妻兒們說：「叱，避；無怛化。」然而在病榻前對子來說：「偉哉造化！……為蟲臂乎？」子來如此回應：

> 夫大塊載我以形，勞我以生，佚我以老，息我以死。故善
> 吾生者，乃所以善吾死也。（《莊子》〈大宗師〉）

　　根據勞思光的解釋，莊子藉此一故事想說明的，就是以下的真理：由於形軀層面的自我是由會毀壞的元素組成，它就如各種物理性事物般虛幻。倘若形軀的身體是由物理元素在宇宙力量及變化原理的某種作用下集合而成，則當支配著這些變化的宇宙力量產生了另一些作用，使這些物理元素以另一種方式集合，原先的形軀身體就會解體，我們便沒有理由把形軀自我視為真正的自我。[30] 倘若我們追尋的目標是超離的自由，則它一定不能透過形軀我達至。

29　勞思光：〈對於如何理解中國哲學之探討及建議〉，頁 23。
30　勞思光：〈對於如何理解中國哲學之探討及建議〉，頁 24。

　　勞思光同時指出，我們也不能以經驗事物的謂語來回答「何謂真我？」的問題，因為上面的解說已指出，真我不能在物理世界中找到，因為它不屬於物理序列。倘若真我不是被任何物理世界中的條件所規定，真我就是自由本身：因為自由就是那不被規定者。這裡勞思光顯然借用了一種康德式的理解方式：自然世界的因果性（natural causality）與自由是互相背反的。當真我不受物理自然範圍內的條件所制約，它就不在現象界，而是在本體界（realm of noumenon）；而本體界就是自由的領域。追求超離自由之目的是一個自身成立的目的，它不落入任何工具性的考慮中。自由之追尋作為一個自身目的，不是由物理因果性推出，而是由主體的自覺努力、特別是主體的反思得出。[31]

　　為了進一步說明莊子的自由觀，勞思光以德意志觀念論另一個重要人物費希特（Johann G. Fichte, 1762-1814）的自由觀作對比。費希特的自我（Ego）所享有的自由，可以伸展至整個非我（non-Ego）的領域，因此自我透過其意識活動，就可以創造出一個精神價值的世界。勞氏指出，費希特這一看法，是奠基於「一個樂觀的假定，即在現象界創造價值是基本上可能的。」[32]但莊子卻從來沒有這種樂觀主義論調，也不接受在現象界創造價值這種可能性。由於在宇宙力量的支配下沒有任何事物可以阻擋變化，那些體現為價值的事物也無法維持不變。勞思光認為莊子的立場就是：在物質世界中，萬物依宇宙原理運行，各自循其自然道路生滅，故此並無任何持久的、有價值的事可作。故儘管人類心靈主觀上想實現價值，但

31　勞思光：〈對於如何理解中國哲學之探討及建議〉，頁 24。
32　勞思光：〈對於如何理解中國哲學之探討及建議〉，頁 25。

是「從事認知及道德的努力，〔卻只是在尋求不可能的東西〕，造成自身及世界的種種煩擾。」[33]

透過這一說明，勞思光想著重指出莊子超離的自由觀底下的非認知主義（non-cognitivist）和非道德主義（non-moralist）立場：客觀的知識是不可能的，普世的道德規範也是不可能的。莊子對認知活動和道德規範的價值持否定態度是眾所周知的。《莊子‧內篇》第二篇〈齊物論〉中嘲笑儒家和墨家只是一些「小成」，就是著名的例證：

> 道惡乎隱而有真偽？言惡乎隱而有是非？道惡乎往而不存？言惡乎存而不可？道隱於小成，言隱於榮華。故有儒、墨之是非，以是其所非，而非其所是。欲是其所非而非其所是，則莫若以明。物無非彼，物無非是。自彼則不見，自知則知之。故曰：彼出於是，是亦因彼。彼是，方生之說也。雖然，方生方死，方死方生；方可方不可，方不可方可；因是因非，因非因是。是以聖人不由，而照之于天，亦因是也。（《莊子》〈齊物論〉）

很多評論者認為莊子在這著名的段落中提出了一種認識論和道德論上的相對主義立場。然而，若我們細心閱讀，會發現莊子其實只是就世人——包括儒家和墨家——對差不多每一個問題的看法都充滿互相矛盾的意見這狀況作出描述。莊子想指出的是：世人的認知判斷能力和道德判斷能力都是很有限的，我們憑甚麼相信某一個判斷而不相信另一個判斷？在今日這個各種專門知識領域極多極廣

33　勞思光：〈對於如何理解中國哲學之探討及建議〉，頁 25。

的世界裡，要決定一個知識命題是否真確，要把它放在相關知識領域下，依照管核該知識領域的公理和原理來檢查，因此真理的標準都是相應於一個殊別的知識領域中的原理之系統。但一個殊別的知識立場或思想系統總會引生出一個對立的知識立場或系統。結構主義者就告訴我們，我們的思維是在一個二元對立的概念體系下操作的。體系中互相對立的兩邊表面上互相否定，但實質上它們互相依存才能操作。這種透過互相對立的關係來互相依存，不單呈現在不同知識體系中，也呈現在不同文化體系中，成為一種極具普遍性的特徵。不能否認的是，就各種議題各持相反意見而無休止地爭議下去者，往往就是滿足於自己的微少發現的「小成」者。面對這種處境，莊子的智慧就顯現於：他理解到只有聖人明白，要達到真知，不能停留在世人表面上互相對反的意見，必須上升到凡人所處的經驗世界之上或之外的高度（「天」），才能了解到真實或真相。從一個聖人的視點看，無法在經驗世界中找到真知和建立道德規範，因為真我並不存在於經驗世界中呈現的形軀我。

在上述理解的基礎上，勞思光指出：「莊子之自我必須定立在其自身之自由之中。」[34] 實現自我，就是追求超離的自由。由於這不能在經驗界中進行，也就不會受經驗世界所限制。那麼我們面對世界之際，應該如何自處？一個簡單的回答是：不要向世界投射任何目的，只對世界中各種事件和各種變化採取一種美感態度，也就是「只靜觀事象變化，享受一種美學意義的觀察。」[35] 這使莊子學說成為往後中國文化發展中藝術創造和詩藝創作的一極大的鼓動力

34　勞思光：〈對於如何理解中國哲學之探討及建議〉，頁 27。

35　勞思光：〈對於如何理解中國哲學之探討及建議〉，頁 27。

量，是為提供創作靈感的極重要來源之一。

與此同時，甚麼叫「道」？甚麼叫「開悟」？甚麼叫「超離的自由」？從內容上莊子沒有提供任何解答，因為莊子的反省不是以認知態度先行。勞思光於是總結說，在莊子哲學中，對超離的自由之追尋是唯一值得追求的價值。莊子的學說「由此而有引導性。他真正要做的事，是將人們引向這種自由或開悟。」[36]

7.2.2　孟子的儒家哲學作為引導性哲學

勞思光再以孟子的學說說明引導性哲學之概念。孔子作為先秦儒學的奠基者，致力於為人生處境提供道德指引，並以達成人格轉化作為成德的具體目標。勞氏指出，孟子是在孔子教學成就的基礎上，為「道德轉化」提供理論根據，以及解決相關的理論問題，包括：「人如何能成就一道德秩序？」、「為何我們要去求正當或要有道德？」、「為何我們要為社會建立一個文化秩序？」等等。[37] 孟子的答案是：人的心靈有一獨特性，讓她／他有別於一切其他生物，這就是從事道德行為的能力；只有開展其道德能力，人才真正以人的方式存在。孟子如此描述人之心靈的獨特性：

> 心之所同然者何也？謂理也，義也。聖人先得我心之所同
> 然耳。故理義之悅我心，猶芻豢之悅我口。（《孟子‧告子
> 上》）

能夠依「理」而行，從而分辨是非，是人之為人的基本能力，

36　勞思光：〈對於如何理解中國哲學之探討及建議〉，頁 27。
37　勞思光：〈對於如何理解中國哲學之探討及建議〉，頁 30。

這也是人類共有的、普遍的道德能力。孟子在其著名的「四端說」中說得很清楚：

> 人皆有不忍人之心。……所以謂人皆有不忍人之心者，今人乍見孺子將入於井，皆有怵惕惻隱之心。非所以內交於孺子之父母也，非所以要譽於鄉黨朋友也，非惡其聲而然也。由是觀之，無惻隱之心，非人也；無羞惡之心，非人也；無辭讓之心，非人也；無是非之心，非人也。惻隱之心，仁之端也；羞惡之心，義之端也；辭讓之心，禮之端也；是非之心，智之端也。人之有是四端也，猶其有四體也。有是四端而自謂不能者，自賊者也。（《孟子・公孫丑上》）

由於「仁、義、禮、智」這四端是凡人皆生而有之，把這四端發展並實踐出來，就是達成道德轉化的途徑，其中的關鍵就是要把道德心發揮，控制各種形軀的欲念。勞思光指出，孟子與莊子有一共同點，就是二人都認為形軀我不是真我；也就是說，孟子的心靈和莊子的真我都佔有高的理論地位。然而，孟子的道德心並不是超離世界的主體；反之，「道德心正是世界正當秩序之根源」。[38] 因此，孟子儒學的核心是道德哲學和政治哲學。對孟子來說，要真正稱得上為人，就是要發揮我們的道德心來控制我們的欲念、情緒、和各種自然傾向，讓它們不能在我們生命中佔據主宰的位置，也就是說，達成道德轉化。勞思光認為，孟子達成道德轉化的實踐指

38　勞思光：〈對於如何理解中國哲學之探討及建議〉，頁 30。

引就在於「意志之純化」，[39] 這是達成道德開悟和自身轉化的不二法門。勞思光「意志之純化」這一說法明顯來自康德。在康德純粹實踐理性的理論中，道德行為就是源自理性意志的純粹意志（pure will）：純粹意志是為善的意志之純粹狀態。

孟子的整個「心性論」，就是引導我們去發揮內在於我們的道德主體的主宰能力，是傳統中國典型的引導性哲學。

勞思光對中國其他形態的引導性哲學有更深入的分析，特別是王陽明（1472-1529）及陽明後學大力發展的「工夫論」。工夫論就是在直承孟子肯定道德心的主宰地位之理論基礎上，探討如何從實踐規條上達致道德能力的開展，也就是「致良知」。「致良知」能引領道德主體通往意志純化之境界，這是一種道德自主性的至高境界。勞思光認為，王陽明的「致良知」說是傳統中國哲學中引導性哲學最突出的表現，在此不贅。[40]

7.3　「自身轉化」與傅柯晚期的引導性哲學：《性經驗史》中的道德轉向與主體的自我轉化研究

7.3.1　前期傅柯的知識考掘學及權力系譜學研究的理論旨趣、貢獻和不足

自傅柯的《古典時代瘋狂史》（1961）面世以來，其思想史研究是否哲學，在法國內外都引起過爭議。倘若我們只從西方傳統哲

39　勞思光：〈對於如何理解中國哲學之探討及建議〉，頁 35。

40　勞思光：〈王門功夫問題之爭議及儒學精神之特色〉，《新亞學術集刊》，第 3 期，1982，頁 1-29；收《思辯錄》，頁 55-97。

學某種具支配性地位的觀點出發來看傅柯的研究，則很容易會否認它是哲學。因為西方哲學傳統自巴門尼德斯以還，以形上學為其主要探討課題。雖然亞里士多德不是 metaphysica 一詞的發明者，但他把形上學探討的課題等同為「第一哲學」，一切其他學問都從屬於第一哲學、即在形上學之下。這一情況伸延了兩千年，直至笛卡兒也沒有大改變。到經歷休姆的懷疑論洗禮之後的康德，始對西方形上學傳統的支配局面提出徹底和深入的批判，為科學知識探求的現代處境做出了奠基性的工作。然而，康德的知識論儘管劃時代，卻仍有不足。首先，它只就自 16、17 世紀在歐洲興起的現代自然科學革命所帶來的知識考察和立說，全無考慮人文世界中其他知識活動，即我們現在所謂的人文科學知識。其次，康德的知識論是非歷史性的（ahistorical），完全無法為現代自然科學知識誕生其中的歷史維度（historical dimension）提供說明。其三，康德的知識論停留在自然科學知識得以可能的純形式條件的探討，無法為各類具體的關於人自身的知識提供說明。在這方面，自胡塞爾以還的現象學運動所做的工作遠為豐富而具體。現象學說明的課題包括：人類各類心靈活動的基本的意向性結構（intentional structure）、使人各類經驗活動得以展開的知覺活動（perception）、人的肉身主體、人作為能言說的表達主體、人作為有性別的存在、人作為社會存在、人的死亡等等，都是康德純形式層面的知識論所無法成就的。不過，現象學跟康德的超越論哲學同樣是非歷史性的，兩者都未能為知識的歷史維度提供理解的鑰匙。

　　前期傅柯的主要貢獻，就在於越出了現象學或康德式超越論哲學的非歷史性研究進路，回到歐洲的歷史場域中去理解歐洲這個特定文化之中，有關人之具體存在樣態（mode of being）的知識如何顯現：歐洲人如何從 17、18 世紀開始，呈現為精神上健全或失常的人（《古典時代瘋狂史》[41] 的工作）、身體上健康或患病的人（《臨床醫學的誕生》〔1963〕[42] 的工作）、行為上守法抑或犯罪的人（《規訓與懲罰》〔1975〕[43] 的工作）。這些與知識論結合的關於人的具體存在論工作，同時揭示出現代（歐洲）人文科學——關於人的客觀科學般的知識，即精神病學、臨床醫學和犯罪學、罪犯心理學、犯罪法——之具體誕生條件。這些特定的人文科學知識，都是在一定歷史時代及文化處境下的相關社會建制（social institution）中才可能產生。例如，倘若沒有瘋人院及精神病院的出現，便沒可能有關於精神病學的知識；倘若沒有醫療所及醫院，就沒可能有關於各種病理學及臨床醫學的知識；倘若沒有拘留所及監獄，也就沒可能有關於犯罪行為學及罪犯心理學的知識。這些社會建制及其相關的陳述概念，發揮著雙重的功能：一方面它們提供了具體的人之存在樣態的表象空間（representational space），使上述各種關於具體的人

41　Michel Foucault, *Folie et déraison. Histoire de la folie à l'âge classique* (1st ed. 1961, Paris: Plon; 2nd ed. 1972, Paris: Gallimard; 3rd ed. 1979, Paris: Gallimard, collection TEL); *History of Madness*, Eng. trans. Jonathan Murphy and Jean Khalfa (Abingdon: Routledge, 2006); 米歇爾・傅柯：《古典時代瘋狂史》，林志明譯（台北：時報文化，1998）。

42　Michel Foucault, *Naissance de la clinique: une archéologie du regard médical* (Paris: Presses Universitaires de France, 1963); *The Birth of the Clinic: An Archaeology of Medical Perception*, Eng. trans. A. M. Sheridan (London: Tavistok Publications, 1973); 米歇爾・傅柯：《臨床醫學的誕生》，劉絜愷譯（台北：時報文化，1994）。

43　Michel Foucault, *Surveiller et punir: naissance de la prison* (Paris: Gallimard, 1975); *Discipline and Punish: The Birth of the Prison*, Eng. trans. Alan Sheridan (New York: Pantheon Books, 1977)；傅柯：《規訓與懲罰：監獄的誕生》，劉北成、楊遠嬰譯（新北：桂冠圖書，2007）。

之存在樣態的表述和知識可能。同時它們也規約著我們關於上述各種具體的人之存在樣態的經驗：精神病院、醫院和監獄分別是規範精神病患者、身體病患者以及囚犯的活動和行為的場所，也是規範他們與醫生、監獄官和獄卒的關係的地方。這些社會建制直接制約著我們對上述各種具體的人之存在樣態的經驗和知識。所以前期傅柯的研究，是考察現代西方社會中，就關於人之主體的一定知識範圍之下（即聚焦於一個具體的人之存在樣態），其與相關的規則（rules）或規範性（normative）條件如何互動，從而界定或連扣出一個特定的歷史時代及一個特定的文化之中、一定的主體化樣態（modes of subjectivation）。[44] 現代西方文化中，關於瘋人、病人和犯罪者的知識所揭示出來的，是多種人的主體化樣態中一些較為殊別的面相。傅柯也曾對現代西方人的主體化樣態中一些較為基本和普遍的面相從事研究，這些面相讓我們對人之主體的基本存在論構成（ontological constitution）有更具體的了解，包括：人如何自身理解成說話主體（sujet parlant, speaking subject）、勞動生產主體（sujet de travail, working subject）及生命主體（sujet vivant, living subject）。這三種主體化樣態分別由語言學、經濟學和生物學建構出來，而一般文法學（general grammar）、財富分析（analysis of wealth），和生物分類學（classification of living beings），就是上述三門現代科學出現之前的歷史存在方式（這是《詞與物》〔1966〕

---

44 傅柯在《性經驗史》中如是說：「這一計劃是性作為經驗的歷史之研究，倘若我們把經驗理解成在一個文化之中、知識領域、規範性的類型，以及主體性的形式之間的相互關係。」M. Foucault, *L'usage des plaisirs, Histoire de la sexualité*, T. 2, p. 10; *The Use of Pleasure, The History of Sexuality*, Vol. 2, p. 4.

的工作）。[45]

　　傅柯上述各個主體化樣態的研究，同時是一種客體化樣態（modes of objectivation）的研究，因為它要考察作為主體的人之存在（human subject），如何成為客觀（人文科學）知識的對象（傅柯稱為考掘學〔archaeology〕），以及成為權力關係的運行對象（傅柯稱為系譜學〔genealogy〕）。這種集知識論及存在論研究（考掘學）和權力關係研究（系譜學）於一身的研究取向之優點，在於它把觀念或語言表述的層面，和其身處的一定文化和歷史時代中的特定社會建制層面扣緊，避免了孤立地談論觀念層而招致僅僅是意識形態（ideology）的宣示的指責，或者在討論權力關係時只談權力支配現象而忽略了其真理旨趣。[46]

　　但由於上述主體化樣態的研究，與客體化樣態研究互相重疊，它未能了解人的另一重要面向或具體存在樣態，即人作為欲求的主體（subject of desires）：人作為有意志及可以享有自由的存在，如何在具體的社會歷史處境下，透過其意欲的實現而顯現成自主的主體？這一層面的主體化樣態，不再停留於人作為知識對象及權

45　參 Michel Foucault, *Les mots et les choses: une archéologie des sciences humaines* (Paris: Gallimard, 1966); *The Order of Things: An Archaeology of the Human Sciences*, Eng. trans. A. Sheridan (New York: Random House, 1970); 米歇爾‧福柯：《詞與物：人文科學考古學》，莫偉民譯（上海：上海三聯，2001）。

46　傅柯對其前期工作的整體成就作出如下總結：「我之前從事的工作──或則關於醫療和精神病學，或則關於懲罰權力和紀律實踐──為我提供了我所需要的工具。對話語實踐的分析，讓我能夠理解知識的建構，而不陷入科學與意識形態的兩難之中；對權力關係及它們的技術的分析，讓我能夠把它們視為開放的策略，避免了或則把權力理解為支配作用，或則譴責它只是假裝。」M. Foucault, *L'usage des plaisirs, Histoire de la sexualité*, T. 2, pp. 10-11; *The Use of Pleasure, The History of Sexuality*, Vol. 2, pp. 4-5.

力關係的作用之下的對象，而是顯現出人作為道德主體或倫理主體（ethical subject），即人透過與他人及與自身建立的關係，來顯現成自主的和能夠對自身支配、即享有主權的個體，也就是一個自由的主體。儘管自由問題一直是傅柯的關懷對象，在其前期著作中，傅柯未曾處理這一層面的主體化樣態。

7.3.2　晚期傅柯的道德轉向：修身術（askēsis, techniques de soi）與自主的道德主體的顯現

　　傅柯是在其晚期著作《性經驗史》（*Histoire de la sexualité, 1984*）第二卷《快感的享用》（*L'usage des plaisirs*）中走上道德轉向道路的。為甚麼傅柯的道德轉向需透過性的探討來實現？按一種「存天理、去人欲」的傳統來理解，性只是欲的表現，那性不就是純然動物性的行為嗎？它怎會與道德行為相關？性既然與「理」無關，甚至無「理」可言，它不就是離開道德行為最遠、甚至是違反道德的嗎？

　　然而，「存天理、去人欲」的指令，是以完全負面的態度對待性，它完全迴避了性是人之實存的最普遍構成元素之一這一事實。也就是說，性是具體的人之實存的一個最基本的現象學所予項（phenomenological givenness），也是任何一門具體的哲學人學（philosophical anthropology）所不能迴避的課題。在傅柯之前，梅洛龐蒂已在其前期大著《知覺現象學》（1945）中指出，人必然是一個性的存在（sexual being），而且人的性活動和經驗，是構成其個人歷史的重要組成部分之一，與其個體性（individuality）之構成密切相關。梅洛龐蒂還以整章篇幅陳構出人的性活動的特殊性，那

就是人的性活動（human sexuality）以最純粹的方式顯現了人的基本形上學結構：自主與依存的辯證關係（dialectics of autonomy and dependence），因為性活動的展開與完成，必須依賴他人。[47] 性就是我們最直接、最赤裸裸地面對一個他者，在一種與這一他者的最親密的關係中，達到既是水乳交融、又是欲仙欲死的境地，這是一種其他人際層面的活動所不能到達的存在境界。性是一種透過一個他者來展開與完成的實踐活動，而且是必須依賴一個具體的他者、與這一個他者共同完成的、以自身為目的之目的性活動。藉著性活動，我顯現成一個目的性存在，而非僅僅是一個工具。另一方面，我幫助我的性伴侶也成為一個目的性存在。這樣，性活動就具有道德性格，因為它既參與建構我們的個體性，使我們顯現成目的性存在，也是最直接地體現我們與他者的關係。在性活動中，我既是一個倫理主體——我幫助自身完成一個目的性活動；也是一個道德主體——我幫助他人完成同一個目的性活動。但倘若沒有這一「我－他」關係，不論我自身抑或他者，都不能完成這一目的性活動，因而不能實現這一成為一個自主存在的欲求。換句話說，性活動作為一種道德活動，顯現於在這活動中，我們透過與一個他人的實踐關係，來達致自身作為目的性存在之完成。

在《快感的享用》中，傅柯指出了我們一般講「道德」時的兩種意涵。道德作為一種規範性活動，往往首先顯現成一套「道德規條」（"code moral", "moral code"），[48] 即一系列的行為守則和價值

47　Maurice Merleau-Ponty, *Phénoménologie de la perception* (Paris: Gallimard, 1945), pp. 194-195; *Phenomenology of Perception*, Eng. trans. Donald A. Landes (New York: Routledge, 2012), pp. 170-171.

48　M. Foucault, *L'usage des plaisirs, Histoire de la sexualité*, T. 2, p. 32; *The Use of*

指引，透過家庭、學校、教會或工作場所等社會建制向個人或群體或顯或隱地頒布。此外，道德也可以從「行為的道德性格」（"la moralité des comportements", "morality of behaviours"）這一面向來理解。[49] 從人面對道德規條的態度或回應時的行為表現這角度來了解道德，道德就顯現成服從道德守則或違反道德戒律的行為、遵從行為指引抑或對道德禁忌踰範（transgression）的行動。違反道德戒律及踰範可能導致法律後果。但由於法律往往顯現為對我們在行為上的強制，即規定我們不能做甚麼，所以從道德規條這一角度來看，道德往往顯現成是對我們行為的規限（constraints），多於康德所稱的那一顯現我們作為目的性和自主性存在的活動領域。

　　然而，傅柯認為，還有第三意義下的道德行為，「那就是在相應於構成道德規條那些規約性元素來行事之際，我們自身建構成為道德主體的方式。」[50] 因為在面對同一套道德規條之際，我們可以有不同的方式去回應；我們就藉著這不同的行事方式，顯現成行為的道德主體。例如對配偶的忠貞，是在不同文化中一條相當普遍的道德規條，它往往導致不同的實踐方式，例如不同程度的禁慾、寡慾，或性的節制（austérité）。傅柯指出，實踐婚姻忠貞的方式可以有多種，例如完全外在地遵守忠貞或貞節的戒律是一種方式，另一種方式是透過控制或疏導一己的慾念，努力抗拒誘惑，達致「在

　　Pleasure, The History of Sexuality, Vol. 2, p. 25.

[49] M. Foucault, *L'usage des plaisirs, Histoire de la sexualité*, T. 2, p. 33; *The Use of Pleasure, The History of Sexuality*, Vol. 2, p. 26.

[50] M. Foucault, *L'usage des plaisirs, Histoire de la sexualité*, T. 2, p. 33; *The Use of Pleasure, The History of Sexuality*, Vol. 2, p. 26.

慾念上的自身主宰」。[51] 換句話說，道德顯現成道德工夫（le travail éthique, ethical work）：

> 作用於自身的<u>努力</u>、<u>道德工夫</u>（l'élaboration, le travail éthique qu'on effectue sur soi-même）的方式可以很不同，不單可以讓行為服從當前的守則，還可以自身轉化（se transformer soi-même）成自己的行為之道德主體。所以，性節制可以是透過長時間地了解、記憶、同化一整套系統的戒律來進行，並且定期對自己的行為進行檢查，衡量應用這些規則的正確程度；它可以是以突然對歡愉的全部放棄的方式來實行；也可以是以恆久戰鬥的方式進行，而此中的戰鬥反覆……可以有其意義和價值；還可以透過對以各種隱秘方式存在的、甚至那些最隱秘的欲念的演變狀況，從事仔細、恆久和詳盡的解碼之方式來進行。[52]

這種道德工夫涵蘊某種與自身的關係（un certain rapport à soi, a relation with the self），故此已是一種對自身反省的關係。但它不是一種純認知或純理論的反省，而是以達成自身轉化、成為道德主體的道德實踐活動：

> 它不僅僅是「自身意識（conscience de soi）」，還是自身建構成「道德主體」，在這個過程中，個體規定自己作為

51　M. Foucault, *L'usage des plaisirs, Histoire de la sexualité*, T. 2, p. 33; *The Use of Pleasure, The History of Sexuality*, Vol. 2, p. 26.

52　M. Foucault, *L'usage des plaisirs, Histoire de la sexualité*, T. 2, p. 34; *The Use of Pleasure, The History of Sexuality*, Vol. 2, p. 27; 中譯文參考了米歇爾‧福柯：《性經驗史》，佘碧平譯（上海：上海人民出版社，2000），頁 138。

　　道德實踐對象所要投進的部分，界定他面對所要遵從的
戒律之立場，明確定出某種存在樣態作為自身道德完成
（accomplissement moral）的目標；為了實現這目標，它作
用於自身，進行自身認識、自身控制、自身歷練、自身完
善、自身轉化。[53]

　　這種道德行為並非僅僅是對道德規條的回應，它就是把道
德實踐者建構成道德主體的道德工夫：它以「苦行」（ascétique,
ascetics）或「修身」（pratiques de soi, practices of the self）的方
式，去完成道德實踐者的主體化樣態（modes de subjectivation,
modes of subjectivation）。[54]

　　這種透過「苦行」或「修身」體現的道德工夫，是包含著自
身認識和自身反省的實踐行為，其目標是主體的自身轉化，以自身
建構成自主的道德主體。由於這道德工夫包含著自身認識和自身反
省，所以也是一種哲學活動。但這種自身認識和自身反省不是以純
理論旨趣為優先；反之，是以達成自身轉化以便自身建構成道德主
體這樣的道德實踐為首，故不是一種認知性哲學，而是勞思光意義
下的引導性哲學。

53　M. Foucault, *L'usage des plaisirs, Histoire de la sexualité*, T. 2, p. 35; *The Use of Pleasure, The History of Sexuality*, Vol. 2, p. 28; 中譯文參考了米歇爾・福柯：《性經驗史》，頁 139。

54　M. Foucault, *L'usage des plaisirs, Histoire de la sexualité*, T. 2, p. 35; *The Use of Pleasure, The History of Sexuality*, Vol. 2, p. 28; 中譯文參考了米歇爾・福柯：《性經驗史》，頁 139。

7.3.3 希羅哲學中的修身術：從性節制／修身達致自身主宰的自律 道德和美感存在（雙重意義的引導性哲學）

在沿著道德主體之主體化樣態這一角度下考察西方古希羅時代的性經驗，傅柯發現了希羅時代的思想家，在透過對性歡愉（aphrodisia）之尋求中，實踐著一種自律道德。傅柯承認，沒有找到任何一位希羅哲學家寫出一個系統性的論述，來表達這種從性活動中體現的自律道德；但這種自律道德的基本想法滲透在從公元前 4 世紀到公元 2 世紀的希羅哲學家中，特別是斯多噶學派（Stoics）。傅柯對希羅時代這一階段的性經驗作出總結時說：

> 我們看到，性行為在希臘思想中，是以性歡愉的方式被建構成屬於道德實踐範圍的，性歡愉的活動屬於各種力量爭持卻難以主宰的場域；為了得到一種理性上及道德上可被接納的形式，這些活動要求運用一種考慮分寸和時刻、數量和機遇的策略；而這一策略旨在令自身達到完美和頂峰，即達到一種精準的自身主宰的狀態，在這狀態中當主體對別人行使權力時，主體比他自己「更強」。而建構這一自身主宰的主體所要求的性節制，並不以一條每個人都應該服從的普遍律令的方式出現；反之，對希望給與其實存（existence）一種最美及最完成的可能形式的主體而言，性節制呈現成一種行為的風格化原則（le principe de stylisation de la conduite）。[55]

---

[55] M. Foucault, *L'usage des plaisirs, Histoire de la sexualité*, T. 2, pp. 274-275; *The Use of Pleasure, The History of Sexuality*, Vol. 2, pp. 250-251；中譯文參考了米歇

　　傅柯回到西方思想源頭的希臘世界裏，發現人們面對性事的態度，既不是 19 世紀維多利亞王朝時代（那時已經進入現代世界）那種對道德規條的無條件屈從、因而是處於性壓制的狀態，也不是對性事全無節制；反之，希臘人採取節制的態度來尋求性歡愉。性事是希臘人修身的一個重要領域，他們透過性事的修身工夫而達到自身主宰。而當性事也呈現成道德行為時，性事中的修身工夫就顯現成一條通往自律道德之路，因為進行性事的主體實現了自身主宰這種實踐的完美狀態和實存的頂峰。此時，道德行為也顯現成美感的存在狀態，一方面因為美感的態度是追求歡愉的態度，性歡愉的狀態也就是一種美感狀態。另一方面，進行性事的主體不是以一種遵從律令的方式與他的性伴侶建立關係，而是以一種風格化的方式表現得不踰矩；此時，這種透過性事來體現的存在方式，就是一種美感的存在。換句話說，性事中的修身工夫讓希臘人既顯現成自律道德的主體，同時也體現成美感存在的主體。這是兩種不同的主體化樣態，卻是透過同一種實踐經驗達成，故此是雙重的主體化樣態：道德主體與美感存在主體。這意味著，在性方面的修身工夫，希臘人成就出兩種形式的自身轉化：倫理主體的誕生和美感存在主體的誕生。從這角度下看，這種修身工夫的哲學，是雙重意義下的引導性哲學。它提供了關於「我們應往何處？」這一問題的雙重指引：透過一種形式的實踐，既可成為一個自主的道德主體，也可成為一種風格化的美感存在主體。故這樣的修身工夫論，是一種雙重意義下的引導性哲學——既有自律道德意義，也有美感存在意義。

　　在《性經驗史》第三卷《自身關顧》（ _Le souci de soi_ ）中，傅

爾‧福柯：《性經驗史》，頁 323。

柯稱這種反求諸己的性事修身工夫為「自身修養」（culture de soi, cultivation of the self）。[56] 自身修養是一種建立與一己關係的實踐活動，其最終目標是達致自身主宰的自律道德（une éthique de la maîtrise, an ethic of self-mastery）。[57] 傅柯認為，在眾多希羅哲學家中，塞涅卡（Seneca, 4 BC-65 AD）把自身修養的作用說得最清楚明白：

> 這是我們生活中唯一神聖和不可侵犯的部分，它避開了一切人事的糾紛，它不受財富所左右，貧窮、恐懼、疾病的侵襲也不能搞亂它；它既不能被干擾、也不會被神迷；對它的擁有是永久和平靜的。[58]

傅柯指出，希羅哲學家們發現，這種反求諸己的態度中，我們不單能自身主宰，我們更能接受自己，進而透過一種內心的平靜而產生一種「對自身的愉悅」（"se plait à soi-même"）。[59] 這種看法為塞涅卡、愛比克泰德（Epictetus, 50-135 AD）和馬爾庫斯・奧里留斯（Marcus Aurelius, 121-180 AD）所共享。[60] 傅柯鄭重地指出，這

---

56 Michel Foucault, *Le souci de soi, Histoire de la sexualité*, T. 3 (Paris: Gallimard, 1984), pp. 51-85; *The Care of the Self, The History of Sexuality*, Vol. 3, Eng. trans. Robert Hurley (New York: Pantheon Books, 1986), pp. 39-68.

57 M. Foucault, *Le souci de soi, Histoire de la sexualité*, T. 3, p. 82; *The Care of the Self, The History of Sexuality*, Vol. 3, p. 65.

58 Sénèque, *De la brièveté de la vie*, X, 4 & XV, 5; 轉引自 M. Foucault, *Le souci de soi, Histoire de la sexualité*, T. 3, p. 83; *The Care of the Self, The History of Sexuality*, Vol. 3, p. 66; 中譯文參考了米歇爾・福柯：《性經驗史》，頁 393-394。

59 M. Foucault, *Le souci de soi, Histoire de la sexualité*, T. 3, p. 83; *The Care of the Self, The History of Sexuality*, Vol. 3, p. 66.

60 M. Foucault, *Le souci de soi, Histoire de la sexualité*, T. 3, p. 83, n. 2; *The Care of*

種對自身的愉悅有別於以 voluptas 一詞指稱那種純感官的享樂，因
為後者所帶來的快感完全依靠一些外物的刺激；但這樣一來，它是
激烈的，卻同時是不穩定的、無保證的、短暫的，完全不由我們掌
握。[61] 傅柯再度引述塞涅卡來說明斯多噶學派對平靜的自身愉悅之
推崇：

> 塞涅卡告誡魯西里烏斯（Lucilius）：「學會感到高興吧
> （*disce gaudere*）」。我希望你永不缺乏喜悅。我希望你的家
> 裡充滿喜悅。在你的內心充滿喜悅……當你知道在哪裡發
> 現它，它就永不止息……把你的目光投向真正的美善吧；
> 為你的財富（*de tuo*）感到快慰吧。但這一財富是甚麼？
> 就是你自己和你最好的部分。[62]

斯多噶學派透過苦行或修持來成就自律道德這一理解，並
不是傅柯的個人發現。然而，傅柯卻對之附加了一種實存美學
（aesthetics of existence）的解讀。

7.3.4　古代西方哲學實踐作為精神修煉

一個匆匆涉獵晚期傅柯著作的讀者可能會認為，《性經驗史》
的作者視希臘人的性實踐為通往自主道德境界的最典型的修身術。

---

the Self, The History of Sexuality, Vol. 3, p. 245, n. 69.

61　M. Foucault, *Le souci de soi, Histoire de la sexualité*, T. 3, p. 83; *The Care of the Self, The History of Sexuality*, Vol. 3, p. 66.

62　Sénèque, Lettres à Lucilius, 23, 3-6; 轉引自 M. Foucault, *Le souci de soi, Histoire de la sexualité*, T. 3, p. 84; *The Care of the Self, The History of Sexuality*, Vol. 3, p. 66; 中譯文參考了米歇爾・福柯：《性經驗史》，頁 394。

然而，若我們對晚期傅柯其他著作從事更仔細的閱讀的話，會發現實情剛好相反：傅柯認為古希羅時代有其他自身修養的實踐方式，把主體自身轉化成自主的道德主體。傅柯在一篇名為〈自身書寫〉（"L'écriture de soi", "Self Writing"）[63]的研究中指出，古希羅時期的思想家以至當時整個有教養的公眾，分別以兩種書寫方式從事修身實踐，第一種方式是與家屬和友好的通信，第二種方式是以稱為 hupomnēmata 的個人思想札記、即思想性記事本。透過這些關於自身的書寫方式，從事書寫的主體培育出記憶術、自身檢查術、沉思、沉默、聆聽自身，以及聆聽他人的各種技術。因此通信和 hupomnēmata 成為修身術、反省自身、培育與自身關係的精神修養工夫。另一方面，與他人的通信，同時是為自身與為他人的書寫：這是一種把自身向他人開放的書寫，因此能同時發揮關顧自身和關顧他人的功能。傅柯指出，斯多噶學派大量運用通信從事自身檢討和向他人提供忠告（例如塞涅卡與魯西里烏斯之間的通信，馬爾庫斯・奧里留斯和弗朗托〔Marcus Cornelius Fronto, 100-170〕的通信），揭示了書寫的重要功能：達成主體化樣態，作為通往自主道德主體之路。

　　傅柯對古希羅時代中透過不同形態的修身術來達成不同主體化樣態之發現，讓他在《主體詮釋論》中就古代西方的哲學實踐提出一種新的理解和一個新的定義。一直以來，「認識您自身」（"gnōthi seauton", "know thyself"）被視為希臘哲學的格言。傅柯認為這是

63　Michel Foucault, "L'écriture de soi", in *Dits et écrits*, IV (Paris: Gallimard, 1994), pp. 415-430; "Self Writing", in *Ethics: Subjectivity and Truth, Essential Works of Foucault 1954-1984*, Vol. 1, ed. Paul Rabinow (New York: The New Press, 1997), pp. 207-222.

西方哲學自進入現代世界之後在笛卡兒式進路影響下的一種偏狹理解。傅柯指出，對希臘人而言，「認識您自身」之為有效，在於它必須以「關顧自身」（"*epimeleia heautou*", "care of the self"）這一格言為前提，因為後者才是哲學實踐的最高格言。[64] 在對希臘哲學這一新理解之下，傅柯對傳統用法下的「哲學」一詞提出一個新定義：「哲學」就是那種直接地追尋真理的活動，它並不要求從事哲學思維的主體事先進行精神修煉或任何修身工夫。

> 我們會稱「哲學」為那一種思想方式，它問甚麼使主體能通往真理，它試圖決定主體通往真理的條件和限制。[65]

把「哲學」一詞留給追尋真理活動的現代方式之後，傅柯提議以「精神性」（"spiritualité", "spirituality"）一詞指稱古代西方追尋真理的實踐形式。

> 精神性〔是〕主體施行於自身的研究、實踐、經驗，透過它們主體進行了必要的轉化以便通往真理。我們稱「精神性」為那一整套研究、實踐、經驗——它們可以是純化、苦行、放棄、視線的轉移、實存轉變等等，它們成為對主體（而不是對知識）為了通往真理而付出的代價。[66]

---

64 M. Foucault, *L'herméneutique du sujet. Cours au Collège de France, 1981-82*, pp. 15-16; *The Hermeneutics of the Subject: Lectures at the Collège de France, 1981-82*, p. 14.

65 M. Foucault, *L'herméneutique du sujet. Cours au Collège de France, 1981-82*, p. 16; *The Hermeneutics of the Subject: Lectures at the Collège de France, 1981-82*, p. 15.

66 M. Foucault, *L'herméneutique du sujet. Cours au Collège de France, 1981-82*, p. 16; *The Hermeneutics of the Subject: Lectures at the Collège de France, 1981-82*, p. 15.

換句話說，認知主體必須首先把自身轉化成一個責任主體（subject of responsibility）作為追尋真理的先決條件。這是主體一種長期和持久的對自身的反省性的精神修煉，是「一種透過長期的苦行，漸進的對自身負責的自身轉化」。[67] 古代西方的哲學實踐方式既不是一種素樸的追求真理的進路，也不是一種世俗的生活方式，而是以自身轉化為前提的對自身責任的履行。一個實踐哲學活動的主體，必先成為一個道德主體，才能充當一個認知主體。那就是說，一個認知行為必先把自身置於某種規律性的自身檢討之下，因此是一個對自身負責的行為（act of self-responsibility）。而對真理的追求是整個自身修煉過程中的一部分：認知旨趣是從屬於道德關懷的。對傅柯而言，這就是「關顧自身」之格言高於「認識您自身」格言的深層意義。

我們現在都知道，晚期傅柯的道德轉向，是在多位希羅文化史家和思想家的研究成果之影響下出現的。[68] 傅柯特別受到法國的西方古代哲學史家哈都的影響。[69]哈都在其一篇著名的文章中指出，

　　希臘及羅馬時代的哲學的一個基本面相在於：它是一種生

67　M. Foucault, *L'herméneutique du sujet. Cours au Collège de France, 1981-82*, p. 17; *The Hermeneutics of the Subject: Lectures at the Collège de France, 1981-82*, p. 16.

68　傅柯自己的說明見：M. Foucault, *L'usage des plaisirs, Histoire de la sexualité*, T. 2, p. 14; *The Use of Pleasure, The History of Sexuality*, Vol. 2, p. 8; *Le souci de soi, Histoire de la sexualité*, T. 3, p. 57, n. 1; *The Care of the Self, The History of Sexuality*, Vol. 3, p. 243, n. 3.

69　參 Pierre Hadot, "Réflections sur «la notion de "culture de soi»", in *Exercices spirituels et philosophie antique*, p. 323; "Reflections on the Idea of Cultivation of the Self", in *Philosophy as a Way of Life: Spiritual Exercises from Socrates to Foucault*, p. 206, 以及傅柯自己的說明（參註 68）。

活方式，這不表示它僅僅是某種道德行為⋯⋯，它還是一
種於世界中存在的方式，它應無時無刻地被實踐，它的目
的應是轉化整個生命。[70]

然而，當哈都說哲學是一種生活方式，他說的生活並不是指日
常生活或世俗生活；反之，他指的是一種遠離日常生活的、關於我
們的實存方式的徹底轉變。他舉蘇格拉底及《會飲篇》中的柏拉圖
為例補充說：

哲學因而顯現成一種思維的鍛鍊、意志的鍛鍊、整個存在
的鍛鍊，它為了試圖達到智慧這種人類實質上無法達到的
狀態。哲學是一種精神進步的方法，它要求一種徹底的轉
向、一種實存方式的徹底轉化。[71]

對很多當代西方哲學家來說，智慧（sagesse, wisdom）是一種
前理論的（pre-theoretical）、亦即前哲學的（pre-philosophical）狀
態。但哈都卻認為，古代西方哲學史顯示，「智慧是帶來心靈寧靜
（antaraxia）、內在自由（autarkeia）、宇宙意識的生活方式。」[72] 從
道德和美感涵意來看，這都是一種昇華的狀態。換句話說，智慧的

---

70 P. Hadot, "La philosophie comme manière de vivre", in *Exercices spirituels et philosophie antique*, p. 290; "Philosophy as a Way of Life", in *Philosophy as a Way of Life: Spiritual Exercises from Socrates to Foucault*, p. 265.

71 P. Hadot, "La philosophie comme manière de vivre", in *Exercices spirituels et philosophie antique*, p. 290; "Philosophy as a Way of Life", in *Philosophy as a Way of Life: Spiritual Exercises from Socrates to Foucault*, p. 265.

72 P. Hadot, "La philosophie comme manière de vivre", in *Exercices spirituels et philosophie antique*, p. 291; "Philosophy as a Way of Life", in *Philosophy as a Way of Life: Spiritual Exercises from Socrates to Foucault*, p. 265.

狀態是在精神修煉層面持續進展，達至自身轉化，這就是高級的哲學狀態。然而，這樣了解下的哲學，不會是純認知性哲學，只能是引導性哲學，因為精神修煉和自身轉化是這種方式的哲學實踐的基本操作特徵。

倘若我們上面的分析無誤，傅柯的道德轉向是由早期認知性哲學為主，轉往晚期的引導性哲學。這一轉向是在哈都的哲學著作影響下——起碼是局部的影響——作出的，因為哈都恰恰指出古代西方哲學並非純認知性哲學。哈都與晚期的傅柯都以蘇格拉底、柏拉圖的一些對話錄以及斯多噶學派為例，強調希羅哲學中透過精神修煉和反省實踐，達成哲學活動主體的自身轉化。哈都與傅柯這種對古代西方哲學之特質的理解方式，完全符合勞思光提出的「引導性哲學」概念：在道德目的指引下透過反省性修煉達成主體的自身轉化，儘管無論哈都抑或傅柯都沒有塑造出或用上「引導性哲學」這一明確術語。

7.4　現象學懸擱：胡塞爾的哲學實踐作為引導性哲學

在這最後一節中，我們在上面就勞思光提出的引導性哲學之概念，以及它與哈都和傅柯對古代西方哲學作為精神性或精神修煉之理解的共同特徵之基礎上，嘗試對胡塞爾的哲學實踐作一新理解。我們會在對哲學思考行為（philosophical act）作為自身轉化行為（act of self-transformation），以及哲學活動主體（philosophizing subject）作為對自身負責的主體（subject of self-responsibility）這一線索的指引下進行討論。

現象學哲學有別於其他哲學流派之處，在於它非常關注方法

論。在希羅時期斯多噶學派和近代哲學之父笛卡兒的典範之基礎
上，胡塞爾發明了現象學懸擱和還原作為現象學研究的基本操作程
序上的要求。為進入現象學式反思的大門，一個現象學家必須首先
對其要進行研究之課題的任何未經檢查的相關意見或判斷懸擱，即
使那一判斷帶著科學的外表。這第一層的懸擱是在心理學層面上進
行，其功能是把關注落在被研究的特殊對象之上，並擱置對該對象
的現行知識的信念。第二層的懸擱是深入到存在論層面。為了直面
被研究課題之核心，並讓事物在我們的考察目光之下呈現，我們必
須設法防止我們的注意力被俗世旨趣所影響，後者經常給我們帶來
偏見。胡塞爾把懸擱方法的執行解釋成對整個俗世態度的轉變：
我們不單對與特殊的研究對象相關的判斷採取中立態度，還對整個
自然世界採取中立態度。自然世界以及它裡面的所有對象仍然存
在，但我們對它們採取中立態度，以便以沒有偏見的態度進行觀察
和探究。出於對世俗世界的中立態度，胡塞爾在《危機》中形容
懸擱的執行「帶來完全的個人轉化，作為起點它可與宗教皈依相比
擬」。[73] 當現象學哲學家對整個自然態度下的世界從事具普遍性意
義之懸擱，這一行為帶來了兩層的轉化：

> 首先是完全個人的轉化……但在此之上，它還附帶著最巨
> 大的實存轉化之意涵，這實存轉化是一種頒布給人類本身
> 的任務。[74]

換句話說，對胡塞爾而言，懸擱帶來的是從事這一徹底反思行

73　E. Husserl, *Krisis*, p. 140; *Crisis*, p. 137; 胡塞爾：《危機》，頁 165。

74　E. Husserl, *Krisis*, p. 140; *Crisis*, p. 137; 胡塞爾：《危機》，頁 165。

為的主體之自身轉化。一如勞思光、傅柯和哈都都強調自身轉化作為哲學思考行為的基本特徵，對胡塞爾而言，懸擱就是投身於自身反思的主體對自身負責的行為，它帶來了主體之自身轉化。這自身轉化分兩階段來完成。在第一階段，自身轉化在個人層面出現：

> 人的個人生命進行不同階段的自身反思和自身負責行為，
> 從這一形式下個別的偶發行為上升到普遍的自身反思和自
> 身負責的階段，以至在意識中出現自主性的觀念，出現決
> 志的觀念，直至把一個人之整個個人生命形構成一個普遍
> 的對自身負責、具有綜合統一性的生命。[75]

在下一個階段，懸擱的轉化性效應伸延往一個更具普遍性的層面：整一個新的人類共同體形成，這是一個透過對人類整體從事自身負責之行為的哲學家們所組成的共同體：

> 個體的人們與共同體們，建立了不可分離的相互關係，因
> 為他們在所有旨趣之間有著直接和間接的關聯，……也因
> 為必須要讓個體的人之理性在作為共同體的人之理性中得
> 到更完美的實現，反之亦然。[76]

因此，哲學作為自身反思和對自身負責的活動，不單是一種個人的志業，也是整個哲學共同體的志業。

> 因此，哲學以兩種方式開展：作為不斷擴展的志業哲學家
> 共同體，以及作為同時擴展著的、推動教育性培育的共同

75　E. Husserl, *Krisis*, p. 272; *Crisis*, p. 338; 胡塞爾：《危機》，頁 321。
76　E. Husserl, *Krisis*, p. 272; *Crisis*, p. 338; 胡塞爾：《危機》，頁 321。

體運動。[77]

　　這一志業運動不能在任何國族土壤的邊境上停止，它以「一個新人類」（"ein neues Menschentum", "a new humanity"）之誕生為目的：「以過哲學生活、以志業的方式創造哲學作為一種新文化形態。」[78] 一句話：哲學作為一個「巨大的文化轉化」，是全人類的事情。

　　懸擱作為一種新人類的誕生：這一思路在胡塞爾為他的年輕研究助理芬克（Eugen Fink, 1905-1975）所撰寫的《第六笛卡兒式沉思錄》的評註中出現：

> 成為現象學家的人超克了他的素樸的人文性。但即使在現象學的立場改變中，他發現自身為「世界中的人」；但現在，他發現自身為「新」人類。[79]

77　E. Husserl, *Krisis*, p. 333; *Crisis*, p. 286; 胡塞爾：《危機》，頁 388。胡塞爾關於哲學責任之兩層——個人層面和共同體層面——的看法，見於以下手稿："Meditation über die Idee eines individuellen und Gemeinschaftslebens in absoluter Selbstveranwortung", Annex No. 1, in *Erste Philosophie (1923/24), 2. Teil: Theorie der phänomenologischen Reduktion, Husserliana VIII*, ed. Rudolf Boehm (The Hague: M. Nijhoff, 1959), pp. 193-202; "Méditation sur l'idée d'une vie individuelle et communautaire dans l'absolue responsabilité de soi-même", French trans. Laurent Perreau, *Alter*, No. 13, 2005, pp. 279-289.

78　E. Husserl, *Krisis*, pp. 332-333; *Crisis*, p. 286; 胡塞爾：《危機》，頁 388。

79　Eugen Fink, *VI. Cartesianische Meditation. Teil I. Die Idee einer transzendentalen Methodenlehre*, hrsg. Hans Ebeling, Jann Holl und Guy van Kerckhoven, *Husserliana-Dokumente Bd. II/I* (Dordrecht: Kluwer Academic Publishers, 1988), p. 214; *Sixth Cartesian Meditation. The Idea of a Transcendental Theory of Method*, Eng. trans. Ronald Bruzina (Bloomington & Indianapolis: Indiana University Press, 1995), p. 189.

同一思路在上文提及的 1935 年維也納演講中出現。在這演講中，胡塞爾談及由現象學懸擱的實踐帶來的三種新態度。[80] 這三種新態度都被胡塞爾稱為對本源的自然生活之「重新導向」（"Umstellung", "reorientation"）。[81]

（i）第一種新態度是為自然生活的旨趣服務，例如政治家的實踐態度。這是較日常生活態度更高層的實踐態度，但仍然是自然生活的實踐，並且仍屬於自然態度，因此這種旨趣並未晉陞至絕對普遍的志業。

（ii）第二種新態度是哲學家的純粹理論態度。這是對一切自然生活實踐的有意的懸擱。它有一種普遍的志業意識，去除了任何形式的實踐旨趣，並且自身是一個目的。

（iii）第三種新態度是「兩種旨趣的綜合，是由理論態度過渡到實踐態度之際完成的，在對所有實踐懸擱之後，理論（*thêoria*）（普遍科學）被號召去以新的方式為人類服務。」[82]

第三種新態度是一種新的實踐態度，它以一種新的實踐為目標：對一切生活目標、文化產品和文化體系從事批判性檢查，目的是透過普遍的科學理性把人類提升：

> 在絕對理論洞見的基礎上，把人類徹底轉化成一種能夠絕

80　E. Husserl, *Krisis*, pp. 328-329; *Crisis*, pp. 282-283; 胡塞爾：《危機》，頁 383-384。

81　E. Husserl, *Krisis*, p. 326; *Crisis*, p. 280; 胡塞爾：《危機》，頁 380。在說明由懸擱帶來的新態度之際，胡塞爾在兩頁紙之內七次用了「重新導向」（"Umstellung"）或「重新自身導向」（"sich umstellen"）的說法，參 E. Husserl, *Krisis*, pp. 326-327; *Crisis*, pp. 280-281; 胡塞爾：《危機》，頁 380-381。

82　E. Husserl, *Krisis*, p. 329; *Crisis*, p. 283; 胡塞爾：《危機》，頁 384。

對自身負責的新人類。[83]

　　這一新態度是一種志業哲學的態度，透過引導普遍的批判性認知，落在對任何不被疑問的流行意見或傳統之上，目標是找尋無條件的真理，它帶來「對人之實存的整個實踐影響深遠的轉化，即對整個文化生活的轉化。」[84] 這就是從歷史導向的高度著眼的超越論哲學家的任務，他早前對俗世人間事務不感興趣，而現在則是為一個最高的倫理目的服務：把不反思、素樸的人之實存，自身轉化成一個意識到她的自身責任的新人類。

　　就是為了為現象學哲學確立這一最高的倫理目的，胡塞爾提出哲學家作為「人類的公僕」（眾數的）之說：

> 在我們的哲學思考中，……我們就是<u>人類的公僕</u>。那頗為個人的、我們作為哲學家的真實存在之責任——我們的內在志業——同時堅負著為人類成為真實存在的責任；後者必然是邁向一個<u>目的</u>，其實現——<u>倘若它會實現</u>——只能透過哲學——透過我們，<u>倘若我們是認真的哲學家</u>。[85]

　　在現代的危機世界之中，作為共同體的哲學家的志業，就是把整個人類之實存引導往人類的自身轉化，以便達成文化更新。[86] 否

83　E. Husserl, *Krisis*, p. 329; *Crisis*, p. 283; 胡塞爾：《危機》，頁 384。

84　E. Husserl, *Krisis*, p. 333; *Crisis*, p. 287; 胡塞爾：《危機》，頁 392。

85　E. Husserl, *Krisis*, p. 15; *Crisis*, p. 17; 胡塞爾：《危機》，頁 28。

86　胡塞爾於第一次世界大戰結束之後寫了一系列 5 篇討論文化更生的文章，在 1920 年代初刊於日本的《改造》（*Kaizo*）雜誌，這批文章現收於 *Aufsätze und Vorträge (1922-1937), Husserliana XXVII*, eds. Thomas Nenon and Hans Rainer Sepp (Dordrecht/Boston/London: Kluwer Academic Publishers, 1989), pp. 3-93.

則整個人類文明會倒退到野蠻狀態。從這一角度看，胡塞爾的哲學觀只能是我們在上文討論過的引導性哲學的哲學觀。

當晚期傅柯批評自笛卡兒以還的現代歐洲哲學家，只把哲學限於率直地及素樸地追求真理，他很可能也把胡塞爾視為他所稱的哲學之「笛卡兒環節」。[87] 一方面我們在上文詳細說明了，胡塞爾揭櫫的現象學態度要求從事懸擱，它把反思主體帶往完全的個人轉化作為一個真正哲學態度的先決條件。因此胡塞爾不能被視為把哲學只限於率直地及素樸地追求真理；反之，胡塞爾發明懸擱的方法，目的就是克服這素樸態度。另一方面，胡塞爾經常宣稱，他的整個哲學體現於他數以萬張計的手稿中；而他成年期也與他的家人、同業、朋友和學生們維持豐富的書信來往，討論各種哲學和非哲學議題（已出版的胡塞爾書信集達十卷），這是否可以視為一個明顯的證據，顯示出胡塞爾這位當代西方哲學家，也一如希羅時代的思想家，也是一個實踐「自身書寫」（"l'écriture de soi"）的哲學家、一個這種精神修煉的熱切的實踐者？我們甚至有證據認為胡塞爾有意識地視哲學為傅柯意義下的修身術，這可見於胡塞爾 1930 年 3 月 21 日寫給他的美國學生 Dorion Cairns 的一封信：

> 請你如此考慮我的書寫：它們不會以學習方程式的方式帶給你結果，而是建立一己的基礎、為一己工作的方法、要由一己解決的問題。這個一己是你自己，如果你想成為一個哲學家。然而，只有去成為和願意成為哲學家的人是一

87　M. Foucault, *L'herméneutique du sujet. Cours au Collège de France, 1981-82*, p. 19; *The Hermeneutics of the Subject: Lectures at the Collège de France, 1981-82*, p. 17.

個哲學家。[88]

　　因此，在胡塞爾中，不單懸擱的行使作為現象學反思的先決條件是一個自身轉化的行為，他的哲學書寫實踐作為關於自身和為自身的書寫，就是傅柯意義下自身書寫，因而也是一個達致自身轉化的精神修煉行為。

7.5　結語

　　儘管胡塞爾曾宣稱，真正意義的哲學，是希臘哲學意義下遵守科學嚴格性的純粹理論，但這並不是他終極的哲學觀。因為僅僅是作為純粹理論的哲學不能履行「人類的公僕」的任務。當胡塞爾要哲學負起「人類的公僕」的職志，他把純粹理論從屬於一個至高的倫理功能，一如哈都和傅柯認為希羅哲學把「認識您自身」之格言重新置於「關顧自身」的原則之下。作為現象學家的胡塞爾——起碼是晚期的胡塞爾——這一舉措是否顯示了，他實踐的哲學實質上是一種引導性哲學？勞思光、傅柯與胡塞爾從事哲學工作的文化條件和處境很不相同，他們各自有意識地持守的哲學理念也頗為不同。但他們的哲學工作是否一如他們各自的想像那樣南轅北轍？勞思光創造的引導性哲學概念，是否可以從他們實質和具體的哲學實踐上，把他們聯繫起來，以縮短他們各自以為與其他哲學家之間的距離？

88　胡塞爾 1930 年 3 月 21 日給 Dorian Cairns 的信，收 Edmund Husserl, *Briefwechsel, Bd IV, Husserliana Dokumente*, Bd III, Teil 4, hrsg. Elisabeth & Karl Schuhmann (Dordrecht: Kluwer Academic Publishers, 1994), p. 24.

附錄 1
人名對照表

中文	原文	生卒年
四畫		
瓦蒂莫	Vattimo, Gianni	1936-
巴門尼德斯	Parmenides	c. 515-445 BC
孔漢斯	Küng, Hans	1928-2021
孔德	Comte, Auguste	1798-1857
牛頓	Newton, Isaac	1642-1726（舊曆）/1727（新曆）
五畫		
尼采	Nietzsche, Friedrich	1844-1900
弗朗托	Fronto, Marcus Cornelius	100-170
白晉	Bouvet, Joachim	1656-1730
六畫		
列維納斯	Lévinas, Emmanuel	1906-1995
艾林	Héring, Jean	1890-1966
伏爾泰	Voltaire	1694-1778
七畫		
沃西攸斯	Vossius, Issac	1618-1689
沃爾夫	Wolff, Christian	1679-1754
沙特	Sartre, Jean-Paul	1905-1980
希特勒	Hitler, Adolf	1889-1945
利馬竇	Ricci, Matteo	1552-1610

中文	原文	生卒年
狄百瑞	de Bary, Wm. Theodore	1919-2017
伽利略	Galilei, Galileo	1564-1642
呂格爾	Ricoeur, Paul	1913-2005
八畫		
奈曼	Neumann, Karl Eugen	1865-1915
芬克	Fink, Eugen	1905-1975
亞里士多德	Aristotle	384-322 BC
亞拉法	Arafat, Yasser	1929-2004
亞多諾	Adorno, Theodor	1903-1969
金尼閣	Trigault, Nicolas	1577-1628
舍勒	Scheler, Max	1874-1928
叔本華	Schopenhauer, Arthur	1788-1860
帕森斯	Parsons, Talcott	1902-1979
九畫		
柏托什卡	Patočka, Jan	1907-1977
柏拉圖	Plato	429 -347 BC
胡塞爾	Husserl, Edmund	1859-1938
韋伯	Weber, Max	1864-1920
哈都	Hadot, Pierre	1922-2010
哈維爾	Havel, Václav	1936-2011
十畫		
海德格	Heidegger, Martin	1889-1976
庫因	Kuhn, Thomas	1922-1996
高達美	Gadamer, Hans-Georg	1900-2002
秦家懿	Ching, Julia	1934-2001
泰勒	Taylor, Charles	1931-
馬可勃羅	Marco Polo	1254-1324
馬沙里克	Masaryk, Tomás	1850-1937
馬克思	Marx, Karl	1818-1883
馬庫塞	Marcuse, Herbert	1898-1979

中文	原文	生卒年
馬勒伯朗士	Malebranche, Nicolas	1638-1715
馬爾庫斯・奧里留斯	Marcus Aurelius	121-180
納托爾普	Natorp, Paul	1854-1924
十一畫		
康德	Kant, Immanuel	1724-1804
梵布雷達	Van Breda, Herman Leo	1911-1974
梅依	May, Reinhard	
梅洛龐蒂	Merleau-Ponty, Maurice	1908-1961
笛卡兒	Descartes, René	1596-1650
鄂蘭	Arendt, Hannah	1906-1975
十二畫		
普羅塔哥拉	Protagoras	481-411 BC
勞思光	LAO Sze-Kwang	1927-2012
曾德昭	Semedo, Alvarez	1585/86-1658
萊布尼茲	Leibniz, Gottfried W.	1646-1716
費希特	Fichte, Johann G.	1762-1814
賀爾克海姆	Horkheimer, Max	1895-1973
斯賓諾莎	Spinoza, Benedict de	1632-1677
舒曼	Schuhmann, Karl	1941-2003
傅柯	Foucault, Michel	1926-1984
黑格爾	Hegel, Georg W. F.	1770-1831
十三畫		
塞涅卡	Seneca	4 BC - 65 AD
葛瑞漢	Graham, A. C.	1919-1991
愛比克泰德	Epictetus	50-135
十四畫		
赫拉克利特	Heraclitus	c. 535-c. 475 BC
赫爾德	Herder, Johann G.	1744-1803
十五畫		
魯西里烏斯	Lucilius Junior	約公元 1 世紀

中文	原文	生卒年
德里達	Derrida, Jacques	1930-2004
衛方濟	Noël, François	1651-1729
衛匡國	Martini, Martino	1614-1661
衛禮賢	Wilhelm, Richard	1873-1930
十六畫		
龍華民	Longobardi, Nicholas	1559-1654
十八畫		
薩特侯爵	Marquis de Sade	1740-1814
十九畫		
羅蒂	Rorty, Richard	1931-2007
二十畫		
蘇格拉底	Socrates	470-399 BC
二十一畫		
蘭德格雷貝	Landgrebe, Ludwig	1902-1991

附錄 2
詞彙對照表

中文	原文
一畫	
一般文法學	general grammar
兩畫	
人文主義	humanism
人之實存	human existence
人本論思想	anthropo-centrism
人性論	theory of human nature
人的性活動	human sexuality
人類的公僕	functionaries of humankind
四畫	
文化他者	the cultural other
文化世界的現象學	phenomenology of the cultural world
文化知覺	cultural perception
文化交互性	interculturality
文化交互理解	intercultural understanding
文化肌膚	cultural flesh
文化決定論	cultural determinism
文化相對主義	cultural relativism
文化優越性	cultural superiority
心靈寧靜	*antaraxia*
天意	Providence

中文	原文
引導性哲學	orientative philosophy
反思性判斷	reflective judgement
反理性論	anti-rationalism
不可共量性	incommensurability
不可見項	the invisible
比較哲學	comparative philosophy
欠缺	lack
內在的	immanent
內在自由	*autarkeia*
中國紀年之爭	the Chinese chronology controversy
中國禮儀之爭	the Chinese rites controversy
中斷	Ausschaltung

五畫

主動／創發	spontaneous
主體化樣態	mode of subjectivation
主觀主義／主體主義	subjectivism
生命主體	sujet vivant, living subject
生命計劃	project of life
生活世界	Lebenswelt, the life-world
布拉格哲學學圈	Le Cercle Philosophique de Prague
本源自然	la Nature primordiale, the primordial Nature
本源知覺	originary impression
本源信仰	Urglaube, original belief
本質論形上學	essentialist metaphysics
本體	noumenon
本體界	realm of noumenon
去本土化	deterritorialization
去中心化	décentration, decentralization
世界之謎	Weltgeheimnis, world-mystery
世界之呈現	Welterscheinung

中文	原文
世界的失落	loss of the world
世界視域 / 世界界域	Welthorizont, world-horizon
世界轉化	transformation of the world
功能	function
他者	the other
目的因	final cause
目的王國	kingdom of ends
目的性理念	teleological Idea
四方說	das Gevierte
出缺	absence

六畫

中文	原文
交互世界	inter-monde, inter-world
交匯	cross-over
交織	intertwinement
自主與依存的辯證關係	dialectics of autonomy and dependence
自在存在	en soi, in-itself
自身書寫	écriture de soi, writing of the self
自身修養	culture de soi, cultivation of the self
自身責任	self-responsibility
自身意識	conscience de soi
自身轉化 / 自我轉化	self-transformation, se transformer soi-même
自身轉化的歷練	épreuve modificatrice de soi-même
自發性	spontaneity
自然世界的現象學	phenomenology of the natural world
自然態度	natural attitude
自律道德	éthique de la maîtrise, ethic of self-mastery
好的辯證法	la bonne dialectique, good dialectic
劣的辯證法	la mauvaise dialectique, bad dialectic
存在 / 有	being, sein
存在的歷史	history of Being

中文	原文
存在的科學	Seinswissenschaft
存在〔者〕之為存在〔者〕的學問	the science of being qua being
存在論‧神論	onto-theology
存在論地位	ontological status
存在論差異	ontological difference
存在論道路	the ontological way
存在樣態	mode of being
考掘學	archaeology
共在	co-existence
托體	hypokeimenon
成為問題	problematicity
再本土化	reterritorialization
肌膚存在	la chair, flesh
行動者	agent
因果法則	causality
肉身主體現象學	phenomenology of body-subject
此在	Dasein
回到事物本身去	zu den Sachen selbst, back to the things themselves

七畫

社會建制	social institution
系統的統一性	systemic unity
系譜學	genealogy
否定中的肯定	metanoesis
呈現	appearance, manifestation
批判激進主義	critical radicalism

八畫

法蘭克福學派	Frankfurt School
空洞化	Entleerung

中文	原文
性的存在	sexual being
性歡愉	aphrodisiac
表象空間	representational space
直觀的自然	intuitive Nature
承認的政治	politics of recognition
受震盪者之間的團結	solidarity of the shaken
始動的自然	inchoative Nature
知覺	perception
物自身	thing-in-itself
非人本論中心的	non-anthropocentric
非主體主義的	non-subjectivist
非神學中心論之宇宙論	non-theocentric cosmology
非歷史性	ahistorical
典型	prototype

九畫

中文	原文
前反思的神話氛圍	pre-reflective mythical environment
前哲學的	pre-philosophical
前理論的	pre-theoretical
前攝	protention
前對象性序列	pre-objective order
客體化樣態	mode of objectivation
客觀主義	objectivism
客觀科學主義	scientific objectivism
神話	mythos
神義論	theodicy
柔弱思維	weak thinking
柔弱範疇	weak categories
威權主義	authoritarianism
苦行	ascétique, ascetics
苦惱 / 憂傷	distress

中文	原文
指引效力	orientative power
風骨	ethos
重新喚起	reactivate
重新導向	Umstellung, reorientation
科學無神論	scientific atheism
後歐洲人〔文〕	Post-European humanity
俗見	*doxa*
界域	horizon
十畫	
哲學人學	philosophical anthropology
哲學神學	philosophical theology
哲學家—抵抗者	le philosophe-résistant
哲學理性論	philosophical rationalism
宰制的批判	critique of domination
泰然任之	Gelassenheit
真知	*ēpistēme*
起源	*arché*
倫理轉向	ethical turn
個體性	individuality
修身	pratiques de soi, practices of the self
修身術	*askēsis*, techniques de soi
純理論／純粹理論	pure theõria
純粹意志	pure will
財富分析	analysis of wealth
十一畫	
清晰性	lucidity
混雜性	hybridity
設準	postulate
視域交融	Horizontverschmelzung, fusion of horizons
側面的／橫面的普遍項	lateral universal

中文	原文
理性	logos
理性神學	rational theology
理性心靈論	rational psychology
理性宇宙論	rational cosmology
理念性存在	ideational being
理念性相關聯項	ideational correlate
理念性對象一般	ideational object in general
理型論	theory of eidos
理論活動	thêoria
規定	determination
規定性判斷	determining judgment
規限	constraints
規則	rules
規範性	normative
專制主義	totalitarianism
現象	phenomenon
現象性的原則	principle of phenomenality
現象界	realm of phenomenon
現象學還原	phenomenological reduction
現象學所予項	phenomenological givenness
笛卡兒式道路	the Cartesian way
第一因	first cause
斜角的普遍性	universalité oblique
欲求的主體	subject of desires
動力	dynamis

十二畫

道德工夫	le travail éthique, ethical work
道德主體 / 倫理主體	ethical subject
道德規條	moral code
道德圖像	moral image

中文	原文
道德聯盟	ethical commonwealth
普世合理性	universal rationality
普世化	universalizable
普遍有效性	universal validity
勞動生產主體	sujet de travail, working subject
運動現象學	phenomenology of movement
補充	supplement
超克	überwinden
超越	transcendence
超越的	transcendent
超越存在	transcendent being
超越論的	transcendental
超越論自我	transcendental ego
超越論現象學還原	transcendental phenomenological reduction
超辯證法	hyperdialectique, hyperdialectic
揭示	disclosure
斯多噶學派	Stoics
智性化過程	process of intellectualization
智慧	sagesse, wisdom
無根	rootless
無知覺	imperception
絕對普遍的科學	absolute universal science
結構主義	structuralism
結構性不變項	structural invariants
開放的辯證運動	open dialectic
過度文明	over-civilization
悲劇式—英雄式的生命觀	tragic-heroic vision

十三畫

準超越論態度	quasi-transcendental attitude
新人類	neues Menschentum, new humanity

中文	原文
新實用主義轉向	Neo-Pragmatic turn
當前之歷史	l'histoire du present, history of the present
當前的存在論	l'ontologie du present, ontology of the present
意向性	intentionality
意向性結構	intentional structure
意向性的和歷史性的進路	intentional-historical approach
意義充實	meaning-fulfillment
意義的失落	loss of meaning
意識形態	ideology
極樂	Seligkeit
概念空間	conceptual space
節制	austérité
經驗的人類學類型	empirischer anthropologischer Typus, empirical anthropological type
解脫	Erlösung
解昧的世界	disenchanted world
解昧的世界觀	the disenchanted world-view
解釋效力	explanatory power
跨文化哲學	intercultural philosophy

十四畫

中文	原文
滯留	retention
精神修煉	exercices spirituels, spiritual exercises
精神性	spiritualité, spirituality
說話主體	sujet parlant, speaking subject
認識您自身	*gnōthi seauton*, know thyself
認知性旨趣	cognitive interest
實有	reality
實存	existence
實存美學	aesthetics of existence
實存論分析	existential analytic

中文	原文
實存論現象學	existential phenomenology
實踐之首要	primacy of the practical
實體論形上學	metaphysics of substance
睿智主義	intellectualism
劃界	delimitation
十五畫	
德爾菲神廟	Delphi Temple
十六畫	
歷史之意義	the meaning of history
歷史維度	historical dimension
歷史實體	historical substances
據為己用／佔為己有	Ereignis
還原	reduction
踰範	transgression
十七畫	
擱置	bracketing
關顧自身	*epimeleia heautou*, care of the self
十八畫	
轉折	die Kehre, the turn
職志	vocation
歸類法則	law of subsumption
十九畫	
難題	aporia
曠野自然	la Nature sauvage, wild Nature
二十畫	
懸擱	ēpochē
二十三畫	
變異	variation
顯題化處理	thematization
二十四畫	
靈魂關顧	care of the soul

參考書目

中文

尼采（Friedrich Nietzsche）:《快樂的科學》,黃明嘉譯,上海:華東師
　　範大學出版社,2007。

安田樸（Étiemble）:《中國文化西傳歐洲史》,耿昇譯,北京:商務印書
　　館,2000。

列維納斯（Emmanuel Lévinas）:〈倫理學作為第一哲學〉,陸丁譯,收
　　《年度學術2005:第一哲學》,趙汀陽主編,北京:中國人民大學
　　出版社,2005,頁298-315。

伏爾泰（Voltaire）:《哲學辭典》,王燕生譯,北京:商務印書館,
　　1991。

──,《風俗論》,梁守鏘譯,北京:商務印書館,1997。

米歇爾‧傅柯（Michel Foucault）:《臨床醫學的誕生》,劉絮愷譯,台
　　北:時報文化,1994。

──,《古典時代瘋狂史》,林志明譯,台北:時報文化,1998。

米歇爾‧福柯（Michel Foucault）:《性經驗史》,佘碧平譯,上海:上海
　　人民出版社,2000。

──,《詞與物:人文科學考古學》,莫偉民譯,上海:上海三聯,
　　2001。

──,《主體解釋學》,佘碧平譯,上海:上海人民出版社,2005。

沃爾夫（Christian Wolff）:〈中國的實踐哲學〉,《德國思想家論中國》,
　　夏瑞春編,陳愛政等譯,南京:江蘇人民出版社,1989,頁141-
　　166。

李天綱：《中國禮儀之爭：歷史、文獻和意義》，上海：上海古籍出版社，1998。

——，《關於儒家的宗教性：從「中國禮儀之爭」兩個文本看儒耶對話的可能性》，香港：香港中文大學崇基學院宗教與中國社會研究中心，2002。

李文潮、H. 波塞爾編：《萊布尼茲與中國：《中國近事》發表300周年國際學術討論會論文集》，李文潮等譯，北京：科學出版社，2002。

杜赫德編：《耶穌會士中國書簡集：中國回憶錄》，卷1至3，鄭德弟、召一民、沈堅譯，鄭州：大象出版社，2001。

利馬竇（Matthieu Ricci, S.J.）、金尼閣（Nicolas Trigault, S.J.）：《利馬竇中國札記》，何高濟、王遵仲、李申譯，北京：中華書局，1983。

狄百瑞（Wm. Theodore de Bary）：《中國的自由傳統》，李弘祺譯，香港：中文大學出版社，1983。

胡塞爾（Edmund Husserl）：《歐洲科學的危機與超越論的現象學》，王炳文譯，北京：商務印書館，1981。

——，《第一哲學》，王炳文譯，北京：商務印書館，2006。

韋伯（Max Weber）：《韋伯作品集I：學術與政治》，錢永祥、林振賢等譯，桂林：廣西師範大學出版社，2004。

——，《儒教與道教》，王容芬譯，北京：商務印書館，1995。

海德格爾（Martin Heidegger）：《海德格爾選集》，孫周興選編，上海：上海三聯書店，1996。

——，《在通向語言的途中》，孫周興譯，北京：商務印書館，1997。

馬琳：《海德格爾論東西方對話》，北京：中國人民大學出版社，2010。

馬爾庫塞（Herbert Marcuse）：《蘇聯的馬克思主義：一種批判的分析》，張翼星、萬俊人譯，北京：中國人民大學出版社，2012。

馬克‧霍克海默（Max Horkheimer）、提奧多‧阿多諾（Theodor W. Adorno）：《啟蒙的辯證：哲學的片簡》，林宏濤譯，台北：商周出版，2008。

孫小禮：《萊布尼茲與中國文化》，北京：首都師範大學出版社，2006。

康德（Immanuel Kant）：《判斷力批判》，鄧曉芒譯，北京：人民出版社，2002。

──，《康德歷史哲學論文集》，李明輝譯，台北：聯經，2002。

──，《純粹理性批判》，收《康德著作全集》，第 3 卷，李秋零譯，北京：中國人民大學出版社，2004。

──，《道德形而上學的奠基》，收《康德著作全集》，第 4 卷，李秋零譯，北京：中國人民大學出版社，2005。

畢諾（Virgile Pinot）：《中國對法國哲學思想形成的影響》，耿昇譯，北京：商務印書館，2000。

梅洛龐蒂（Maurice Merleau-Ponty）：〈哲學家及其身影〉，劉國英譯，刊《面對實事本身：現象學經典文選》，倪梁康主編，北京：東方出版社，2000，頁 729-757。

──，《可見的與不可見的》，羅國祥譯，北京：商務印書館，2008。

張西平：《中國與歐洲早期宗教和哲學交流史》，北京：東方出版社，2001。

陳鼓應：《老子譯註及評介》，香港：中華書局，1984。

勞思光：〈對於如何理解中國哲學之探討及建議〉，《思辯錄》，台北：東大圖書，1996，頁 1-37。

──，〈王門功夫問題之爭議及儒學精神之特色〉，《新亞學術集刊》，第 3 期，1982，頁 1-29；收《思辯錄》，頁 55-97。

──，《文化哲學講演錄》，劉國英編註，香港：中文大學出版社，2002。

──，〈中國哲學研究之檢討及建議〉，載《虛境與希望：論當代哲學與文化》，劉國英編，香港：中文大學出版社，2003，頁 1-24。

──，〈帛書資料與黃老研究〉，原刊《華梵人文思想專輯》，台北：華梵人文科技學院東方人文研究所，1996，頁 1-15；現收於氏著：《虛境與希望：論當代哲學與文化》，劉國英編，香港：中文大學出版社，2003，頁 131-146。

曾德昭（Alvarez Semedo）：《大中國誌》，何高濟譯，上海：上海古籍出版社，1998。

萊布尼茲（Gottfried W. Leibniz）:〈《中國近事》序言〉,收夏瑞春編,《德國思想家論中國》,陳愛政等譯,南京:江蘇人民出版社,1989,頁 3-16。

──,〈論中國人的自然神學（致德雷蒙的信）〉,收秦家懿編著,《德國哲學家論中國》,台北:聯經,1999,頁 65-140。

萊因哈德・梅依（Reinhard May）:《海德格爾與東亞思想》,張志強譯,北京:中國社會科學出版社,2003。

斯賓諾莎（Benedict de Spinoza）:《倫理學》,賀麟譯,北京:商務印書館,1958。

傅柯（Michel Foucault）,《規訓與懲罰:監獄的誕生》,劉北成、楊遠嬰譯,新北:桂冠圖書,2007。

黑格爾（Georg W. F. Hegel）:《哲學史講演錄》,第一卷,賀麟、王太慶譯,北京:商務印書館,1981。

漢斯・昆（Hans Küng）:《世界倫理構想》,周藝譯,香港:三聯書店,1996。

劉笑敢:《老子》,台北:東大圖書,1997。

──,《老子古今》,兩卷,北京:中國社會科學出版社,2006。

劉國英:〈肌膚存在:從存在論層面到跨文化層面的運用〉,《現象學與人文科學》,第 6 期,2016,頁 75-108。

──,〈文化肌膚與文化交互理解的現象學:理論與實踐〉,《中國文哲研究通訊》,第 29 卷,第 2 期,2019,頁 139-162。

──,〈從肌膚存在到文化肌膚:走向文化交互理解的現象學〉,《現象學與人文科學》,第 9 期,2020,頁 91-128。

霍克海默（Max Horkheimer）:《批判理論》,李小兵譯,重慶:重慶出版社,1989。

西文

"A Martyr, or a Murderer?", *Newsweek*, February 23, 2004, p. 56.

Barbaras, Renaud. *Le mouvement de l'existence. Études sur la phénoménologie de Jan Patočka*. Paris: Les Éditions de la Transparence,

2007.

——. *L'ouverture du monde: lecture de Jan Patočka*. Paris: Les Éditions de la Transparence, 2011.

Colliot-Thélène, Catherine. *Max Weber et l'histoire*. Paris: Presses Universitaires de France, 1990.

Contemporary Chinese Thought, Vol. 37, No. 1-3, 2005-2006.

De Bary, Wm. Theodore. *The Liberal Tradition in China*. Hong Kong: The Chinese University Press, 1983.

Declève, Henri. "Philosophie et liberté selon Patočka", in *Profils de Jan Patočka*, ed. Henri Declève. Bruxelles: Publications des Facultés universitaires Saint-Louis, 1992, pp. 111-125.

Deleuze, Gilles, and Félix Guattari. *Qu'est-ce que la philosophie?*. Paris: Les Éditions de Minuit, 1991.

——. *What is Philosophy?*, Eng. trans. H. Tomlinson and G. Burchell. New York: Columbia University Press, 1994.

Derrida, Jacques. *De l'esprit. Heidegger et la question*. Paris: Éditions Galilée, 1987.

——. *Of Spirit: Heidegger and the Question*, Eng. trans. Geoffrey Bennington and Rachel Bowlby. Chicago: University of Chicago Press, 1989.

Étiemble. *L'Europe chinoise, I, De l'Empire romain à Leibniz*. Paris: Gallimard, 1988.

Findlay, Edward E. *Caring for the Soul in a Postmodern Age: Politics and Phenomenology in the Thought of Jan Patočka*. Albany: State University of New York Press, 2002.

Fink, Eugen. *VI. Cartesianische Meditation. Teil I. Die Idee einer transzendentalen Methodenlehre*, hrsg. Hans Ebeling, Jann Holl und Guy van Kerckhoven, *Husserliana-Dokumente Bd. II/I*. Dordrecht: Kluwer Academic Publishers, 1988.

——. *Sixth Cartesian Meditation. The Idea of a Transcendental Theory of Method*, Eng. trans. Ronald Bruzina. Bloomington & Indianapolis: Indiana University Press, 1995.

Foucault, Michel. *Folie et déraison. Histoire de la folie à l'âge classique.* 1st ed. 1961; Paris: Plon; 2nd ed. 1972, Paris: Gallimard; 3rd ed. 1979, Paris: Gallimard, collection TEL.

——. *Naissance de la clinique: une archéologie du regard médical.* Paris: Presses Universitaires de France, 1963.

——. *Les mots et les choses: une archéologie des sciences humaines.* Paris: Gallimard, 1966.

——. *The Order of Things: An Archaeology of the Human Sciences*, Eng. trans. A. Sheridan. New York: Random House, 1970.

——. *The Birth of the Clinic: An Archaeology of Medical Perception*, Eng. trans. A. M. Sheridan. London: Tavistok Publications, 1973.

——. *Surveiller et punir. Naissance de la prison.* Paris: Gallimard, 1975.

——. *Discipline and Punish: The Birth of Prison*, Eng. trans. Alan Sheridan. New York: Random House, 1979.

——. *L'usage des plaisirs, Histoire de la sexualité*, T. 2. Paris: Gallimard, 1984.

——. *Le souci de soi, Histoire de la sexualité*, T. 3. Paris: Gallimard, 1984.

——. *The Use of Pleasure, The History of Sexuality*, Vol. 2, Eng. trans. Robert Hurley. New York: Pantheon Books, 1985.

——. *The Care of the Self, The History of Sexuality*, Vol. 3, Eng. trans. Robert Hurley. New York: Pantheon Books, 1986.

——. "Qu'est-ce que la critique? [Critique et Aufklärung]", *Bulletin de la Société française de Philosophie*, Vol. 84, No. 2, 1990.

——. "L'écriture de soi", in *Dits et écrits, IV*. Paris: Gallimard, 1994, pp. 415-430.

——. "Qu'est-ce que les Lumières?", in *Dits et écrits, IV*. Paris: Gallimard, 1994, pp. 679-687.

——. "Self Writing", in *Ethics: Subjectivity and Truth, Essential Works of*

Foucault 1954-1984, Vol. 1, ed. Paul Rabinow. New York: The New Press, 1997, pp. 207-222.

———. "What is Critique?", in *The Politics of Truth*, Eng. trans. Lysa Hochroth and Catherine Porter, ed. Sylvère Lotringer. New York: Semiotext(e), 1997, pp. 23-82.

———. "What is Revolution?", in *The Politics of Truth*, Eng. trans. Lysa Hochroth and Catherine Porter, ed. Sylvère Lotringer. New York: Semiotext(e), 1997, pp. 83-100.

———. *L'herméneutique du sujet. Cours au Collège de France, 1981-82.* Paris: Seuil/Gallimard, 2001.

———. *The Hermeneutics of the Subject: Lectures at the Collège de France, 1981-82*, Eng. trans. Graham Burchell. New York: Picador, 2005.

———. *History of Madness*, Eng. trans. Jonathan Murphy and Jean Khalfa. Abingdon: Routledge, 2006.

Funke, Gerhard. "The Primacy of Practical Reason in Kant and Husserl", in *Kant and Phenomenology*, eds. Thomas M. Seebohm and Joseph J. Kockelmans. Washington, DC: Center for Advanced Research in Phenomenology & University Press of America, 1984, pp. 1-29.

Gadamer, Hans-Georg. *Truth and Method*, 2nd revised ed., Eng. trans. Joel Weinsheimer and Donald G. Marshall. New York: Continuum, 1994.

Graham, A. C. *The Book of Lieh-Tzu*. London: Murray, 1962.

———. *Chuang-tzŭ, The Seven Inner Chapters and Other Writings*. London: George Allen & Unwin, 1981.

———. *Reason and Spontaneity*. London & Dublin: Curzon Press, 1985.

———. *Unreason Within Reason: Essays on the Outskirts of Rationality*. La Salle, IL: Open Court, 1992.

Hadot, Pierre. *Philosophy as a Way of Life: Spiritual Exercises from Socrates to Foucault*, Eng. trans. Michael Chase, ed. Arnold Davidson. Oxford & New York: Blackwell, 1995.

———. *Qu'est-ce que la philosophie antique?*. Paris: Gallimard, 1995.

———. *Exercices spirituels et philosophie antique*, Nouv éd rev. et augm. Paris: Albin Michel, 2002.

———. *What is Ancient Philosophy*, Eng. trans. Michael Chase. Cambridge, MA & London: Belknap Press of Harvard University Press, 2002.

Havel, Václav. "Remembering Jan Patočka. Opening Speech at the Conference in Prague, April 23, 2007", in *Jan Patočka and the Heritage of Phenomenology. Centenary Papers*, eds. Ivan Chvatík and Erika Abrams. Dordrecht: Springer, 2011, pp. xv-xvi.

Hegel, G. W. F. *Werke in zwanzig Bänden*, Bd. 18, *Vorlesungen über die Geschichte der Philosophie I*. Frankfurt am Main: Suhrkamp Verlag, 1971.

———. *Hegel's Lectures on the History of Philosophy*, Vol. I, Eng. trans. E. S. Haldane. London: Routledge & Kegan Paul, 1955.

Heidegger, Martin. "Das Ding", *Vorträge und Aufsätze*. Pfullingen: Neske, 1954, pp. 157-179.

———. *Unterwegs zur Sprache*. Pfullingen: Verlag G. Neske, 1959.

———. *On the Way to Language*, Eng. trans. P. D. Hertz. New York: Harper & Row, 1971.

———. "The Thing", *Poetry, Language and Thought*, Eng. trans. A. Hofstadter. New York: Harper & Row, 1971, pp. 163-186.

———. "Was ist Metaphysik?", *Wegmarken*. Frankfurt am Main: V. Klostermann, 2nd ed., 1978, pp. 1-20.

———. "What is Metaphysics?", *Pathmarks*, ed. William McNeill. Cambridge: Cambridge University Press, 1998, pp. 82-96.

Held, David. *Introduction to Critical Theory: Horkheimer to Habermas*. Cambridge: Polity, 1990.

Held, Klaus. "Husserl et les grecs", in *Husserl*, ed. Eliane Escoubas and Marc Richir. Grenoble: Éditions Jérôme Millon, 1989, pp. 119-153.

Henrich, Dieter. "The Moral Image of the World", in *Aesthetic Judgment and the Moral Image of the World*. Stanford: Stanford University Press,

1992, pp. 3-28.

Herder, Johann G. *Idées pour la philosophie de l'histoire de l'humanité*, French-German blingual ed., ed. Max Rouché. Paris: Éditions Montagne, 1962.

Héring, Jean. "Edmund Husserl. Souvenirs et réflexions", in *Edmund Husserl, 1859-1959: Recueil commémoratif publié à l'occasion du centenaire de la naissance du philosophe*, eds. H. L. van Breda and J. Taminiaux. La Haye: M. Nijhoff, 1959, pp. 26-28.

Horkheimer, Max. *Eclipse of Reason*. New York: Oxford University Press, 1947.

——. *Zur Kritik der instrumentellen Vernunft*. Frankfurt am Main: S. Fischer Verlag GmbH, 1967.

——. "Authority and the Family", in *Critical Theory: Selected Essays*, Eng. trans. Matthews O'Connell and Others. New York: The Seabury Press, 1972, pp. 47-128.

——. *Critique of Instrumental Reason: Lectures and Essays since the End of World War II*, Eng. trans. Mathew J. O'Connell and others. New York: The Seabury Press, 1974.

Horkheimer, Max, and Theodor W. Adorno. *Dialektik der Aufklärung*. New York: Social Studies Association, Inc., 1944; reissued by S. Fischer Verlag GmbH, Frankfurt am Main, 1969.

——. *Dialectic of Enlightenment*, Eng. trans. J. Cumming. New York: Herder and Herder, Inc., 1972.

Husserl, Edmund. "Grundlegende Untersuchungen zum Phänomenologischen Ursprung der Räumlichkeit der Natur", in *Philosophical Essays in Memory of Edmund Husserl*, ed. Marvin Farber. Cambridge, MA: Harvard University Press, 1940, pp. 307-325.

——. *Ideen zur einer reinen Phänomenologie und phänomenologische Philosophie, Zweites Buch, Phänomenologische Untersuchungen zur Konstitution*, ed. Marly Biemel, Husserliana IV. The Hague: M. Nijhoff,

1954.

——. *Erste Philosophie (1923/24), 2. Teil, Theorie de Phänomenologische Reduktion, Husserliana VIII*, ed. Rudolf Boehm. The Hague: M. Nijhoff, 1959.

——. *Die Krisis der europäischen Wissenschaften und die transzendentale Phänomenologie, Husserliana VI*, ed. Walter Biemel. The Hague: M. Nijhoff, 1954.

——. *The Crisis of European Sciences and Transcendental Phenomenology*, Eng. trans. David Carr. Evanston, IL: Northwestern University Press, 1970.

——. "Foundational Investigations of the Phenomenological Origin of the Spatiality of Nature", Eng. trans. Fred Kersten, in *Husserl: Shorter Works*, eds. Peter McCormick and Frederick A. Elliston. Notre Dame, IN: University of Notre Dame Press and Sussex: The Harvester Press, 1981, pp. 222-233.

——. *Aufsätze und Vorträge (1922-1937), Husserliana XXVII*, eds. Thomas Nenon and Hans Rainer Sepp. Dordrecht/Boston/London: Kluwer Academic Publishers, 1989.

——. *Ideas Pertaining to a Pure Phenomenology and to a Phenomenological Philosophy, Second Book, Studies in the Phenomenology of Constitution*, Eng. trans. R. Rojcewicz and A. Schuwer. Dordrecht/Boston/London: Kluwer Academic Publishers, 1989.

——. "Husserl's letter to Dorian Cairns, 21 March 1930", in *Briefwechsel, Bd IV, Husserliana Dokumente*, Bd III, Teil 4, hrsg. Elisabeth & Karl Schuhmann. Dordrecht: Kluwer Academic Publishers, 1994, p. 24.

——. "Sokrates—Buddha: An Unpublished Manuscript from the Archives by Edmund Husserl", ed. Sebastian Luft, *Husserl Studies*, Vol. 26, 2010, pp. 1-17.

——. *First Philosophy: Lectures 1923/24 and Related Texts from the Manuscripts (1920-1925)*, Eng. trans. Sebastin Luft and Thane M.

Naberhaus. Dordrecht: Springer, 2019.

Ijsseling, Samuel. "Jan Patočka", in *Profils de Jan Patočka*, ed. Henri Declève. Bruxelles: Publications des Facultés universitaires Saint-Louis, 1992, pp. 97-102.

Kant, Immanuel. "Beantwortung der Frage: Was ist Aufklärung?", in *Kant's gesammelte Schriften*, Vol. VIII. Berlin: Königliche Preussische Akademie der Wissenschaften, 1902-1938, pp. 33-42.

———. "An Answer to the Question: 'What is Enlightenment?'", *Political Writings*, Eng. trans. H. B. Nisbet. Cambridge: Cambridge University Press, 2nd ed., 1991, pp. 54-60.

———. *Political Writings*, Eng. trans. H. B. Nisber, ed. Hans Reiss. Cambridge: Cambridge University Press, 2nd ed., 1991.

———. *Religion and Rational Theology*, Eng. trans. and eds. Allen W. Wood and George di Giovanni. Cambridge: Cambridge University Press, 1996.

———. *Groundwork of the Metaphysics of Morals*, Eng. trans. and ed. Mary Gregor. Cambridge: Cambridge University Press, 1998.

———. *Critique of Pure Reason*, Eng. trans. Paul Guyer and Allen W. Wood. Cambridge: Cambridge University Press, 1999.

———. *Critique of the Power of Judgment*, Eng. trans. Paul Guyer and Eric Matthews. Cambridge: Cambridge University Press, 2000.

Kley, Edwin I. Van. "Europe's 'Discovery' of China and the Writing of World History", *The American Historical Review*, Vol. 76, No. 2, 1971, pp. 358-385.

Kroner, Richard. *Kant's Weltanschauung*, Eng. tran. John E. Smith. Chicago: University of Chicago Press, 1956.

Kuhn, Thomas. *The Structure of Scientific Revolutions*. Chicago: The University of Chicago Press, 1962, enlarged edition 1970.

Küng, Hans. *Global Responsibility. In Search of a New World Ethic*, Eng. trans. John Bowden. London: SCM Press Ltd., 1991.

Landgrebe, Ludwig. "The Problem of a Transcendental Science of the A

Priori of the Life-world," in *The Phenomenology of Husserl: Six Essays*, ed. D. Welton. Ithaca: Cornell University Press, 1981, pp. 176-200.

———. "The Life-world and the Historicity of Human Existence," in *Phenomenology and Marxism*, Eng. trans. J. Claude Evans, Jr., eds. B. Waldenfels, Jan M. Broekman and A. Pažanin. London: Routledge & Kegan Paul, 1984, pp. 167-204.

Lao, Sze-Kwang. "On Understanding Chinese Philosophy: An Inquiry and a Proposal", in *Understanding the Chinese Mind: The Philosophical Roots*, ed. Robert E. Allinson. Hong Kong, New York: Oxford University Press, 1989, pp. 265-293.

Lau, Kwok-ying. *Phenomenology and Intercultural Understanding: Toward a New Cultural Flesh*. Dordrecht: Springer, 2016.

———. "Whither Intercultural Philosophy? Responses to Comments and Questions on *Phenomenology and Intercultural Understanding: Toward a New Cultural Flesh*", *Dao, A Journal of Comparative Philosophy*, Vol. 18, No. 1, 2019, pp. 127-136.

Leibniz, Gottfried W. "Translation of Leibniz' Preface", in Donald F. Lach, *The Preface to Leibniz' Novissima Sinica. Commentary, Translation, Text*. Honolulu: University of Hawaii Press, 1957, pp. 68-86.

———. *Discours sur la théologie naturelle des Chinois*, ed. Christiane Frémont. Paris: Éditions de L'Herne, 1987.

———. "Discourse on the Natural Theology of the Chinese: Letter on Chinese Philosophy to Nicolas de Rémond", in Julia Ching and Willard G. Oxtoby, *Moral Enlightenment. Leibniz and Wolff on China*. Nettetal: Steyler Verlag, 1992, pp. 87-141.

———. *L'harmonie des langues*, traduit et commenté par Marc Crépon. Paris: Éditions Seuil, 2000.

Lévinas, Emmanuel. "Ethics as First Philosophy", Eng. trans. Seán Hand and Michael Temple, in *The Levinas Reader*, ed. Seán Hand. Oxford: Blackwell, 1989, pp. 75-87.

——. *Éthique comme philosophie première*. Paris: Éditions Payot & Rivages, 1998.

Li, Wenchao, and Hans Poser, eds. *Das Neueste über China. G. W. Leibnizens* Novissima Sinica *von 1697. Internationales Symposium, Berlin, 4. bis 7. Oktober 1997*. Stuttgart: Franz Seiner Verlag, 2000.

Ma, Lin. *Heidegger on East-West Dialogue: Anticipating the Event*. New York: Routledge, 2008.

Malebranche, Nicolas. *Entretien d'un philosophe chrétien et d'un philosophe chinois sur l'existence et la nature de Dieu, Oeuvres Complètes*, Tome XV. Paris: Librairie J. Vrin, 1958.

Marcuse, Herbert. *Soviet Marxism: A Critical Analysis*. Boston: Beacon Press, 1964.

——. *Negations: Essays in Critical Theory*. Boston: Beacon Press, 1968.

Marx, Werner. "The Life-world and its Particular Sub-worlds," in *Reason and World: Between Tradition and Another Beginning*, Eng. trans. T. Yates and R. Guess. The Hague: Martinus Nijhoff, 1971, pp. 62-76.

May, Reinhard. *Ex oriente lux: Heideggers Werk unter ostasiatischem Einfluß*. Stuttgart: Steiner Verlag Wiesbaden, 1989.

——. *Heidegger's Hidden Sources. East Asian Influences on his Work*, Eng. trans. Graham Parkes. London & New York: Routledge, 1996.

Mensch, James R. *Patočka's Asubjective Phenomenology. Toward a New Concept of Human Rights*. Würzburg: Verlag Köningshausen & Neumann, 2016.

Merleau-Ponty, Maurice. *Phénoménologie de la perception*. Paris: Gallimard, 1945.

——. *Signes*. Paris: Gallimard, 1960.

——. *Le visible et l'invisible*. Paris: Gallimard, 1964.

——. *Signs*, Eng. trans. R. C. McCleary. Evanston, IL: Northwestern University Press, 1964.

——. *Résumé des cours, Collège de France 1952-60*. Paris: Gallimard, 1968.

──. *The Visible and the Invisible*, Eng. trans. Alphonso Lingis. Evanston, IL: Northwestern University Press, 1968.

──. *Themes from the Lectures at the Collège de France 1952-60*, Eng. trans. J. O'Neill. Evanston, IL: Northwestern University Press, 1970.

──. *Phenomenology of Perception*, Eng. trans. Donald A. Landes. New York: Routledge, 2012.

Mungello, David E. "Leibniz's interpretation of Neo-Confucianism", *Philosophy East and West*, Vol. 21, 1971, pp. 3-22.

──. "The Seventeenth-Century Jesuit Translation Project of the Confucian Four Books", in *East Meets West: The Jesuits in China, 1582-1773*, eds. Charles E. Ronan and Bonnie B.C. Oh. Chicago: Loyola University Press, 1988, pp. 252-273.

──. *The Great Encounter of China and the West, 1500-1800*. Lanham: Rowman & Littlefield Publishers, Inc., 1999.

Nietzsche, Friedrich. *The Gay Science*, Eng. trans. Josefine Nauckhoff, ed. Bernard Williams. Cambridge: Cambridge University Press, 2001.

Parkes, Graham, ed. *Heidegger and Asian Thought*. Honolulu: University of Hawaii Press, 1987.

──. ed. *Nietzsche and Asian Thought*. Chicago & London: University of Chicago Press, 1991.

Patočka, Jan. *Die Welt des Menschen—Die Welt der Philosophie. Festschrift für Jan Patočka*, hrsg. Walter Biemel. The Hague: M. Nijhoff, 1976.

──. *Le monde naturel comme problème philosophique*, traduit du tchèque par Jaromir Danek et Henri Declève. The Hague: M. Nijhoff, 1976.

──. *Essais hérétiques sur la philosophie de l'histoire*, traduit du tchèque par Erika Abrams, Éditions Verdier, 1981.

──. *Platon et l'Europe*, French trans. Erika Abrams. Paris: Editions Verdier, 1983.

──. "La conception de la crise spirituelle de l'humanité européenne chez Masaryk et chez Husserl," in *La crise du sens*, T. 1: *Comte, Masaryk,*

Husserl, ed. and French trans. E. Abrams. Bruxelles: OUSIA, 1985.

——. "Masaryk's and Husserl's Conception of the Spiritual Crisis of European Humanity," in *Philosophy and Selected Writings*, ed. and Eng. trans. E. Kohák. Chicago and London: University of Chicago Press, 1989, pp. 145-156.

——. *Philosophy and Selected Writings*, ed. and Eng. trans. E. Kohák. Chicago and London: University of Chicago Press, 1989.

——. *Liberté et sacrifice. Ecrits politiques*, ed. and French trans. Erika Abrams. Grenoble: Jérôme Millon, 1990.

——. "Réflexion sur l'Europe," in *Liberté et sacrifice. Ecrits politiques*, ed. and French trans. Erika Abrams. Grenoble: Millon, 1990, pp. 181-214.

——. "Die Selbstbesinnung Europas", *Perspektiven der Philosophie*, Vol. 20, 1994, pp. 241-274.

——. *Heretical Essays in the Philosophy of History*, Eng. trans. Erazim Kohák, ed. James Dodd. Chicago and La Salle, IL: Open Court, 1996.

——. *Plato and Europe*, Eng. trans. Petr Lom. Stanford, CA: Stanford University Press, 2002.

——. *L'Europe après l'Europe*, French trans. Erika Abrams, etc. Paris: Verdier, 2007.

——. *Aristote, ses devanciers, ses successeur*s [*études d'histoire de la philosophie d'Aristote à Hegel*], French trans. Erika Abrams. Paris: Vrin, 2011.

——. *The Natural World as a Philosophical Problem*, trans. Erika Abrams. Evanston, IL: Northwestern University Press, 2016.

Perkins, Franklin. *Leibniz and China: A Commerce of Light*. Cambridge: Cambridge University Press, 2004.

Pinkard, Terry. *German Philosophy 1760-1860: The Legacy of German Idealism*. Cambridge: Cambridge University Press, 2002.

Pinot, Virgile. *La Chine et la formation de l'esprit philosophique en France (1640-1740)*. Genève: Slatkine Reprints, 1971.

Ricci, Matthieu, S.J., and Nicolas Trigault, S.J. *Histoire de l'expédition chrétienne au royaume de la Chine 1582-1610*, ed. Georges Bessière. Bellarmain: Desclée de Brouwer, 1978.

——. *China in the Sixteen Century: The Journals of Matthew Ricci, 1583-1610*, Eng. trans. from the Latin by Louis J. Gallagher. New York: Random House, 1953.

Richir, Marc, and Etienne Tassin, eds. *Jan Patočka. Philosophie, phénoménologie, politique*. Grenoble: Editions Jérôme Million, 1992.

Ricoeur, Paul. "Préface", in Jan Patočka, *Essais hérétiques sur la philosophie de l'histoire*, traduit du tchèque par Erika Abrams. Éditions Verdier, 1981, pp. 7-20.

——. "Jan Patočka: A Philosopher of Resistance", Eng. trans. Richard Kearny, *The Crane Bag*, Vol. 7, No. 1, 1983, pp. 116-118.

——. "Jan Patočka, le philosophe-résistant", in *Lectures 1. Autour du politique*. Paris: Éditions du Seuil, 1991, pp. 69-73.

Robinet, André. "Introduction" to Nicolas Malebranche, *Entretien d'un philosophe chrétien et d'un philosophe chinois sur l'existence et la nature de Dieu, Oeuvres Complètes*, Tome XV. Paris: Librairie J. Vrin, 1958, pp. XXVIII-XXXI.

Sartre, Jean-Paul. *L'Être et le néant*. Paris: Gallimard, 1943, Collection TEL, 1980.

——. *Being and Nothingness*, Eng. trans. Hazel E. Barnes. London & New York: Routledge Classics, 2003.

Schuhmann, Karl. *Husserl-Chronik: Denk- und Lebensweg Edmund Husserls*, The Hague: M. Nijhoff, 1977.

——. "Husserl and Indian Thought", in *Phenomenology and Indian Philosophy*, eds. D. P. Chattopadhyaya, Lester Embree and Jitendranath Mohanty. Albany, NY: State University of New York Press, 1992, pp. 20-43.

Sedlar, Jean W. "Schopenhauer and India", in *Asia and the West. Encounters and Exchanges from the Age of Explorations: Essays in Honor of Donald F. Lach*, eds. Cyriac K. Pullapilly and Edwin J. Van Kley. Notre Dame, IN: Cross Cultural Publications, Cross Roads Books, 1986, pp. 149-172.

Semedo, Alvarez. *Histoire universelle du Grande Royaume de la Chine*, French trans. Jean-Pierre Duteil. Paris: Éditions Kimé, 1996.

Spinoza, Benedict de. *On the Improvement of the Understanding, The Ethics, Correspondance*, Eng. trans. from the Latin by R. H. M. Elwes. New York: Dover, 1955.

Sweet, William, ed. *What is Intercultural Philosophy?*. Washington, DC: The Council for Research in Values and Philosophy, 2014.

Tassin, Etienne. "La question du sol: monde naturel et communauté politique", in *Jan Patočka: philosophie, phénoménologie et politique*, eds. Etienne Tassin and Marc Richir. Grenoble: Jérôme Millon, 1992, pp. 167-187.

Taylor, Charles. "The Politics of Recognition", in *Multiculturalism: Examining the Politics of Recognition*, ed. Amy Gutmann. Princeton: Princeton University Press, 1994, pp. 25-73.

Vattimo, Gianni. *The End of Modernity: Nihilism and Hermeneutics in Post-modern Culture*, Eng. trans. J. R. Snyder. Cambridge: Polity Press, 1988.

——. *The Adventure of Difference: Philosophy after Nietzsche and Heidegger*, Eng. trans. C. Blamires. Cambridge: Polity Press, 1993.

Victor, Barbara. *Army of Roses: Inside the World of Palestinian Women Suicide Bombers*. London: Robinson Books, 2003.

Vissière, Isabelle et Jean-Louis, ed. *Lettres édifiantes et curieuses de Chine par des missionnaires jésuites 1702-1776*. Paris: Garnier-Flammarion, 1979.

Voltaire. *Mélanges*, ed. Jacques Van Den Heuvel. Paris: Gallimard, Bibliothèque de la Pléiade, 1961.

———. *The Philosophy of History*. London: Vision Press, 1965.

———. *Dictionnaire philosophique*, ed. Étiemble. Paris: Classiques Garnier, 1967.

———. *Philosophical Dictionary*, ed. and trans. Theodore Besterman. Harmondsworth: Penguin Books, 1971.

———. *Les Essais sur les moeurs*, Tome I. Paris: Classiques Garnier, 1990.

Walter, Milan. "Jan Patočka. Ein biographische Skizze", *Studien zur Philosophie von Jan Patočka, Phänomenologische Forschungen*, Bd. 17, 1985, pp. 87-107.

———. "The Role of Phenomenology in Czech Philosophical Life", in *Czech Philosophy in the XXth Century*, ed. Lubomír Nový, Jiří Gabriel and Jaroslav Hroch. Washington, DC: The Council for Research in Values and Philosophy, 1994, pp. 109-126.

Weber, Max. *From Max Weber: Essays in Sociology*, eds. H. H. Gerth and C. Wright Mills. London: Routledge, 1948.

———. *The Religion of China: Confucianism and Taoism*, Eng. trans. Hans H. Gerth. New York: The Free Press, 1951.

———. *The Protestant Ethic and the Spirit of Capitalism*, Eng. trans. Talcott Parson. New York: Charles Scribner's Sons, 1958.

Wolff, Christian. *Rede über die praktische Philosophie der Chinesen* (Lateinisch-deutsch), ed. Michael Albrecht. Hamburg: Felix Meiner Verlag, 1985.

———. "Discourse on the Practical Philosophy of the Chinese", in Julia Ching and Willard G. Oxtoby, *Moral Enlightenment. Leibniz and Wolff on China*. Nettetal: Steyler Verlag, 1992, pp. 145-186.